Lektorat Burghard König

Unsere technisierte und automatisierte Arbeitswelt steht dem Bedürfnis nach ausreichender Bewegung und ungezwungener Kommunikation oft entgegen. Um so wichtiger ist für unser Leben der Sport geworden: als gezieltes Fitnessprogramm, als Freizeitgestaltung oder als gemeinschaftsförderndes Spiel.

Die *rororo Sportbücher* zeigen Wege auf, wie man allein oder in der Gruppe zu einer sinnvollen körperlichen Betätigung kommt. Sie informieren den Anfänger und geben Anleitungen für den Freizeitsportler, enthalten Lehr- und Übungsprogramme für den Fortgeschrittenen und stellen dem Lehrer methodisch wie didaktisch erprobte Unterrichtsmaterialien bereit.

Die in regelmäßiger Folge erscheinenden Bände runden sich zu einer in sich geschlossenen Sportbibliothek ab.

Radsport

Training
Technik
Taktik

Henk Zorn

Aus dem Holländischen
von Erwin Peters

Rowohlt

Deutsche Ausgabe
unter Mitarbeit von
Klaus Schütz

Deutsche Erstausgabe

Redaktion Bernd Gottwald
Veröffentlicht im Rowohlt Taschenbuch Verlag GmbH,
Reinbek bei Hamburg, August 1984
Die Originalausgabe erschien 1983 unter dem Titel «Wielersport»
bei Uitgeverij Elmar b. v., Rijswijk
«Wielersport» Copyright © 1983 by Henk Zorn
Umschlagentwurf Werner Rebhuhn
(Foto: A. Hubrich / Gruner + Jahr Fotoservice)
Layout Angelika Weinert
Bildquellennachweis siehe Seite 282
Satz Times (Linotron 202)
Gesamtherstellung Clausen & Bosse, Leck
Printed in Germany
1480-ISBN 3 499 17618 1

Inhalt

Die Geschichte des Fahrrads 11

Draisine 11 / Kassler-Rad 13 / Veloziped 14 /
Hochrad 14 / Luftreifen 17

Die Geschichte des Radsports 19

Wettbewerbe 19
Bordeaux–Paris 20 / Paris–Brest–Paris 22 /
Paris–Roubaix 22 / Die Tour de France 22 /
Sechstagerennen 25 / Der Giro d'Italia 26 / Sprint 26 /
Stundenweltrekord 26

Berufsfahrer 32
Die erste Profi-Straßenweltmeisterschaft 32 /
Die Jahre 1930 bis 1950 32 / Die Jahre 1950 bis 1981 33

Material und Ausrüstung 39

Aufbau des Fahrrads 39
Rahmenrohre 40 / Rahmen 43 / Steuersatz 44 / Lenker-
bügel und Lenkervorbau 44 / Sattelstütze und Sattel 44 /
Tretlager, Kettenblätter und Kurbeln 44 / Laufräder 46 /
Bremsen 47 / Schaltung 48 / Entfaltung 49 /
Übersetzung 50

Das Fahrrad nach Maß 55
Rahmen 55 / Richtige Sitzposition 55
Die Kleidung des Radsportlers 61
Mütze 61 / Sturzkappe 62 / Renntrikot 63 / Hose 64 /
Aerodynamische Kleidung 65 / Socken 66 / Schuhe 66 /
Handschuhe 68 / Trainingskleidung 68

Fahrradtypen 69
Straßen-Rennrad 70 / Bahnmaschine 74 / Cross-
Fahrrad 75 / Steher-Fahrrad 77

Aerodynamik 78

Das Fahrrad der Zukunft 85

Reifen 85
Schlauchreifen 86 / Drahtreifen 87 / Reifenmarken 89 /
Reparatur des Schlauchreifens 91 / Aufziehen
des Schlauchreifens 92

Werkzeug und Wartung 96
Wartungstips 97

Straßenrennen 99

Vier Kategorien im Straßenradsport 100
Außer Kategorie 100 / Erste Kategorie 104 /
Zweite Kategorie 105 / Dritte Kategorie 105

Etappenrennen 105
Tour de France 106

Amateurrennen 107

Das Kriterium 108

Geldpreise 109

Zeitfahren 114
Einzel-Zeitfahren 114 / Zweier-Zeitfahren 114 /
Mannschafts-Zeitfahren 114

Inhalt 7

Bahnrennen 117

Die Radrennbahn 117

Die Disziplinen 120
Einerverfolgung 120 / Mannschaftsverfolgung 122 /
Sprint 123 / Tandem 124 / 1000-m-Zeitfahren 126 /
Punktefahren 127 / Keirin 128 / Zweier-Mannschaftsrennen 130 / Italienisches Jagdrennen 132 / Australisches Verfolgungsrennen 132 / Ausscheidungsfahren 132 /
Rennen über unbekannte Distanz 132 / Omnium (Mehrkampf) 132 / Steherrennen 133 / Derny-Rennen 136 /
Sechstagerennen 136

Querfeldeinrennen 139

Leistungsklassen 139

Die Strecke 141

Wettfahrausschuß 145

Rennkommissäre 145 / Zielrichter 145 / Wettfahrausschußvorsitzender 146 / Starter 146 / Zeitnehmer 147 /
Kurvenbeobachter 147 / Rundenbeobachter und
Rundenzähler 147 / Kommissär für Wettbewerbe hinter
Motoren 147 / Sprecher 148

Touristikfahren 149

Veranstaltungen 149

Material und Ausrüstung 152

Klaus Schütz

Training 153

Trainer 155

Trainingsprinzipien 155
Belastung und Erholung – Superkompensation 156/
Progressive Belastung 157/
Langfristiger Trainingsaufbau 160 / Periodisierung 161 /
Variation der Trainingsbelastung 167 / Individua-
lität 168 / Entwicklungsgemäßheit 171 / Dauerhaftigkeit 173

Leistungsbestimmende Faktoren im Radsport 174

Kondition und Konditionstraining des Radsportlers 176
Ausdauer und Ausdauertraining 178 / Kraft und
Krafttraining 184 / Schnelligkeit und Schnelligkeits-
training 200 / Beweglichkeit und Beweglichkeitstraining 204

Trainingsplanung 214

Zu Technik und Taktik 223

Technische Anforderungen 223
Der runde Tritt 224 / Sitzposition 226 / Bergfahrpositionen 229 / Kurvenfahren 233 / Überwinden
von Hindernissen 235

Technisch-taktische Anforderungen 235
Windschattenfahren 235 / Staffelfahren und Ablösen
in der Gruppe 236 / Ablösen beim Zweier-Mannschaftsfahren 238 / Richtige Übersetzung 239 / Stehversuch 240

Taktische Anforderungen 242
Taktische Grundregeln 242 / Rolle des Mannschafts-
betreuers 246 / Einheit der Mannschaft 247 /
Combine 248

Medizinische Aspekte 251

Körper 251
Stoffwechsel 251 / Zentralnervensystem 251 / Herz 253 /
Lunge 254 / Sauerstoffaufnahme 254 / Muskulatur 255

Ernährung 258
Brennstoffe 258 / Baustoffe 259 / Wirkstoffe 263

Inhalt

Verletzungen und Beschwerden 266
Verletzungsvorbeugung 268

Doping 268
Verbotene Produkte 271 / Dopingkontrolle 273 /
Strafmaßnahmen 274

Anhang 277
Deutsche Radweltmeister 277

**Deutsche Medaillengewinner
bei Olympischen Spielen** 279

Anschriften 280

Literaturhinweise 281

Bildquellennachweis 282

Register 283

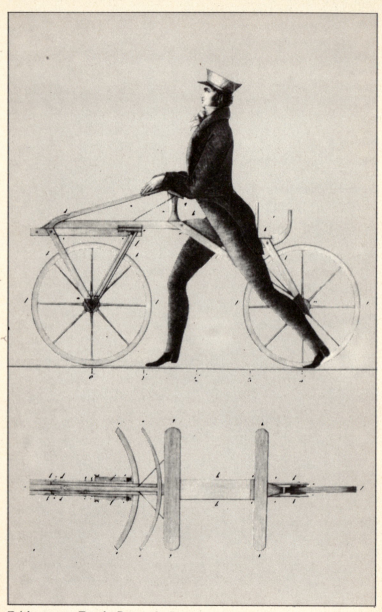

Zeichnung zum Text des Patents des Barons von Drais

Die Geschichte des Fahrrads

Draisine
Baron Carl von Drais wird allgemein als Vater des Fahrrades anerkannt. Er führte seine Erfindung, ein lenkbares Laufrad, das er *Draisine* nannte, am 12. Juli 1817 in Mannheim vor. Zum erstenmal hatten die Leute das merkwürdige Fahrrad und diesen Mann, der darauf fuhr, gesehen. In der *Karlsruher Zeitung* vom 1. August 1817 konnte man später das folgende darüber lesen:

«Herr Baron Carl von Drais, der den Berichten zuverlässiger Augenzeugen zufolge bereits am Donnerstag, den 12. Juli dieses Jahres, mit dem neuesten Exemplar der von ihm erfundenen Fahrmaschine ohne Pferde von Mannheim zur Schwetzinger Poststation und zurück gefahren ist, wofür er kaum eine Stunde benötigte – eine Entfernung, für die der Postwagen vier Stunden braucht –, legte mit ebenderselben Maschine den steil aufwärts führenden, zwei Stunden langen Bergweg von Gransbach nach Baden in nur etwa einer Stunde zurück. Dadurch konnte er auch hier mehrere Interessenten von der Geschwindigkeit dieser höchst interessanten Fahrmaschine überzeugen. Die Idee, auf der diese Erfindung beruht, ist dem Schlittschuhlaufen entlehnt, und es handelt sich hier ganz einfach um eine Sitzgelegenheit auf Rädern, die durch Abstoßen mit den Füßen vorwärts bewegt wird. Diese Maschine, die für Stafetten und andere Zwecke sowie selbst für größere Reisen recht gut verwendbar ist, wiegt kaum fünfzig Pfund und kann für höchstens 35 Mark mit Reisetaschen und weiterem Zubehör solide und gut aussehend fabriziert werden.»

Als Baron von Drais im Jahre 1818 sein Patent erhielt, war dieses zehn Jahre lang gültig. Dennoch wurde sein Laufrad von vielen nachgebaut, aber nicht nur das; die Entwicklung des Fahrrads hatte eingesetzt und war nicht mehr aufzuhalten. Das lag daran, daß Lizenznehmer eingeschaltet wurden. Von Drais vergab Lizenzen nach England, Frankreich und Amerika, wo die Draisine dann auch gebaut wurde; er hat mit seiner Erfindung jedoch keinen Reichtum erwerben können und starb einsam und verarmt am 10. Dezember 1851.

In England meldete Dennis Johnson das Laufrad unter der Patentnummer 4321/1818 an, in Frankreich erhielt Louis Joseph Dineur das Patent Nr. 869, und in Amerika war es ein gewisser W. A. Clarkson, der das Patent am 26. Juni 1819 erhielt. Diese drei Lizenznehmer waren es vor allem, die sich um die Weiterentwicklung des Laufrades verdient machten. Zum Beispiel ersetzte der Engländer Dennis Johnson, von Beruf Schmied und Wagenbauer, das Holz der Draisine durch Eisen, wie es kurz zuvor auch Drais selbst getan hatte. Er konstruierte einen eisernen Rahmen mit Eisenrädern. Er witterte ein Geschäft mit diesen Laufrädern und eröffnete in London zwei Fahrschulen, in denen man den Umgang mit dem Laufrad erlernen konnte. Mit seinen *hobby horses,* wie sie genannt wurden, konnte man eine Geschwindigkeit von 13 km/h erreichen. Diese für damalige Verhältnisse schon enorme Geschwindigkeit setzte eine gründliche Beherrschung der Fahrmaschine voraus.

In Amerika hatte die Draisine, für die Clarkson das Patent erworben hatte, keinen großen Erfolg.

Um 1839 wurde der Schmied Kirkpatrick Macmillan im schottischen Courthill ebenfalls vom Laufradfieber erfaßt. Er hatte von Johnsons Erfolg in London gehört. Nur sagte diese Lauferei mit der Draisine ihm nicht so recht zu. Lange grübelte er darüber, wie man auf einem solchen Fahrrad sitzen und sich fortbewegen könne, ohne sich ständig mit den Füßen abzustoßen, wie das noch immer notwendig war. Er konstruierte ein Fahrrad,

Das Karlsruher Modell von 1817, von Drais entworfen, wurde vom Wagner Frey aus Mannheim gebaut.

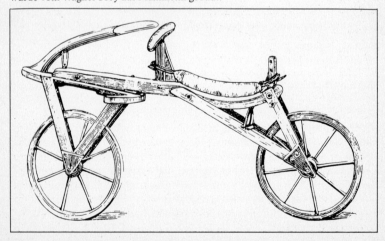

DIE LAUFMASCHINE DES FREIHERRN KARL VON DRAIS.

EIGENSCHAFTEN.

1.) Berg auf geht die Maschine, auf guten Landstrafsen, so schnell, als ein Mensch in starkem Schritt.
2.) Auf der Ebene, selbst sogleich nach einem starken Gewitterregen, wie die Staffetten der Posten, in einer Stunde 2.
3.) Auf der Ebene, bei trockenen Fufswegen, wie ein Pferd im Galopp, in einer Stunde gegen 4.
4.) Berg ab, schneller als ein Pferd in Carrière.

Beispiele davon in der Carlsruher Zeitung No. 211., in der Allgemeinen No. 204. und in vielen andern Blättern.

Ausschnitt des Textes, der das Patent des Laufrades des Barons von Drais beschreibt.

dessen Vorderrad kleiner als das Hinterrad war, mit einer Hebelübertragung. Betätigte man die mit dem Hinterrad verbundenen Hebel mit den Füßen, dann rollte das Rad vorwärts.

Auch 1853 wurde zu einem bedeutenden Jahr für das Fahrrad. In Oberndorf bei Schweinfurt entwickelte der Instrumentenbauer Philipp Moritz Fischer die bis dahin bekannten Fahrradkonstruktionen weiter und befestigte am Vorderrad zwei Pedale, über die man das Fahrrad mit einer Beinbewegung antreiben konnte.

Kassler-Rad

Als rätselhaft wird das Laufrad eines gewissen Michael Kassler bezeichnet, das später den Namen *Kassler-Rad* bekommen sollte. Es steht im Deutschen Museum in München, das das Rad wiederum als Leihgabe vom Germanischen Nationalmuseum in Nürnberg erhielt. Die Meinungen über das Konstruktionsdatum und die Herkunft sind unterschiedlich. Einige Historiker meinen, daß dieses lenkbare Laufrad aus Frankreich stamme, andere meinen, daß es Michael Kassler im Jahre 1761 in seinem Wohnort Brauns-

Das Kassler-Rad

dorf konstruiert habe. Die Räder dieses Laufrades sind größer als die des Draisschen Modells, und es soll ‹leichter› fahren.

Velozipjed
Ernest Michaux ersann zusammen mit seinem Vater Pierre 1861 in Paris eine Pedalkonstruktion für die Vorderachse der Draisine. Daraus entwickelte sich das *Velozipjed*, das ganz Europa erobern sollte. Bei den Velozipeden von Michaux war das Vorderrad größer als das Hinterrad, hatte also auch einen größeren Radumfang. Man ging bei dieser Konstruktion von dem logischen Schluß aus, daß das Fahrrad sich um so schneller fortbewegen konnte, je größer der Umfang des Antriebsrades war.
Im Jahre 1867 gründete die Familie Michaux zusammen mit der Familie Olivier eine Fabrik, in der es zur ersten ‹Massenfertigung› von Velozipeden kam.

Hochrad
Die Räder wurden noch größer. In England konstruierte man auf der Grundlage von Michaux' Veloziped das *Hochrad*, «Hohes Bi» genannt.

Hochrad

Die Bezeichnung «Bi» war die Abkürzung von «Bicycle». Als den Vater des Hochrades nennt man James Starley. Starley arbeitete in einer Maschinenfabrik in Coventry und überraschte dort seine Vorgesetzten mit vernünftigen, gründlich durchdachten Erfindungen. Die Inhaber der Fabrik entschlossen sich um 1868 dazu, ebenfalls Fahrräder zu bauen, wobei Michaux

Ernest Michaux mit seinem Fahrrad, der *Michauline,* einem Modell aus dem Jahre 1868, bei dem die Pedale am großen Vorderrad befestigt sind.

Die *Ariel* von James Starley, mit massiven Reifen und Speichen versehen

in Paris als Vorbild galt. Im Jahre 1870 wurde Starleys erstes Modell mit der Bezeichnung *Ariel* unter der Nummer 2236 patentiert. Ab September 1871 konnte man die Ariel für 8 Pfund Sterling kaufen. Der Durchmesser des Vorderrades betrug etwa 125 cm gegenüber 90 cm beim Veloziped von Michaux. Eine einzige Umdrehung des Antriebsrades bei Starleys Konstruktion entsprach 3,93 m Vorwärtsbewegung, beim Fahrrad von Michaux nur 2,83 m. Das Fahren auf solch einem Hochrad war keinesfalls einfach, es war sogar riskant. Auf- und Absteigen blieben mühsam und gefährlich. Das Treten erforderte viel Kraft, und auf Grund der Größe des Gefährts war hinsichtlich der Lenkung auch eine Verbesserung notwendig. James Starley, der mit Recht als der Vater der englischen Fahrradindustrie gilt, war

Das Modell *Rover III* von John Kemp Starley

um 1880 im wahrsten Sinn des Wortes von seinem hohen Stahlroß herabgestiegen, um sich eine ganz neue Konstruktion einfallen zu lassen. Heraus kam ein niedriges Modell, dessen Schwerpunkt zwischen den beiden Rädern lag und das erstmals große Ähnlichkeit mit dem modernen Fahrrad hatte; denn es hatte einen Kettenantrieb zum Hinterrad. Als James Starley 1881 starb, wurden seine Arbeit und seine Ideen von seinem Neffen John Kemp Starley fortgesetzt und ausgearbeitet. Die Fahrradmodelle von Starley erhielten den Namen *Rover*. Man nannte sie auch Sicherheitsfahrräder; denn die Fortbewegung auf diesem Fahrrad war weit weniger riskant als mit dem Hochrad.

Luftreifen
Da das Fahren auf Fahrrädern, deren Laufräder (man bezeichnet die Räder des Fahrrades heute als Laufräder, weil sich für das Fahrrad selbst die Kurzform ‹Rad› eingebürgert hat) aus Holz oder Eisen bestanden, alles andere als ein Vergnügen war, beschäftigten sich viele Leute mit dem Problem der Federung. Im Jahre 1888 beantragte der Dubliner Tierarzt John-Boyd Dunlop ein Patent auf seine merkwürdig erscheinende Erfindung, den Luftreifen, und dieses Patent erhielt er im selben Jahr noch unter der Nummer 10607. Dunlop baute für seinen Sohn ein Dreirad, das erstmals mit Luftreifen ausgerüstet war.
Schon einige Jahre zuvor hatte Robert William Thomson, der von 1822 bis

1873 lebte, ein solches Patent beantragt und auch erhalten. Aber sein Luftreifen fand nicht das Interesse, das er verdiente. Gummi war zu jener Zeit noch zu teuer. Erst viele Jahre später konnte der Ire Dunlop das Ansehen dafür kassieren.

Über siebzig Jahre, nachdem Carl von Drais in Mannheim zum erstenmal mit seiner Draisine fuhr, war das Fahrrad endlich vervollständigt: von niedriger Bauart, mit einem stählernen Rahmen auf gleichfalls metallenen Rädern, mit einem Kettenantrieb und auf Luftreifen rollend.

Der Tierarzt John Boyd Dunlop (1850–1921)

Die Geschichte des Radsports

Wettbewerbe

Seit über 150 Jahren spielen Wettkämpfe im Radsport eine große Rolle; bereits 1818 fanden im Pariser «Jardin du Luxembourg» Veranstaltungen für Draisinenfahrer statt. Zehn Jahre später fand der erste registrierte Wettkampf auf der 38 km langen Strecke Beaune–Dijon statt. Die schweren Zweiräder erreichten eine Durchschnittsgeschwindigkeit von 14 km/h. In München gingen 1829 sechsundzwanzig Teilnehmer zu einem Draisinen-Wettkampf an den Start. Die Fahrt ging vom Karolingerplatz zum Schloß Nymphenburg. Die Entfernung betrug 4,5 Kilometer, die in etwas mehr als einer halben Stunde zurückgelegt wurden. Die Sieger erhielten schon damals Preise in barer Münze.
Gleichzeitig mit dem Aufkommen der Pedale erwachte das Publikumsinteresse an den Wettkämpfen. Im Jahre 1865 erlebten die Einwohner der französischen Stadt Amiens die Weltpremiere eines Rundstreckenrennens auf der Straße. Die meisten Teilnehmer fuhren auf Velozipeden von Michaux. Der Franzose Savoyard Cavigneaux war der Schnellste auf der Strecke, die durch die Straßen von Amiens führte, und gewann den Grand Prix von Amiens.
Drei Jahre später, am 31. Mai 1868, fand auf der Bahn im Park von St. Cloud in Paris der erste, vom «Véloce Club de Paris» veranstaltete Bahnwettkampf statt. Die Teilnehmer kamen aus aller Herren Länder. Sieger des Wettkampfs über 1200 Meter wurde der Engländer James Moore mit einer Zeit von 3 Minuten und 50 Sekunden. Die Durchschnittsgeschwindigkeit betrug 18,7 km/h.
Das Jahr 1869 war für den Radsport besonders bedeutend; so gab es Wettkämpfe über größere Entfernungen. Das Rennen von Toulouse in südöstli-

che Richtung nach Caraman war 34,5 Kilometer lang. Der Sieger Léotard brauchte 3 Stunden und 9 Minuten bis zum Ziel.
Im selben Jahr wurden England, Italien, Deutschland und Belgien von der Radsportbegeisterung angesteckt. In England organisierte man einen «Von-Stadt-zu-Stadt-Wettkampf» von London nach Brighton, der ein großer Erfolg wurde. In der italienischen Stadt Padua veranstaltete man am 25. und 26. Juli zwei Wettkämpfe. Auf dem Piazzo Vittorio Emanuele wurden Antonio Pozzi und Testi Gaetano die Sieger. Am 17. Juni gab es im Städtchen Ukkel bei Brüssel den ersten Wettkampf in Belgien.
In Deutschland veranstaltete der «Eimsbütteler Velocipeden-Reitclub», aus dem später der «Altonaer Bicycle Club 1869» hervorging, zusammen mit dem «St. Georg Velocipeden Club» am 10. September 1869 in Altona das erste öffentliche Radrennen. Die drei ausgetragenen Wettkämpfe gingen über 750, 1000 und 1500 m. Dabei wurden Ehrenpreise in Höhe von 270 Talern ausgegeben.
Am 7. November 1869 brachen 198 Teilnehmer, darunter auch fünf Frauen, zu einer für jene Zeit mörderischen Strecke über 123 Kilometer von Paris nach Rouen an der Westküste auf. Sieger wurde der Engländer James Moore, der schon im Jahr zuvor in Paris siegreich gewesen war. Er brauchte 10 Stunden und 45 Minuten für die Strecke.
Zwischen 1881 und 1884 wurden Radsportwettkämpfe schon in vielen europäischen Städten veranstaltet. Die verwendeten Fahrräder hatten dabei eine zunehmend bessere Qualität. Die Straßenfahrräder wogen im Durchschnitt etwa 16 kg, während das Gewicht eines Bahnrades um 11 kg lag. Überdies treten Dunlops Luftreifen ab 1891 vorsichtig und noch verschämt auf; aber sie sollten schon bald einen wesentlichen Beitrag zur Entwicklung des Radsports leisten.
In Deutschland wurden in diesen Jahren zahlreiche Radsportvereine wie BBC «Germania» 1883 Berlin, Bremer RRV 1883, Frankfurter Bicycle-Club 1881, Offenbacher Bicycle-Club 1882 und Radsport-Vereinigung 1882 Straubing gegründet. Vertreter der ersten Vereine trafen sich am 29. Juni 1884 zu einem ersten Kongreß zur Bildung eines gemeinsamen Bundes in Meiningen. Am 17. August des gleichen Jahres wurde dann bereits der Bund Deutscher Radfahrer (BDR) in Leipzig aus der Taufe gehoben. Im Gründungsjahr hatte der neue Verband bereits 2500 Mitglieder, die im ersten Jahr verdoppelt werden konnten, und deren Anwachsen seinen Höhepunkt in den Jahren 1902–1905 hatte.

Bordeaux–Paris
In Frankreich wurde die Entwicklung von Radwettkämpfen zunächst durch starkes Engagement von Zeitungen begünstigt. «Le Petit Journal», «Le Véloce Sport», «Le Vélo» und «l'Auto» begannen, sich mit der Organisation von Radsportwettbewerben zu beschäftigen.

Maurice Garin war nicht nur der Sieger der ersten Tour de France im Jahre 1903. Er hatte auch das Langstreckenrennen Paris–Brest–Paris im Jahre 1901 gewonnen. Diese Seite der Zeitung «Le Petit Journal», die das Rennen organisiert hatte, zeigt den Sieger Garin bei seiner triumphalen Ankunft in Paris.

In Zusammenarbeit mit dem «Vélo Club Bordelais» organisierte die Zeitschrift «Le Véloce Sport» am 23. Mai 1891 das erste Langstreckenrennen von Bordeaux nach Paris. Die 577 Kilometer lange Strecke führte über miserable Straßen. Morgens um 5 Uhr schwangen sich 28 mutige Radrennfahrer in die Sättel. 26 Stunden, 34 Minuten und 57 Sekunden später kam der Engländer Georges Mills als erster in Paris an; erst mehr als eine Stunde später folgte ihm sein Landsmann Holbein als Zweiter.

Paris–Brest–Paris
Angeregt durch den Erfolg von «Le Véloce Sport», veranstaltete die Zeitung «Le Petit Journal» ein Wettrennen über fast 1200 Kilometer von Paris nach Brest und zurück. Bei den Organisatoren meldeten sich über fünfhundert Teilnehmer an, darunter zwei französische Favoriten: Laval, der auf einem Fahrrad von Clément mit Dunlopreifen an den Start ging, und sein Rivale Terront, der ein Rad von Humber mit Michelinreifen fuhr. Mit einem Feld von 206 Radrennfahrern ging das Rennen am 6. September 1891 los. Kaum die Hälfte der Fahrer sollte Paris erreichen. Das Rennen entwickelte sich zu einem Zweikampf zwischen Laval und Terront. Terront konnte den Siegeslorbeer in Empfang nehmen; er war 71 Stunden und 16 Minuten unterwegs. Laval kam neun Stunden später an, und der Drittplazierte, Couillibouef, sah erst 24 Stunden nach dem Sieger das Ziel. Der letzte Teilnehmer trudelte zehn (!) Tage später, am 16. September, ein.
Im Turnus von zehn Jahren wurde dieser Wettkampf bis 1951 regelmäßig ausgetragen.

Paris–Roubaix
Paris–Roubaix ist ein Traditionsrennen im Radsport. Im Jahre 1896 wurde das Rennen zum erstenmal durch die ‹Hölle des Nordens› gefahren, die bei den Radrennfahrern noch immer ein Schaudern hervorruft. Sieger wurde Josef Fischer aus München, der die 280 Kilometer lange Strecke mit dem damals beachtlichen Stundenmittel von 30,162 km/h zurücklegte.

Die Tour de France
Henri Desgrange, 1893 erster Inhaber des offiziellen Stundenweltrekords mit einer zurückgelegten Entfernung von 35,325 Kilometer, machte am 1. Juli 1903 als Chef des Sportblattes «l'Auto» Radsport-Geschichte. Desgrange wollte eine Etappenfahrt durch Frankreich organisieren, aber man lachte ihn aus. Niemand wollte glauben, daß so etwas überhaupt möglich sei. Aber Desgrange beharrte auf seinem Plan und glaubte fest an den Erfolg. Er sollte recht behalten. Bis auf den heutigen Tag gehört die Tour de France zu den größten und wichtigsten sportlichen Veranstaltungen jedes Jahres.
Als man im Jahre 1903 die Anmeldungen zur ersten Tour ausschrieb, war

Charles Terront zu Beginn seiner imposanten Laufbahn

das Interesse nicht sonderlich groß. Zu den ersten, die sich anmeldeten, gehörten Maurice Garin, Hip Aucouturier und Josef Fischer, drei Rennfahrer der ersten Garnitur. Zunächst schien die Zahl der Bewerber nicht auszureichen. Desgrange erhöhte deshalb die ausgeschriebenen Geld-

Oben: Start zum ersten Paris–Roubaix
Vordere Startreihe: Meyer (1), Ducom (2), Vendredi (3), Mercier, pére (4), Rousseau (5), Guignard (6), Simar (7), Fischer (8), A. Linton (9), Carlisle (10), M. Garin (11) und Stein (12)

Links: Sieger Josef Fischer aus München

preise und veränderte die Strecke ein wenig, so daß sich schon mehr Rennfahrer angelockt fühlten. Schließlich starteten am 1. Juli 1903 sechzig Fahrer zu einem Etappenrennen, das den radfahrenden Sportlern Entbehrungen schlimmster Art auferlegen sollte. Henri Desgrange hatte in seiner Zeitschrift schon darüber geschrieben:

«Viele Jungs werden sich wohl bei mir melden, aber sie werden nicht die geringste Aussicht haben. Auch wenn sie zur Spitzenklasse gehören, Köpfe von Stahl, Leiber aus Granit und das Durchhaltevermögen eines Kamels haben, dann wird es noch immer eine unermeßlich schwierige Aufgabe sein, die Tour zu gewinnen. Denn die Tour verlangt ihnen noch viel mehr ab.»

Die erste Frankreichrundfahrt ging in sechs Etappen über 2428 Kilometer.

Mit einer Durchschnittsgeschwindigkeit von 25,3 km/h kam Maurice Garin als Sieger in Paris an, wo er von Tausenden begeisterter Zuschauer umjubelt wurde. Seine Landsleute Pothier und Augereau wurden Zweiter und Dritter.
Bereits die zweite Tour de France hatte ihren Skandal. Die vier Erstplazierten Maurice Garin, Louis Pothier, César Garin und Hip Aucouturier wurden disqualifiziert, weil sie während des Rennens Absprachen getroffen haben sollten. So wurde Henri Cornet zum Sieger erklärt.

Sechstagerennen
New York erlebte im Jahre 1899 die Premiere des Mannschafts-Sechstagerennens, wo die Mannschaft Charly Miller/Frank Waller siegte, der deutsche Allroundfahrer Josef Fischer belegte zusammen mit seinem französischen Mannschaftsgefährten Chevalier den undankbaren vierten Platz.
Sechstagerennen sind schon seit 80 Jahren nicht mehr aus dem Radrennsport wegzudenken. Unter den vielen erfolgreichen deutschen Sechstagefahrern sind vor allem Walter Rütt, Thaddäus Robl, Gustav Kilian, Heinz Vopel, Klaus Bugdahl, Rudi Altig, Albert Fritz und Dietrich Thurau hervorzuheben.

Weltmeister Thaddäus Robl

Der Giro d'Italia
Nach dem großen Erfolg der Tour de France versuchte man in Italien, ein ähnliches Etappenrennen einzurichten. Im Jahre 1909 wurde der erste Giro d'Italia gefahren. Anfangs errang der Belgier Cyrille van Hauwaert, der ‹Löwe von Flandern›, triumphale Erfolge. Zu Beginn des Ersten Weltkrieges stand schon wieder eine neue Generation von Radrennfahrern bereit. Dazu gehörten der Belgier Philippe Thys, der Italiener Constante Girardengo und der Schweizer Oscar Egg.

Sprint
Bis zum Beginn des Ersten Weltkriegs beherrschte der Däne Thorwald Ellegard den Sprint; zwischen 1901 und 1913 war er sechsmal Weltmeister. Nach dem Krieg trat der Holländer Piet Moeskops in seine Fußstapfen und wurde von 1921 bis 1924 und 1926 Sprintweltmeister.
Aber auch die deutschen Radsportler waren unter den Titelträgern: August Lehr (1894), Willi Arend (1897), Paul Albert (1898), Walter Rütt (1913) und Matthias Engel (1927).

Stundenweltrekord
Der erste Stundenweltrekord, der in der Geschichte des Radsports registriert wurde, geht auf das Jahr 1876 zurück. Auf der Bahn von Cambridge in England legte der Brite Doods in einer Stunde 25,598 Kilometer zurück und wurde Inhaber eines nichtoffiziellen Rekordes. Dieser Rekord sollte danach noch viermal verbessert werden, ohne offizielle Anerkennung zu erhalten. Am 11. Mai 1893 wurde Henri Desgrange zum ersten Inhaber des offiziellen Stundenweltrekordes. Er fuhr auf der Pariser Buffalobahn über 35 Kilometer weit.
Es sollte noch mehr als fünf Jahre dauern, ehe die magische Schranke von 40 Kilometern durchbrochen wurde. Das geschah am 9. Juli 1898 im amerikanischen Denver. Der Amerikaner Hamilton fuhr die für jene Zeit unglaubliche Strecke von 40,781 Kilometern.
In der Geschichte des Stundenweltrekordes wurde der Franzose Lucien-Georges Mazan 1905 zum ersten offiziell von der UCI (Union Cycliste Internationale) anerkannten Weltrekordhalter: 41,110 Kilometer auf der Pariser Buffalobahn. Der Schweizer Oscar Egg hielt dreimal den Weltrekord, 1912, 1913 und 1914; auf der Buffalobahn legte er die sagenhafte Entfernung von 44,247 Kilometern zurück. Erst 1933 konnte der Franzose Maurice Richard diesen legendären Rekord auf 44,777 Kilometer verbessern.
Berühmte Inhaber des Stundenweltrekords waren ferner Fausto Coppi, Jacques Anquetil, Ercole Baldini, Roger Rivière und der Belgier Ferdinand Bracke. Bracke überschritt am 30. Oktober 1967 in Rom erstmals in der Geschichte des Radsports die 48-Kilometer-Grenze. Ein Jahr später brach der Däne Ole Ritter den Rekord und legte 48,653 Kilometer zurück.

Wettbewerbe 27

Weltmeister Walter Rütt

Vier Jahre später wurde diese Leistung von dem Belgier Eddy Merckx übertroffen; am 25. Oktober 1972 raste er mit einer Durchschnittsgeschwindigkeit von über 49 km/h über das Holz der hochgelegenen Bahn von Mexico City. Er fuhr in einer Stunde 49,431 Kilometer heraus.

Es dauerte mehr als elf Jahre, bis der Italiener Francesco Moser mit einem speziell dafür entwickelten aerodynamischen Fahrrad und unter hohem technischen und wissenschaftlichen Aufwand erstmals die 50-Kilometer-Marke übertraf. In der dünnen Luft von Mexico City fuhr er innerhalb von vier Tagen zwei neue Rekorde. Am 19. Januar 1984 legte er 50,808 Kilometer zurück, am 23. Januar waren es sogar 51,151 Kilometer.

Trotz Protesten des Belgiers Eddy Merckx, der Bedenken gegen die Konstruktion von Mosers Rennmaschine anmeldete, wurden die neuen Rekorde dennoch anerkannt. Allerdings ist nicht zu übersehen, daß die Arbeit der technischen und wissenschaftlichen Mitarbeiter Mosers Rekorde zumindest stark unterstützt hat.

Auch die Damen haben ihren Stundenweltrekord. Am 16. September 1978 stellte die Holländerin Keetie Hage einen Rekord auf, als sie auf der unüberdachten Münchener Olympiabahn 43,082 Kilometer zurücklegte.

Moser-Rekord-Rad

Wettbewerbe

Eddy Merckx mit dem Konstrukteur Ernesto Colnago bei der Vorbereitung zu seinem Angriff auf den Stundenweltrekord am 25. Oktober 1972 in Mexico City.

Der Stundenweltrekord

Jahr	Rekordhalter	Bahn	Resultat in Metern pro Std.
Nicht offiziell anerkannte Rekorde			
1876	Doods (GB)	Cambridge	25 598
1877	Shopee (GB)	Cambridge	26 960
1878	Weir (GB)	Oxford	28 542
1879	Christie (GB)	Oxford	30 374
1887	Dubois (F)	London	34 217
Offiziell anerkannte Rekorde vor Gründung der UCI			
11. 5. 1893	Desgrange (F)	Paris	35 325
31. 10. 1894	Dubois (F)	Paris	38 220
30. 7. 1897	Van den Eynden (B)	Paris	39 240
9. 7. 1898	Hamilton (USA)	Denver	40 781
Offiziell von der UCI anerkannte Rekorde ohne Dopingkontrolle			
24. 8. 1905	Mazan (Petit-Breton) (F)	Paris	41 110
20. 6. 1907	Berthet (F)	Paris	41 520
22. 8. 1912	Egg (CH)	Paris	42 122
7. 8. 1913	Berthet (F)	Paris	42 741
21. 8. 1913	Egg (CH)	Paris	43 525
20. 9. 1913	Berthet (F)	Paris	43 775
18. 6. 1914	Egg (CH)	Paris	44 247
29. 8. 1933	Richard (F)	Sint Truiden	44 777
31. 10. 1935	Olmo (I)	Mailand	45 090
14. 10. 1936	Richard (F)	Mailand	45 398
29. 9. 1937	Slaats (NL)	Mailand	45 558
3. 11. 1937	Archambaud (F)	Mailand	45 769
7. 11. 1942	Coppi (I)	Mailand	45 848
29. 6. 1956	Anquetil (F)	Mailand	46 159
19. 9. 1956	Baldini (I)	Mailand	46 394
18. 9. 1957	Rivière (F)	Mailand	46 923
23. 9. 1958	Rivière (F)	Mailand	47 347
Offiziell von der UCI anerkannte Rekorde mit vorgeschriebener Dopingkontrolle			
30. 10. 1967	Bracke (B)	Rom	48 093
10. 10. 1968	Ritter (DK)	Mexico City	48 653
25. 10. 1972	Merckx (B)	Mexico City	49 431,957
19. 1. 1984	Moser (I)	Mexico City	50 808
23. 1. 1984	Moser (I)	Mexico City	51 151

Am 27.9.1967, am Ende seiner eindrucksvollen Laufbahn, verbesserte Anquetil den Stundenweltrekord von Roger Rivière aus dem Jahre 1958, und er brachte es auf 47 493 m in der Stunde. Der Rekord wurde aber *nicht* anerkannt, weil Jacques Anquetil sich in Mailand nicht zur Dopingkontrolle einfand.

Stundenweltrekord

Zum Vergleich: die Rekordfahrräder von Oscar Egg im Jahre 1914 und von Eddy Merckx im Jahre 1972

1914 Oscar Egg	1972 Eddy Merckx
Gesamtgewicht: 10 kg Tretkurbeln: 165 mm Drahtreifen vorn und hinten je 160 g Übersetzung: 24×7^1 Entfaltung: 7,32 m Felgen aus Holz Vorderrad mit 32 Speichen Hinterrad mit 40 Speichen Rahmen aus Stahlrohr Geschwindigkeit: 44,247 km/h	Gesamtgewicht: 5,9 kg Tretkurbeln: 175 mm Schlauchreifen 90 g Übersetzung: 52×14 Entfaltung: 7,93 m Felgen aus Alu-Legierung Vorderrad mit 28 Speichen Hinterrad mit 32 Speichen Rahmen: leichteste Columbusrohre Geschwindigkeit: 49,431 km/h

1 Oscar Egg verwendete 1914 bei seinem Rekordversuch eine Blockkette, die einen größeren Abstand der Zähne bedingte. Die Übersetzung von 24×7 und die Entfaltung von 7,32 entspricht heutzutage der Übersetzung 48×18. Wenn Oscar Egg mit einem technisch so unvollkommenen Fahrrad eine solche Leistung erbrachte, dann unterstreicht dies nur um so mehr seine überragenden Qualitäten als Radrennfahrer.

Oscar Egg (zweiter von rechts in der Hocke) leitet nach dem Stundenweltrekordversuch von Jan van Hout 1933 das Ausmessen der Radrennbahn von Roermond.

Berufsfahrer

Die erste Profi-Straßenweltmeisterschaft
1927 fand erstmals eine Straßenweltmeisterschaft für die Profis unter den Radrennfahrern statt. Der Italiener Alfredo Binda wurde Sieger auf dem Nürburgring. Er verwies seine Landsleute Girardengo und Piemontesi auf den zweiten und dritten Platz. Sechster und damit bester Deutscher wurde der Amateur Rudolf Wolke, dem Herbert Nebe als bester deutscher Berufsfahrer mit fast 10 Minuten Rückstand auf dem zehnten Platz folgte.
Der Italiener Girardengo war übrigens ein besonderer Könner, denn er gewann sechsmal auf der Strecke Mailand–San Remo.

Die Jahre 1930 bis 1950
In den dreißiger Jahren war das Material erheblich verbessert, und es waren die Franzosen, Italiener und Belgier, die auf der Straße die Wettbewerbe beherrschten. Die Franzosen Georges Speicher und Antonin Magne, die Italiener Learco Guerra und Alfredo Binda sowie die Belgier Karel Kaers, Jan Aerts, Eloi Meulenberg und Marcel Kint führten Weltmeistertitel en gros. Bei den Tours de France von 1936 und 1939 lag der Belgier Sylvere Maes vorn. Sein Landsmann Romain Maes trug 1935 das Gelbe Trikot vom Start bis zum Ziel. Den bisher größten deutschen Erfolg in der Tour de France erreichte 1932 der Berliner Kurt Stöpel mit einem zweiten Platz.
Auf der Bahn war ein weiterer Belgier, Jef Scherens mit dem Spitznamen ‹Poeske›, nicht zu überbieten. Von 1932 bis 1937 wurde der schnelle Belgier sechsmal Weltmeister im Sprint. Im Jahre 1947 setzte er seiner Laufbahn einen weiteren Glanzpunkt auf, als er zum siebten und letzten Mal Weltmeister wurde.
In den dreißiger Jahren waren deutsche Bahnfahrer weitaus erfolgreicher als Straßenfahrer. Erich Möller, Walter Sawall, Albert Richter, Erich Metze, Toni Merkens und Walter Lohmann gewannen als Sprinter und Steher von 1930 bis 1938 sieben Weltmeistertitel. Toni Merkens gewann zudem bei den Olympischen Spielen in Berlin die Goldmedaille im Sprint, was dem Tandem Ernst Ihbe/Carl Lorenz ebenfalls gelang. Vervollständigt wurde die deutsche Erfolgsserie durch die Bronzemedaille, die Rudolf Karsch im 1000-m-Zeitfahren gewann.
Während der düsteren Zeit des Zweiten Weltkriegs brannte der Radsport nur auf Sparflamme. Wichtige Veranstaltungen wie die Tour de France und Weltmeisterschaften fanden damals nicht mehr statt.
Ab 1946 drängten sich neue internationale Stars in den Vordergrund. Da war der Belgier Rik van Steenbergen, der 1946 bei der Weltmeisterschaft

einen dritten Platz eroberte. Später trug van Steenbergen das Regenbogentrikot in den Jahren 1949, 1956 und 1957. Theo Middelkamp erhielt das Regenbogentrikot in Reims, als er 1947 Straßenweltmeister der Profis wurde. Im limburgischen Städtchen Valkenburg erlebten 1948 rund dreihunderttausend Zuschauer, wie der Belgier Brik Schotte siegte. Der holländische Favorit Gerrit Schulte fiel durch eine Panne aus.

Die Jahre 1950 bis 1981
Auf den Höhen der Alpen und den Flanken der Pyrenäen lieferten die Fahrer sich oft einen erbitterten Kampf. Einige Namen vom Anfang der fünfziger Jahre: der Schweizer Ferdi Kübler mit dem Spitznamen ‹der tolle Ferdi› und sein Landsmann, der ‹schöne› Hugo Koblet, ‹Campionissimo› Fausto Coppi aus Italien, sein Landsmann Gino Bartali, Stan Ockers aus Belgien und der Franzose Louison Bobet. Später kamen noch hinzu: Charly Gaul, Féderico Bahamontes und Jacques Anquetil.
Der überragende Erfolg eines deutschen Straßenprofis in dieser Ära war der Sieg von Heinz Müller 1952 bei der Straßenweltmeisterschaft in Lu-

Campionissimo Fausto Coppi mit einem Reservereifen über den Schultern keucht hier bei der Tour de France von 1952 nach Alpe d'Huez hinauf. Jean Robic klebt am Hinterrad des Italieners.

Rudi Altig, auf Bahn und Straße gleichermaßen erfolgreich: Verfolgungsweltmeister der Amateure (1959) und Berufsfahrer (1960/1961), Gesamtsieger der Spanienrundfahrt (1962), Sieger der Flandern-Rundfahrt (1964), Straßenweltmeister 1966 auf dem Nürburgring.

xemburg. Erwähnenswert ist auch der Gewinn der Tour de Suisse durch den Kölner Hans Junkermann 1959.
1950 wurde erstmals eine offizielle Weltmeisterschaft im Querfeldeinfahren organisiert, die der Franzose Jean Robic gewann. Klangvolle Namen unter den Querfeldeinfahrern sind Eric und Roger de Vlaeminck, beide stehen für viele Weltmeisterschaftstitel.
Aus der großen Zahl der erfolgreichen deutschen Querfeldeinfahrer ragen Rolf Wolfshohl und Klaus-Peter Thaler heraus. Wolfshohl wurde 1960, 1961 und 1963 Weltmeister der Profis und errang zahlreiche Plazierungen bei Weltmeisterschaften (u. a. sechsmal Zweiter und dreimal Dritter). Thaler wurde 1973 und 1976 Amateurweltmeister und war ebenso wie Wolfshohl auch ein ausgezeichneter Straßenfahrer.
Während einer langen Periode der sechziger Jahre drückte das französische Zeitfahrerphänomen Jacques Anquetil den internationalen Wettbewerben seinen Stempel auf. In jenem Jahrzehnt galten der Italiener Felice Gimondi, der Belgier Rik van Looy, die Niederländer Jan Janssen und Jo de Roo sowie der Franzose Raymond Poulidor als die Asse der Straße. Der herausragende deutsche Rennfahrer in dieser Zeit war Rudi Altig, der die Serie seiner Erfolge auf Bahn und Straße 1966 auf dem Nürburgring mit dem Gewinn der Straßenweltmeisterschaft der Profis krönte. Im Jahr zuvor war er hinter dem Engländer Tom Simpson bereits Vizeweltmeister geworden. Bei den großen Rundfahrten erreichte allerdings Hans Junkermann weiterhin die besten Plazierungen. 1962 gelang es ihm, seinen Erfolg von 1959 in der Tour de Suisse zu wiederholen.
Aus den fünfziger Jahren sind einige Namen von Fahrern zu nennen, die Herr und Meister des Sprints waren: Die Niederländer Arie van Vliet und Jan Derksen, der Schweizer Oscar Plattner, der Franzose Rousseau, der Engländer Reg Harris und die Italiener Gaiardoni und Maspes.
Seit dem Gewinn der Amateurweltmeisterschaft durch Rudi Altig 1959 in Amsterdam war die Bahnverfolgung eine deutsche Domäne. Abgesehen von zahlreichen Siegen in der Mannschaftsverfolgung, überragten als Einzelverfolger Hans Lutz, Dietrich Thurau und Gregor Braun. An dieser Stelle muß auch der ehemalige Sechstagekaiser Gustav Kilian genannt werden, der es in den 60er und 70er Jahren als Trainer wie kein anderer verstand, eine Mannschaft zu schmieden und zum Erfolg zu führen.
Bei den Stehern gab es ab Anfang der sechziger Jahre viele deutsche Weltklassefahrer, die auch Weltmeisterschaften gewannen: Karl Marsell, Ehrenfried Rudolph, Horst Gnas, Jean Breuer, Dieter Kemper, Wilfried Peffgen und Rainer Podlesch.
Der Straßensport der siebziger Jahre stand im Zeichen von Merckx, Kuiper, Zoetemelk, Raas, Knetemann, Moser und Hinault, die bereits zu Lebzeiten legendäre Gestalten wurden. Die herausragende Erscheinung im deutschen Profi-Straßenradrennsport war der Frankfurter Didi Thurau,

Jan Raas wird nach dem Erringen der Straßenweltmeisterschaft 1979 für Profis in Valkenburg vom Publikum umjubelt. Links der Gewinner der Silbermedaille, Dietrich Thurau, und rechts Jean-René Bernaudeau, der sich die Bronzemedaille holte.

der 1977 bei seinem ersten Tour-de-France-Start plötzlich ins Rampenlicht des Radsports trat. Nachdem er 15 Tage im Gelben Trikot gefahren war, wurde er im Endklassement Fünfter. Im gleichen Jahr wurde er auch Vizeweltmeister auf der Straße hinter Francesco Moser, ein Erfolg, den er zwei Jahre später im niederländischen Valkenburg hinter dem Lokalmatador Jan Raas wiederholen konnte.

Auf der Bahn fast unschlagbar waren Peter Post und Patrick Sercu, die in den Sechstagerennen dominierten. Unter ihren Profi-Kollegen waren vor allem der Japaner Nakano im Sprint sowie der Holländer Roy Schuiten und Gregor Braun in der Einzelverfolgung mehrmals bei den Weltmeisterschaften erfolgreich. Bei den Amateuren dominierten die Athleten aus der DDR bei den Bahnwettbewerben. Lothar Thoms, Detlef Macha, Lutz Hesslich und Hans-Jürgen Geschke sind nur einige Namen aus der langen Liste dieser erfolgreichen Radsportnation.

Bei den Frauen wurde der Radsport mit jedem Jahr populärer. Im Jahre 1958 wurde zum erstenmal eine Straßenweltmeisterschaft veranstaltet. Elsy Jacobs aus Luxemburg eroberte das erste Regenbogentrikot. Als erste

Der bärenstarke Pfälzer Gregor Braun. Nach seinem Übertritt ins Profilager wurde er in den Jahren 1977 und 1978 auf Anhieb Doppelweltmeister in der Einerverfolgung über 5000 m.

Endspurt um die Straßen-Weltmeisterschaft der Damen 1981 in Prag – in der Mitte die Weltmeisterin Ute Enzenauer.

Deutsche durfte sich 1978 in ihrer Heimatstadt Köln Beate Habetz das Regenbogentrikot der Weltmeisterin überstreifen. Ebenso unerwartet kam der Erfolg der noch jugendlichen Ute Enzenauer 1981 in Brünn. Die deutschen Damen gehören seitdem zu den besten radfahrenden Athletinnen der Welt.

Dieser kurze Überblick kann natürlich nicht vollständig widerspiegeln, was sich im Radsport im Lauf der Jahre abgespielt hat. Wahrscheinlich werden Sie zahlreiche Namen vermissen. Aber hier konnte nur ein Griff in die Menge großer Namen getan werden, so daß diese Übersicht nur einen kleinen Einblick geben kann.

Material und Ausrüstung

Aufbau des Fahrrads

Das moderne Fahrrad besteht aus einem Sammelsurium von Einzelteilen. Was jeder davon kennt, sind der Rohrrahmen, je eine Vorder- und Hintergabel, der Lenker, der Sattel, die Bremsen, zwei Pedale mit Fußhaken, das

Das Rennrad, eine großartige, wohldurchdachte Konstruktion, aus vielen Einzelteilen zusammengebaut.

Tretlager, das Kettenblatt mit den Ritzeln und der Kette, vorderer und hinterer Umwerfer, zwei Räder mit meist je 36 Speichen, komplett mit Draht- oder Schlauchreifen. Aber dies ist nur eine globale Aufzählung; denn ein Rennrad besteht aus noch mehr großen und kleinen Einzelteilen.

Rahmenrohre

Bei Radwettkämpfen kommt es immer und überall auf die gefahrene Zeit an: um zehntel und hundertstel Sekunden geht es hier. Das Rad muß schnell sein, und deshalb ist es erforderlich, daß man zu Wettbewerben mit einem möglichst leicht gebauten Fahrrad antritt. Außerdem muß die Konstruktion des Fahrrades so ausgelegt sein, daß der Luftwiderstand minimal ist.

Mehrere Hersteller produzieren spezielle Rahmenrohre für Rennräder. Dazu gehören u. a. «Reynolds» in England, «Columbus» in Italien, «Ishiwata» und «Tange» in Japan und «Vitus» in Frankreich. Hier werden nur Reynolds, Columbus und Vitus beschrieben, weil die Rohre dieser Hersteller von den meisten Rennradkonstrukteuren verwendet werden.

Gegen Ende des vergangenen Jahrhunderts entwickelte Alfred Milward Reynolds eine Methode zur Verwendung dünnwandiger Rohre im Fahrradrahmenbau, ohne daß die Rahmen einen Stabilitätsverlust an den Stellen erleiden, an denen die Rohre in den Muffen (den Verbindungsstücken der Rohre) befestigt werden. Der Außendurchmesser der Rohre ist an allen Stellen gleich. Reynolds Erfindung bestand darin, daß die Rohrenden im Innern verstärkt wurden. Mit einem englischen Fachwort bezeichnet man das als *double butted,* zu deutsch gestaucht.

Reynolds erwarb seinen Ruf durch zwei Rohrarten, die – wie alle guten Rahmenrohre – nahtlos gezogen sind: den Typ 531, der bereits seit 1935 produziert wird, und den Typ 753, der im Jahre 1975 herauskam. Die beiden Rohrarten unterscheiden sich insofern, als der Typ 753 dünner ist als der Typ 531. Die Zahlen 531 und 753 geben dabei die Legierungsverhältnisse an. Als das Rohr 531 in den dreißiger Jahren entwickelt wurde, kam es

Längsschnitt durch ein gestauchtes Rohr, dessen Enden verdickt sind. Dadurch werden die Verbindungsstellen des Rohrrahmens verstärkt.

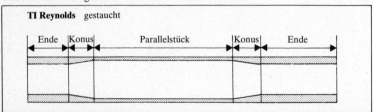

Rahmenrohre

Der Rahmen des Rennrades besteht aus Rohren.

Aus diesem Satz von Rohren und anderen Teilen wird das Rennrad aufgebaut. Es handelt sich um einen Rohrsatz der Marke Tange, gefertigt aus der neuen Stahllegierung *Mangaloy*, die die gleichen Eigenschaften hat wie *Chrom-Molybdän*. Die Rohre können bei den gleichen Temperaturen wie normale Stahlrohre verarbeitet werden. Das trägt zu einem günstigen Preis bei.

in der Rohrkonstruktion zu einer völligen Umwälzung. Die Metallegierung bestand erstmals aus *Mangan-Molybdän-Stahl*. Den Konstrukteuren von Reynolds zufolge sind die Rohre aus diesem Material stabiler und auch besser verlötbar als Rohre aus *Chrom-Molybdän, Titan* oder *Kohlenstofffasern*.

Die Wandstärken der Oberrohre betragen bei dem Typ 531: 0,56 mm (an den konifizierten Enden 0,8 mm), bei dem Typ 753: 0,38 mm (an den konifizierten Enden 0,7 mm).

Columbus
Um 1935 entwickelte Angelo Luigi Colombo sein Verfahren zur Herstellung von Rahmenrohren für Rennräder. Die Firma Columbus verwendet auch das Prinzip der endverstärkten Rohre, ebenfalls nahtlos gezogen. Die Metallegierung ist im Unterschied zu Reynolds *Chrom-Molybdän*.

Die Wandstärken des Columbus-Oberrohres sind folgende: Columbus KL: 0,5 mm (an den konifizierten Enden 0,7 mm), Columbus SL: 0,6 mm (an den konifizierten Enden 0,9 mm), Columbus SP: 0,7 mm (an den konifizierten Enden 1,0 mm).

Vitus
Obwohl die meisten Rohrproduzenten sich noch mit den konventionellen Materialien beschäftigen, haben die Ingenieure der französischen Firma Vitus die Forschungsergebnisse der Raumfahrt- und Flugzeugindustrie genutzt und entwickelten eine Aluminiumlegierung für Rahmenrohre. Diese Legierung, von Vitus *Duralinox* genannt, ist noch leichter als Mangan-Molybdän und Chrom-Molybdän. Ein nennenswerter Unterschied zu den erwähnten Metallegierungen besteht hier in der Verarbeitung. Die Duralinox-Rohre werden geleimt, statt wie die übrigen hartgelötet. Dabei sind hervorragende Resultate erzielt worden. Der geleimte Rahmen ist weniger erschütterungsempfindlich, so daß dieser hochwertigen Alu-Legierung eine große Zukunft im Fahrradrahmenbau bevorsteht.

Die Wandstärken der Oberrohre sind bei Vitus Duralinox folgende: Super Vitus 980: 0,5 mm (an den konifizierten Enden 0,8 mm), Super Vitus 980 Profil Arcor, ein aerodynamisches tropfenförmiges Rohr: 0,7 mm (an den konifizierten Enden 1,0 mm).

Äußerlich sind die Rohre der verschiedenen Marken kaum zu unterscheiden; nur am Etikett, das sich auf einem der Rahmenrohre befindet, kann man erkennen, von welchem Rohrhersteller der Fahrradproduzent seine Rahmenrohre bezogen hat.

Rahmen

Der Rohrrahmen ist das ‹Skelett› des Rennrads. Er besteht aus folgenden Einzelrohren (vgl. Abb. unten):
1. Oberrohr oder Horizontalrohr
2. Steuerkopfrohr oder Steuerrohr
3. Gabelrohr
4. zwei Vordergabelrohre
5. Unterrohr oder Schrägrohr
6. Sattelrohr oder Sitzrohr
7. zwei Hintergabelrohre
8. zwei Hintergabelstreben

Alle Rohre werden zu einer geschlossenen Einheit, dem Rahmen, bei einer Temperatur von 600 bis 700°C zusammengelötet und dabei durch Muffen verbunden.
Es gibt auch Rahmen ohne Muffen, bei denen die Rohre direkt aneinander gelötet werden. Diese Fertigungsart ist aber sehr arbeitsaufwendig, und die Rahmen sind weniger stabil.

Die einzelnen Rohre des Fahrradrahmens

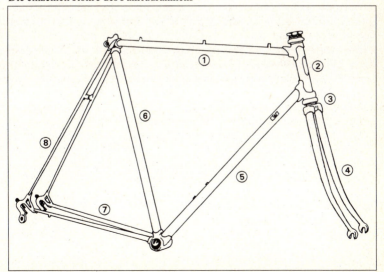

Steuersatz

Das Steuer- oder Lenkkopfrohr hat oben und unten je ein Kugellager, in dem der Lenker und die damit verbundene Vorderradgabel gedreht werden können. Durch intensiven Gebrauch und starke Stöße (z. B. durch sehr hart aufgepumpte Reifen) können Rillen in die Kugelbahnen geschlagen werden, wodurch dann im Steuerkopfrohr ein leichtes Spiel entsteht.
Man kann den Steuersatz auf Spiel hin überprüfen, indem man die Vorderradbremse kräftig betätigt und dabei zugleich versucht, das Fahrrad nach vorn und hinten zu bewegen. So kann man ein vorhandenes Spiel fühlen. In den meisten Fällen muß der Steuersatz dann erneuert werden. Diese Präzisionsarbeit überläßt man am besten dem Fachmann, weil dazu Spezialwerkzeug und Spezialkenntnisse erforderlich sind.

Lenkerbügel und Lenkervorbau

Die Lenkereinheit besteht aus dem Lenker- oder Rennbügel und dem Lenkervorbau mit dem Schaft. Der Schaft muß auf die richtige Höhe eingestellt werden; er ist für die richtige Sitzhaltung auf dem Fahrrad mitentscheidend. Die Länge des Schaftes, der in das Steuerkopfrohr geschoben wird, kann um 6 bis 15 cm variieren. Die Handbremshebel, die am Lenker befestigt werden, vervollständigen die Lenkereinheit.

Sattelstütze und Sattel

Die Sattelstütze, auf die der Sattel montiert wird, steckt im Sattel- oder Sitzrohr. In diesem Sattelrohr kann man die Sattelstütze verschieben, so daß der Sitz auf die gewünschte Höhe eingestellt werden kann. Ferner kann man den Sattel über die Sattel-Klemmvorrichtung nach vorn oder hinten verstellen.
Sättel können aus Leder und/oder Kunststoff gefertigt sein. Ledersättel müssen eingesessen werden, da sie zunächst sehr steif sind. Durch sorgfältige Pflege, vor allem durch regelmäßiges Einreiben der Unterseite des Sattels mit Sattelfett oder auch Salatöl, wird der Sattel allmählich geschmeidiger. Durch Gebrauch und die Körperwärme, die von der Sitzfläche ausgestrahlt wird, bekommt ein Ledersattel allmählich seine anatomische Form. Ledersättel haben aber den Nachteil, daß sie bei Regen hart werden. Kunststoffsättel mit einem Überzug aus Leder oder Wildleder werden deshalb bei Straßenrennen häufiger verwendet als solche, deren Sitzfläche komplett aus Leder besteht.

Tretlager, Kettenblätter und Kurbeln

Das Tretlager (auch Tretkurbellager) ist im Tretlagergehäuse befestigt. Es gibt Tretlager mit und ohne Keile; im letzteren Fall spricht man von einem keillosen Tretlager. Bei dieser Konstruktion werden die Tretkurbeln jeweils durch eine Mutter sehr fest angezogen; denn über die Pedale, die

Steuersatz – Lenker – Sattel

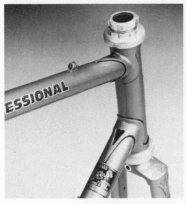

Foto oben: Das Steuerkopfrohr, in das der Lenkerschaft von oben hineingeschoben wird. Im Steuerkopfrohr ist der Lenker schwenkbar gelagert. Auf der Unterseite wird der Gabelschaft hineingeschoben.

Foto oben rechts: Der Lenker, sorgfältig mit Lenkerband umwickelt, mit dem Lenkervorbau

Foto Mitte: Der Sattel ruht auf der Sattelstütze, die im Sattelrohr steckt.

Foto rechts: Der Brooks Professional Select Sattel aus Büffelleder. Der Sattel wird an der Unterseite mit Fett eingerieben, damit er geschmeidig bleibt. Vor allem auf der Bahn wird der Ledersattel bevorzugt, weil sein anatomischer Komfort der beste ist. Bei Steherrennen ist der Ledersattel sogar vorgeschrieben. In den letzten Jahren sind Kunststoffsättel mit ledernem Überzug im Vormarsch, sowohl auf der Straße als auch auf der Bahn.

Das Tretlager besteht aus zwei Kettenblättern, in diesem Fall mit 52 und 42 Zähnen. Die Tretkurbeln sind hier 170 mm lang, und daran sind die Pedale mit den Haken befestigt. Auf die Pedale wirken enorme Kräfte ein, auf einer ebenen Straße etwa 35 kg Druck je Tretbewegung, aber bei hügeligem Gelände steigert sich der Druck schon auf 125 kg, während er im Hochgebirge bis auf 200 kg je Tretbewegung ansteigen kann.

schließlich an den Tretkurbeln befestigt werden, wirken enorme Kräfte. Keillose Tretkurbeln bestehen immer aus hochwertigem Dur-Alumin, wodurch sie sehr leicht sind, während Tretkurbeln mit Keilen aus Stahl bestehen.
Die Tretkurbeln sind meist 170 mm lang. Bei besonderen Disziplinen werden auch davon abweichende Längen benutzt, z. B. 165 oder 175 mm.
Zum Tretlager gehören ferner zwei oder drei Kettenblätter, die die Beinbewegung über die Kette und den Zahnkranz an der Hinterachse in Fahrbewegung umsetzen.
An den Enden der Tretkurbeln sind die Pedale mit den Pedal- oder Fußhaken befestigt. Diese Fußhaken (engl. toeclips) schützen davor, daß die Füße nach vorn von den Pedalen rutschen. Außerdem sorgen sie dafür, daß die Füße in der optimalen Position für die Kraftübertragung sitzen. Auch diese Teile sind aus hochwertigem Metall gefertigt, meist aus einer Aluminiumlegierung mit Kupfer und Magnesium, sehr leicht und überaus stabil.

Laufräder

Die Laufräder bestehen aus den Felgen (Aluminium), den darauf montierten Draht- oder Schlauchreifen und den Speichen, die für die Stabilität der Laufräder sorgen. Die Speichen sind bei den Rennrädern, genau wie die Rahmenrohre, «butted», d. h., sie haben verdickte Enden. Normalerweise hat jedes Laufrad 36 Speichen; doch je nach der speziellen Radsportdisziplin und Belag kann die Anzahl der Speichen auch reduziert werden.
Die Speichen sind innen und außen am *Flansch* befestigt. Man unterscheidet *Hoch-* und *Niederflanschnaben*. Die Vorteile von Hochflanschnaben bestehen darin, daß das Laufrad durch den hohen Flansch steifer und stabi-

Laufräder – Bremsen

Das Vorderrad, eingeklemmt zwischen den Gabelschäften. Hier sind die Niederflanschnaben zu sehen. Der *Schnellspanner*, der rechte Hebel, bewirkt, daß das Laufrad im Handumdrehen ausgewechselt werden kann. Dadurch läßt sich ein Zeitverlust in entscheidenden Augenblicken auf ein Minimum beschränken.

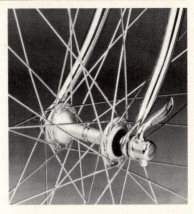

ler wird und deshalb besser für Bergauffahrten geeignet ist, wo die Radrennfahrer auf den Pedalen stehen und so einen sehr starken Druck auf das Vorderrad ausüben; bei Hochflanschnaben schwankt das Fahrrad weniger stark beim ‹Tanz› auf den Pedalen, was sich vorteilhaft bei der Kraftübertragung auf die Pedale auswirkt. Heutzutage werden die Hochflanschnaben nicht mehr so häufig verwendet, nur Bahnräder sind noch regelmäßig damit versehen.

Heute werden Niederflanschnaben am häufigsten verwendet; denn ein Laufrad mit Niederflanschnaben federt auf schlechten Wegstrecken besser als eines mit Hochflanschnaben. Überdies ist die Gefahr eines Speichenbruchs geringer.

Bremsen

Die Bremsen am Vorder- und Hinterrad werden durch Zug an den Bremsgriffen am Lenker betätigt. Dadurch pressen sich die Bremsgummis an die Felgenränder, so daß das Rad an Geschwindigkeit verliert.

Nahaufnahme einer *Seitenzugbremse*. Die Bremse ist an der Vordergabel befestigt. Über den Bremsgriff am Lenker wird der Bremszug angezogen.

Am häufigsten verwendet werden *Seitenzug-* oder *Mittelzugbremsen*. Bei der Seitenzugbremse ist der Bremszug an einer Seite der Bremse befestigt, während er bei der Mittelzugbremse zur Mitte der Bremszange führt. Dabei ist wichtig, daß die beiden Bremsklötzchen gleichzeitig auf den Felgenrand wirken.
Natürlich sind gut funktionierende Bremsen für den Fahrer lebenswichtig. Deshalb müssen stark abgenutzte Bremsklötzchen rechtzeitig ersetzt werden. Die Bremszüge sollten ebenfalls einmal jährlich erneuert werden, da auch sie einem Verschleiß (Bruch, Rost) unterliegen. Heutzutage werden die Bremszüge bei aerodynamisch gebauten Fahrrädern oft vom Lenkergriff unter dem Lenkerband zu den Bremsen geführt.

Schaltung
Die Schaltung besteht aus dem vorderen und dem hinteren Umwerfer, zwei Schalthebeln am Unterrohr oder an den Lenkerenden (Querfeldeinfahren) sowie den Zügen, die beide Teile verbinden.
Mit dem rechten Schalthebel wird meist der hintere Umwerfer betätigt, der die Kette auf den gewünschten Zahnkranz (Ritzel) führt. Mit fünf Zahnkränzen hinten und zwei Kettenblättern vorn stehen dem Radfahrer zehn Gänge zur Verfügung. Die Wahl des vorderen Kettenblattes wird mit Hilfe des linken Schalthebels über den vorderen Umwerfer geregelt; so läßt sich entweder das große Außenblatt oder das kleinere Innenblatt einschalten.
Die Zahl der verfügbaren Gänge ist nicht auf zehn beschränkt. Im Rennsport werden Schaltungen mit bis zu fünfzehn Gängen gefahren, drei Kettenblätter vorn und fünf Ritzel hinten. Für den durchschnittlichen Radfahrer ist das alles stark übertrieben. Er sollte sich mit höchstens zehn Gängen begnügen.

Ein wichtiger Tip für die Praxis: nicht über Kreuz schalten, d. h. die Kette nicht übermäßig schräg laufen lassen; denn das führt zu einem hohen Verschleiß von Kette und Kränzen.

Die beiden Schalthebel beiderseits des Unterrohrs. Der linke Schalthebel betätigt den vorderen Umwerfer, der rechte den Umwerfer am Hinterrad.

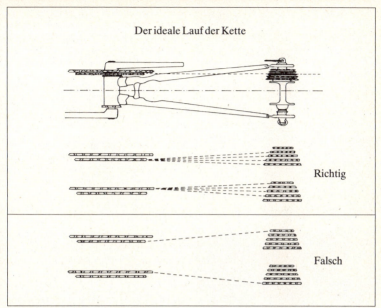

Die Zeichnung zeigt, wie die Kette ideal, richtig und falsch laufen kann.

Entfaltung

Wenn man im Radsport von *Entfaltung* spricht, hat das etwas mit dem Raddurchmesser, der Zähneanzahl des vorderen Kettenblattes und der Zähneanzahl des hinteren Kettenritzels zu tun.

Die Entfaltung ist die Berechnung der Strecke in Metern, die das Fahrrad bei einer vollständigen Umdrehung des Kettenblattes zurücklegt. Einige Beispiele sollen verdeutlichen, wie diese Berechnung vor sich geht, so daß anschließend jeder die Entfaltung seines Fahrrades selbst errechnen kann. Ein Raddurchmesser von 27 Zoll entspricht (1 Zoll = 2,54 cm) $27 \times 2{,}54 = 68{,}58$ cm, abgerundet 68 cm. Dieser Raddurchmesser wird mit π (der griechische Buchstabe Pi steht für eine Konstante von 3,14) multipliziert, und man erhält einen *Radumfang* von abgerundet 213,7 cm. Zur Berechnung der Entfaltung wird jetzt die Anzahl der Zähne auf dem vorderen Kettenblatt durch die Anzahl der Zähne auf dem hinteren Zahnkranz geteilt und mit dem Radumfang multipliziert.

Beispiel

Das Kettenblatt hat 52 Zähne, das Ritzel am Hinterrad hat 13 Zähne, der Radumfang ist bei 68 cm Durchmesser etwa 213,7 cm.

Foto links: Der hier abgebildete Zahnkranz besteht aus sechs Ritzeln mit 13, 14, 15, 17, 19 und 21 Zähnen. Gemeinsam bilden diese Ritzel den Freilauf des Fabrikats Shimano DA Ex aus einem sehr harten und stabilen Alu-Material. Rechts ist der Schaltzusatz sichtbar, der über den Schalthebel und einen Schaltzug betätigt wird. Auf diese Weise wird die Position der Kette bestimmt.

Foto Mitte: Der Hinterbau endet in den *Ausfallenden*, zwischen denen das Hinterrad befestigt wird.

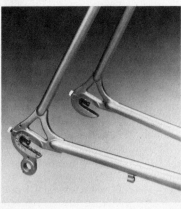

So ergibt sich folgende Berechnung:
52/13 × 213,7 = 8,54 Meter
Mit Hilfe der Formel: Zähneanzahl vorderes Kettenblatt geteilt durch Zähneanzahl hinteres Ritzel mal Radumfang (zu berechnen aus Raddurchmesser in cm multipliziert mit 3,14), kann man also leicht ausrechnen, welche Strecke ein Fahrrad bei einer vollen Kurbelumdrehung zurücklegt. Für den Raddurchmesser 68 cm (= 27 Zoll) findet man die Entfaltungswerte in der Tabelle auf Seite 54, wo die Werte meistens abgerundet sind.

Übersetzung

Was wir im Vorausgegangenen berechnet haben, ist relativ leicht verständlich. Ein wenig schwerer verständlich ist die ‹Übersetzungsformel›; denn hier werden Zollmaße zugrunde gelegt.
Die Übersetzung ist um so leichter, je kleiner die errechneten Werte sind, je größer die Werte, desto schwerer ist das gewählte Übersetzungsverhältnis.
Für die Errechnung der Übersetzung braucht man die Zahl der Kettenblattzähne, die Zahl der Kranzzähne und das Reifenmaß (Durchmesser) in Zoll (nicht in cm umgerechnet wie bei der Berechnung der Entfaltung).
Die Größe der Übersetzung ergibt sich, indem wie bei der Berechnung der Entfaltung die Anzahl der Kettenblattzähne und der Kranzzähne ins Ver-

Übersetzung

hältnis gesetzt werden, jetzt aber mit dem Raddurchmesser multipliziert werden. So ergibt sich beispielsweise aus einem Verhältnis der Zähneanzahl auf Kettenblatt und Ritzel von 52:13 und einem Raddurchmesser von 27 Zoll eine Übersetzung von 108,0 Zoll (siehe Tabellen S. 51 bis 53).

Der Bund Deutscher Radfahrer e. V. hat die altersgemäßen Höchstübersetzungen, die bei Rennbeginn kontrolliert werden, folgendermaßen festgelegt:

Schüler C (8–10 Jahre):	69 Zoll (z. B. bei 24-Zoll-Rädern 46/16)
Schüler B (10–12 Jahre):	69 Zoll (z. B. bei 26-Zoll-Rädern 53/20)
Schüler A (12–14 Jahre):	73,89 Zoll (z. B. bei 27-Zoll-Rädern 52/19)
Jugendliche (15–16 Jahre):	82,6 Zoll (z. B. bei 27-Zoll-Rädern 52/17)
Junioren (17–18 Jahre):	96,4 Zoll (z. B. bei 27-Zoll-Rädern 50/14; nur international festgelegt, national frei wählbar)
Amateure (über 18 Jahre):	keine festgelegten Übersetzungen
Senioren (ab 35 Jahre):	keine festgelegten Übersetzungen

Weitere Übersetzungen und Kombinationen können in bezug auf verschiedene Laufraddurchmesser den Tabellen entnommen werden.

Raddurchmesser 20″

Ketten- blätter	Zahnkranz (Ritzel)									
	13	14	15	16	17	18	19	20	21	22
40	61,5	57,1	53,3	50,0	47,1	44,4	42,1	40,0	38,1	36,4
41	63,1	58,6	54,7	51,3	48,2	45,6	43,2	41,0	39,1	37,3
42	64,6	60,0	56,0	52,5	49,4	46,7	44,2	42,0	40,0	38,2
43	66,2	61,4	57,3	53,8	50,6	47,8	45,3	43,0	41,0	39,1
44	67,7	62,9	58,7	55,0	51,8	48,9	46,3	44,0	41,9	40,0
45	69,2	64,3	60,0	56,3	52,9	50,0	47,4	45,0	42,9	40,9
46	70,8	65,7	61,3	57,5	54,1	51,1	48,4	46,0	43,8	41,8
47	72,3	67,1	62,7	58,8	55,3	52,2	49,5	47,0	44,8	42,7
48	73,9	68,6	64,0	60,0	56,5	53,3	50,5	48,0	45,7	43,6
49	75,4	70,0	65,3	61,3	57,7	54,4	51,6	49,0	46,7	44,6
50	76,9	71,4	66,7	62,5	58,8	55,6	52,6	50,0	47,6	45,5
51	78,5	72,9	68,0	63,8	60,0	56,7	53,7	51,0	48,6	46,4
52	80,0	74,3	69,3	65,0	61,2	57,8	54,7	52,0	49,5	47,3
53	81,5	75,7	70,7	66,3	62,4	58,9	55,8	53,0	50,5	48,2
54	83,1	77,1	72,0	67,5	63,5	60,0	56,8	54,0	51,4	49,1
55	84,6	78,6	73,3	68,8	64,7	61,1	57,9	55,0	52,4	50,0
56	86,2	80,0	74,7	70,0	65,9	62,2	59,0	56,0	52,3	50,9

Übersetzung

Raddurchmesser 22″

Ketten- blätter	Zahnkranz (Ritzel)									
	13	14	15	16	17	18	19	20	21	22
40	67,6	62,9	58,7	55,0	51,8	48,9	46,3	44,0	41,9	40,0
41	69,4	64,4	60,1	56,4	53,1	50,1	47,5	45,1	43,0	41,0
42	71,1	66,0	61,6	57,8	54,4	51,3	48,6	46,2	44,0	42,0
43	72,8	67,6	63,1	59,1	55,7	52,6	49,8	47,3	45,1	43,0
44	74,5	69,1	64,5	60,5	56,9	53,8	51,0	48,4	46,1	44,0
45	76,2	70,7	66,0	61,9	58,2	55,0	52,1	49,5	47,1	45,0
46	77,9	72,3	67,5	63,3	59,5	56,2	53,3	50,6	48,2	46,0
47	79,5	73,9	68,9	64,6	60,8	57,4	54,4	51,7	49,2	47,0
48	81,2	75,4	70,4	66,0	62,1	58,7	55,6	52,8	50,3	48,0
49	82,9	77,0	71,9	67,4	63,4	59,9	56,7	53,9	51,3	49,0
50	84,6	78,6	73,3	68,8	64,7	61,1	57,9	55,0	52,4	50,0
51	86,3	80,1	74,8	70,1	66,0	62,3	59,1	56,1	53,4	51,0
52	88,0	81,7	76,3	71,5	67,3	63,6	60,2	57,2	54,5	52,0
53	89,7	83,3	77,7	72,9	68,6	64,8	61,4	58,3	55,5	53,0
54	91,4	84,9	79,2	74,3	69,9	66,0	62,5	59,4	56,6	54,0
55	93,1	86,4	80,7	75,6	71,2	67,2	63,7	60,5	57,6	55,0
56	94,8	88,0	82,1	77,0	72,5	68,4	64,8	61,6	58,7	56,0

Raddurchmesser 24″

Ketten- blätter	Zahnkranz (Ritzel)									
	13	14	15	16	17	18	19	20	21	22
40	73,9	68,6	64,0	60,0	56,5	53,3	50,5	48,0	45,7	43,6
41	75,7	70,3	65,6	61,5	57,9	54,7	51,8	49,2	46,9	44,7
42	77,5	72,0	67,2	63,0	59,3	56,0	53,1	50,4	48,0	45,8
43	79,4	73,7	68,8	64,5	60,7	57,3	54,3	51,6	49,1	46,9
44	81,2	75,7	70,4	66,0	62,1	58,7	55,6	52,8	50,3	48,0
45	83,1	77,1	72,0	67,5	63,5	60,0	56,8	54,0	51,4	49,1
46	84,9	78,9	73,6	69,0	64,9	61,3	58,1	55,2	52,6	50,2
47	86,8	80,6	75,2	70,5	66,4	62,7	59,4	56,4	53,7	51,3
48	88,6	82,3	76,8	72,0	67,8	64,0	60,6	57,6	54,9	52,4
49	90,5	84,0	78,4	73,5	69,2	65,3	61,9	58,8	56,0	53,5
50	92,3	85,7	80,0	75,0	70,6	66,7	63,2	60,0	57,1	54,6
51	94,2	87,4	81,6	76,5	72,0	68,0	64,42	61,1	58,33	55,6
52	96,0	89,1	83,2	78,0	73,4	69,3	65,7	62,4	59,4	56,7
53	97,9	90,9	84,8	79,5	74,8	70,7	67,0	63,6	60,6	57,8
54	99,7	92,6	86,4	81,0	76,2	72,0	68,2	64,8	61,7	58,9
55	101,5	94,3	88,0	82,5	77,7	73,3	69,5	66,0	62,9	60,0
56	103,4	96,0	89,6	84,0	79,1	74,7	70,7	67,2	64,0	61,1

Übersetzung

Raddurchmesser 26″

Ketten-blätter	Zahnkranz (Ritzel)									
	13	14	15	16	17	18	19	20	21	22
40	80,0	74,3	69,3	65,0	61,2	57,8	54,7	52,0	49,5	47,3
41	82,0	76,1	71,1	66,3	62,7	59,2	56,1	53,3	50,8	48,5
42	84,0	78,0	72,8	68,3	64,2	60,7	57,5	54,6	52,0	49,6
43	86,0	79,9	74,5	69,9	65,8	62,1	58,8	55,9	53,2	50,8
44	88,0	81,7	76,3	71,5	67,3	63,6	60,2	57,2	54,5	52,0
45	90,0	83,6	78,0	73,1	68,8	65,0	61,6	58,5	55,7	53,2
46	92,0	85,4	79,7	74,8	70,4	66,4	63,0	59,8	57,0	54,4
47	94,0	87,3	81,5	76,4	71,9	67,9	64,3	61,1	58,2	55,6
48	96,0	89,1	83,2	78,0	73,4	69,3	65,7	62,4	59,4	56,7
49	98,0	91,0	84,9	79,6	74,9	70,8	67,1	63,7	60,7	57,9
50	100,0	92,9	86,7	81,3	76,5	72,2	68,4	65,0	61,9	59,1
51	102,0	94,7	88,4	82,9	78,0	73,7	69,8	66,3	63,1	60,3
52	104,0	96,6	90,1	84,5	79,5	75,1	71,2	67,6	64,4	61,5
53	106,0	98,4	91,9	86,1	81,1	76,6	72,5	68,9	65,6	62,6
54	108,0	100,3	93,6	87,8	82,6	78,0	73,9	70,2	66,9	63,8
55	110,0	102,1	95,3	89,4	84,1	79,4	75,3	71,5	68,1	65,0
56	112,0	104,0	97,1	91,0	85,7	80,9	76,6	72,8	69,3	66,2

Raddurchmesser 27″

Ketten-blätter	Zahnkranz (Ritzel)									
	13	14	15	16	17	18	19	20	21	22
40	83,1	77,1	72,0	67,5	63,5	60,0	56,8	54,0	51,4	49,1
41	85,2	79,1	73,8	69,2	65,1	61,5	58,3	55,4	52,7	50,3
42	87,2	81,0	75,6	70,9	66,7	63,0	59,7	56,7	54,0	51,6
43	89,3	82,9	77,4	72,6	68,3	64,5	61,1	58,1	55,3	52,8
44	91,4	84,9	79,2	74,3	69,9	66,0	62,5	59,4	56,6	54,0
45	93,5	86,8	81,0	75,9	71,5	67,5	64,0	60,8	57,9	55,2
46	95,5	88,7	82,8	77,6	73,1	69,0	65,4	62,1	59,1	56,5
47	97,6	90,6	84,6	79,3	74,7	70,5	66,8	63,5	60,4	57,7
48	99,7	92,6	86,4	81,0	76,2	72,0	68,2	64,8	61,7	58,9
49	101,8	94,5	88,2	82,7	77,8	73,5	69,6	66,2	63,0	60,1
50	103,9	96,4	90,0	84,4	79,4	75,0	71,1	67,5	64,3	61,4
51	105,9	98,4	91,8	86,1	81,0	76,5	72,5	68,9	65,6	62,6
52	108,0	100,3	93,6	87,8	82,6	78,0	73,9	70,2	66,9	63,8
53	110,1	102,2	95,4	89,4	84,2	79,5	75,3	71,6	68,2	65,1
54	112,2	104,1	97,2	91,1	85,8	81,0	76,7	72,9	69,4	66,3
55	114,2	106,1	99,0	92,8	87,4	82,5	78,2	74,3	70,7	67,5
56	116,3	108,0	100,8	94,5	88,9	84,0	79,6	75,6	72,0	68,7

Entfaltungstabelle in Metern (Raddurchmesser 27″)

Kettenblätter	Zahnkranz (Ritzel)																				
	12	13	14	15	16	17	18	19	20	21	22	23	24	25	26	27	28	29	30	31	32
40	7,12	6,57	6,10	5,69	5,34	5,02	4,74	4,50	4,27	4,07	3,88	3,71	3,56	3,42	3,28	3,16	3,05	2,94	2,83	2,75	2,66
41	7,30	7,73	6,25	5,84	5,47	5,15	4,86	4,60	4,37	4,17	3,98	3,80	3,64	3,50	3,36	3,24	3,11	3,01	2,92	2,81	2,75
42	7,47	6,92	6,40	5,98	5,60	5,27	4,98	4,72	4,48	4,27	4,07	3,90	3,73	3,58	3,45	3,33	3,20	3,09	2,98	2,88	2,79
43	7,65	7,06	6,56	6,12	5,74	5,40	5,10	4,83	4,59	4,37	4,17	3,99	3,82	3,67	3,53	3,39	3,28	3,16	3,05	2,96	2,86
44	7,83	7,23	6,71	6,26	5,87	5,52	5,22	4,94	4,70	4,47	4,27	4,08	3,91	3,76	3,61	3,48	3,35	3,24	3,13	3,03	2,92
45	8,01	7,39	6,86	6,40	6,00	5,65	5,34	5,05	4,80	4,57	4,37	4,18	4,00	3,84	3,69	3,56	3,43	3,30	3,20	3,09	3,01
46	8,18	7,55	7,01	6,55	6,14	5,78	5,45	5,17	4,91	4,67	4,46	4,27	4,09	3,93	3,78	3,62	3,50	3,39	3,26	3,16	3,07
47	8,36	7,72	7,17	6,69	6,27	5,90	5,57	5,28	5,02	4,78	4,56	4,36	4,18	4,01	3,86	3,71	3,58	3,45	3,35	3,24	3,13
48	8,54	7,88	7,32	6,83	6,40	6,03	5,69	5,39	5,12	4,88	4,66	4,45	4,27	4,10	3,94	3,80	3,65	3,54	3,41	3,28	3,20
49	8,72	8,05	7,47	6,97	6,54	6,15	5,81	5,50	5,23	4,98	4,75	4,55	4,36	4,18	4,02	3,86	3,73	3,60	3,48	3,37	3,26
50	8,90	8,21	7,63	7,12	6,67	6,28	5,93	5,62	5,34	5,08	4,85	4,64	4,45	4,27	4,10	3,94	3,80	3,67	3,56	3,43	3,33
51	9,07	8,38	7,78	7,26	6,81	6,40	6,05	5,73	5,44	5,18	4,95	4,73	4,54	4,35	4,19	4,03	3,88	3,75	3,62	3,52	3,39
52	9,25	8,54	7,93	7,40	6,94	6,53	6,17	5,84	5,55	5,29	5,04	4,83	4,62	4,44	4,27	4,12	3,92	3,82	3,69	3,58	3,45
53	9,43	8,70	8,08	7,54	7,07	6,66	6,29	5,95	5,66	5,39	5,14	4,92	4,71	4,52	4,35	4,18	4,03	3,90	3,77	3,65	3,51
54	9,61	8,87	8,23	7,69	7,20	6,78	6,40	6,07	5,76	5,49	5,24	5,01	4,80	4,61	4,43	4,27	4,12	3,97	3,84	3,71	3,60
55	9,78	9,03	8,39	7,83	7,34	6,91	6,52	6,10	5,87	5,59	5,34	5,10	4,89	4,69	4,51	4,34	4,19	4,05	3,91	3,79	3,66
56	9,97	9,20	8,54	7,97	7,47	7,03	6,64	6,29	5,98	5,69	5,43	5,20	4,98	4,78	4,60	4,41	4,27	4,12	3,99	3,86	3,73
57	10,14	9,35	8,68	8,11	7,62	7,15	6,76	6,40	6,08	5,78	5,53	5,29	5,06	4,86	4,67	4,50	4,33	4,20	4,05	3,92	3,80
58	10,31	9,52	8,83	8,26	7,72	7,28	6,87	6,51	6,19	5,89	5,63	5,38	5,16	4,95	4,76	4,59	4,41	4,27	4,12	3,99	3,86
59	10,50	9,69	8,98	8,39	7,87	7,40	7,00	6,64	6,29	5,99	5,72	5,48	5,25	5,03	4,84	4,67	4,50	4,33	4,20	4,05	3,92
60	10,67	9,86	9,15	8,54	8,01	7,53	7,11	6,74	6,40	6,10	5,82	5,57	5,33	5,12	4,93	4,73	4,56	4,41	4,27	4,12	3,99

Das Fahrrad nach Maß

Das Fahrrad muß maßgerecht sein, genau wie die Kleidung. Das mag zwar ein wenig merkwürdig klingen, aber der Vergleich trifft zu. Einen Rahmen oder ein Rennrad zu kaufen, ohne dabei die Körpermaße des künftigen Benutzers zu berücksichtigen, ist reine Geldverschwendung. Überdies hätte ein nicht maßgerechtes Fahrrad auch eine schlechte Sitzhaltung zur Folge.

Fahrrad und Radfahrer müssen eine Einheit bilden, damit Muskelkraft und Hebelverhältnisse optimal genutzt werden können. Ein billiges Fahrrad nach Maß, das gut läuft, ist besser als ein teures Luxusrad, dessen Rahmen zwei Zentimeter zu hoch ist!

Rahmen
Es gibt eine Menge von Faustregeln, nach denen man das richtige Maß des Rahmens ermitteln kann. Hier nur einige davon:
- Wenn man das Fahrrad stehend zwischen die Beine klemmt, dann darf der Abstand zwischen Schritt und Oberrohr nicht größer als zwei Zentimeter sein.
- Die Beinlänge wird auf der Innenseite vom bloßen Fuß bis zum Schambein gemessen. Diese Länge ist in der nachfolgenden Tabelle I abzulesen. Wenn das Bein z. B. eine Länge von 90 cm hat, müssen von dieser Zahl etwa 16 cm für die Sattelstütze und ungefähr 16,5 cm für die Tretkurbellänge abgezogen werden. Beides zusammen ergäbe hier etwa 32,5 cm. Wir kommen so zu einer Rahmenhöhe von 90 − 32,5 = 57,5 cm. Dieses Maß steht in der Tabelle Seite 56 links neben der Beinlänge von 90 cm.
- Jetzt wird der Rumpf vom Schambein bis zu den Schultern gemessen. Zu dieser Länge addieren wir die Armlänge von der Schulter bis zum Handgelenk. Ergibt sich hier z. B. eine Länge von 116 cm, dann korrespondiert diese Zahl in der Tabelle Seite 56 rechts mit einer *Rahmenlänge* von 58 cm.

Nach Möglichkeit sollte man das Ausmessen des benötigten Rahmens einem Fachmann überlassen. Er verfügt im allgemeinen über ein Positionsmeßgerät, mit dem sich die richtigen Maße genau bestimmen lassen.

Richtige Sitzposition
Welche Abmessungen der Rahmen hinsichtlich seiner Länge und Höhe haben muß, wurde soeben dargelegt. Es gibt Kniffe und Methoden, durch die man zu einem idealen Sitz und damit zu einer idealen Position auf dem Fahrrad kommt.

Dazu ist es notwendig, die Höhe des Sattels und die Position des Lenkers zu bestimmen.

Beinlänge in cm vom Fuß bis zum Schambein	Rahmenhöhe (Sitz- oder Sattelstutzerrohr) in cm	Rumpflänge vom Schambein bis zu den Schultern plus Armlänge bis zum Handgelenk in cm	Rahmenlänge (Oberrohr) in cm
80	51	100	53
81	51,7	101	53,4
82	52,4	102	53,8
83	53,1	103	54,1
84	53,7	104	54,4
85	54,3	105	54,7
86	54,9	106	55
87	55,5	107	55,3
88	56,1	108	55,6
89	56,7	109	55,9
90	57,5	110	56,2
91	57,9	111	56,5
92	58,5	112	56,8
93	59	113	57,1
94	59,5	114	57,4
95	60	115	57,7
96	60,5	116	58
97	60,9	117	58,3
98	61,3	118	58,6
99	61,7	119	58,8
100	62,1	120	59
		121	59,2
		122	59,4
		123	59,6
		124	59,8
		125	60

Höhe des Sattels
Um die richtige Sattelstellung des Rennrades zu ermitteln, hier nur folgender Kniff:
Man setzt sich auf das stillstehende Fahrrad und stellt einen Absatz auf das Pedal, das dazu in der niedrigsten Stellung steht. Der Absatz muß auf dem Pedal ruhen, ohne daß das Knie gebeugt ist.

Position von Lenker und Lenkervorbau
Ebenfalls von größter Bedeutung für den Fahrer eines Rennrades ist die Stellung des Lenkers mit dem Vorbau:
- Der Ellbogen des rechten Armes wird gegen die Spitze des Sattels gedrückt. Die Fingerspitzen reichen jetzt bis in die Mitte des Lenkervorbaus oder etwas darüber hinaus.

Richtige Sitzposition

Der Absatz auf dem Pedal. Beim Sitzen muß der Fahrer auf dem Sattel bleiben können, ohne dabei die Knie zu beugen.

Eine Faustregel zur Bestimmung der Sattelstellung im Verhältnis zum Lenkervorbau

Der Trick mit dem Schnurlot: Damit wird die richtige Stellung des Sattels im Verhältnis zum Tretlager ausgemessen.

- Obwohl man dazu kaum Regeln aufstellen kann, sind die Experten sich doch darin einig, daß die Kombination Lenker mit Vorbau einige Zentimeter tiefer als der Sattel stehen muß. Der Sattel ragt also etwas höher hinaus als der Lenker.

Lenkerbreite

- Auch die Breite des Lenkers muß stimmen, will man zur richtigen Sitzposition kommen. In den meisten Fällen stimmt die Schulterbreite in etwa mit der Lenkerbreite überein. Hier gibt es die folgenden Faustregeln:
Lenkerbreite 37/38 cm für schmale Schultern
Lenkerbreite 39/40 cm für normale Schultern
Lenkerbreite 41/42 cm für breite Schultern.

Ein zu breiter Lenker macht den Rennfahrer zum ‹Windfang›, und ein zu schmaler Lenker kann die Atmung behindern.

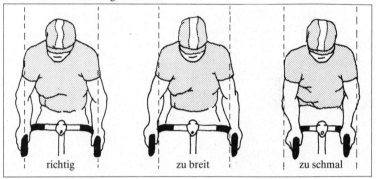

Die Lenkerbreite muß der Figur des Rennfahrers entsprechen.

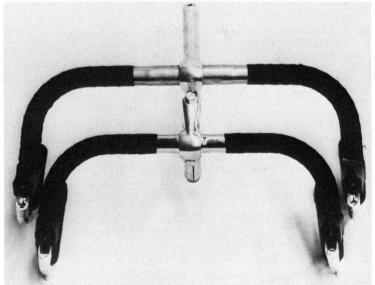

Die richtige Lenkerstellung bei einem Wettbewerb

Nach dem Erreichen der richtigen Sitzposition muß die Sattelstütze wenigstens 4 bis 5 cm aus dem Sitzrohr herausragen, und der Lenker darf nicht völlig in das Steuerkopfrohr geschoben sein. Man macht zu groß ausgefallene Rahmen schon mal passend, indem man Sattel und Lenkerschaft zu weit hineinschiebt. Darunter leidet aber die Flexibilität des Fahrrades.

Die genannten Methoden garantieren natürlich nicht eine für jedermann optimale Sitzposition; sie sind zunächst zur groben Orientierung gedacht. In der Praxis kann es auch danach noch eine ganze Weile dauern, ehe der Sportler zur idealen Sitzposition gefunden hat. Manchmal genügt schon eine Veränderung von wenigen Millimetern, damit man die richtige Sitzposition erreicht.

Die Kleidung des Radsportlers

Bei der Wahl der Fahrradkleidung sollte man sich nicht so sehr um die Frage kümmern, ob das Trikot irgendeines Vereinsförderers mehr oder weniger gut aussieht. Das ist völlig nebensächlich. Hauptsache ist es, daß die Kleidung gut paßt und sauber ist. Kaum etwas ist für den Radfahrer unangenehmer als schlecht passende und somit nicht richtig sitzende Kleidung. Widmen wir der Kleidung des Radfahrers also einmal eine Betrachtung von Kopf bis Fuß.

Mütze
Im Sommer ist es sehr wichtig, daß man eine Mütze aufsetzt. Das ist kein nebensächlicher Hinweis. Die Rennmütze dient im Sommer dazu, den Kopf vor starkem Sonnenschein zu schützen. Außerdem absorbiert sie den Schweiß, so daß sie einer zu starken Abkühlung entgegenwirkt. Man kann die Mütze über oder unter der Sturzkappe tragen. Im Winter schützt die gefütterte Wintermütze vor Kälte.

Links eine Sommermütze und rechts eine Wintermütze

Sturzkappe

Bei jedem Rennen besteht das Risiko, in einen Sturz verwickelt zu werden. Solche Stürze können schlimme Folgen haben: Verletzungen, Erschöpfungserscheinungen und der Verlust der Siegchancen. Darum ist es bei allen Radsportkategorien wie Amateur-, Damen-, Junioren-, Jugend- und Schülerwettbewerben Vorschrift, eine Sturzkappe zu tragen. Auch während der UCI-Meisterschaften ist die Sturzkappe während der Fahrt ein Muß. Frankreich und Italien machen dabei für die Profis eine Ausnahme. Auch bei der Sturzkappe ist auf die richtige Paßform und Größe zu achten. Die Sturzkappe darf nicht drücken, und eine zu locker sitzende Kappe bietet beim Sturz möglicherweise nur unzulänglichen Schutz. Zweierlei Arten von Sturzkappen sind üblich: Der Sturzring mit Schlitzen (aus geschmeidigem Leder) und der Sturzhelm aus Kunststoff in aerodynamischer Form.

Foto links: Sturzring für die Straße

Foto unten links: Sturzhelm für Straße und Bahn

Foto unten: Sturzhelm für den Steher-Wettbewerb

Renntrikots mit langen und kurzen Ärmeln

Renntrikot

Grelle Farben sind bei den Trikots von untergeordneter Bedeutung. Heutzutage werden die Trikots meist aus gemischten Geweben angefertigt, früher waren sie aus reiner Wolle. Auch bei diesem Kleidungsstück kommt es darauf an, daß es gut sitzt und nicht ‹schlottert›. Überdies ist die Länge des Trikots von großer Bedeutung. Der im allgemeinen gekrümmte Rücken des Radfahrers soll völlig bedeckt sein und somit warmgehalten werden. Dadurch werden auch die Lendenmuskeln geschützt, was einen wirksamen Schutz gegen Erkrankungen wie Ischias bedeutet.

Die Rückentaschen des Trikots bieten die Möglichkeit, ein wenig Nahrung für unterwegs mitzunehmen. Auch eine Trinkflasche aus Kunststoff mit einem erfrischenden Getränk hat darin Platz. Auf der Vorderseite muß der Reißverschluß bis an den Hals zu schließen sein. Dies dient der Vorbeugung gegen eine Unterkühlung der Schulter- und Halsmuskulatur.

Unter dem Trikot trägt man das Schweißhemd, das meist aus Baumwolle ist. Die Schweißfeuchtigkeit wird von diesem Hemd aufgesaugt. Dadurch wird der Körper vor übermäßiger Abkühlung geschützt. In den Bergen und bei kalten und feuchten Wetterverhältnissen kann zwischen Schweißhemd und Trikot noch der Windlatz getragen werden. Bei Bergabfahrten im Hochgebirge stopfen sich die Rennfahrer auch Zeitungen unter ihr Trikot; denn Papier ist ein hervorragender Wärmeisolator. Je nach Wetterverhältnissen können Trikots mit kurzen oder langen Ärmeln getragen werden.

Hose

Ein unentbehrliches Attribut, das während der Fahrt viel auszuhalten hat, ist die Hose. Durch Rutschen und Reiben auf und an dem Sattel wird die Hose extrem stark und lange strapaziert. Deshalb muß sie auch von bester Qualität sein und genau passen, d. h. eng anliegen an den Oberschenkeln, die von den Hosenbeinen zu einem großen Teil bedeckt werden. Die meisten Fahrradhosen sind aus Kunstfasergewebe. Früher verwendete man Wolle, aber dieses Material verschleißt zu schnell.

Ein wichtiger Bestandteil der Rennhose ist der Wildledereinsatz im Schritt. Ein sehr sinnvoller Schutz für die Haut der Sitzfläche; denn beim Radfahren transpiriert dieser Körperteil ganz enorm. Das Leder saugt den Schweiß auf, wodurch Hautreizungen vorgebeugt wird. Daraus geht schon hervor, daß man unter der Fahrradhose keinesfalls eine Unterhose oder Badehose tragen darf. Die Nähte derartiger Kleidungsstücke würden den bequemen Sitz auf dem Sattel unmöglich machen. Die Fahrradhose muß wie eine zweite Haut sitzen.

Körperhygiene spielt beim Radsport eine große Rolle. Wegen der starken Transpiration ist es unerläßlich, die Haut der Sitzfläche – aber natürlich

Foto oben links: Aerodynamische Hose, darunter ein Schweißhemd

Foto links: Der Windlatz ist bei kaltem Wetter ideal.

auch die des ganzen Körpers – immer wieder gründlich zu waschen. Außerdem beugt man durch sorgfältige und gründliche Hygiene Hautreizungen oder Entzündungen (Wundreiben) auf der Sitzfläche vor. Vor allem sind Furunkel im Radrennsport gefürchtet. Dabei können Körperpuder oder Babypuder für Erleichterung sorgen. Man verwendet auch ein spezielles Hosenfett für diesen Zweck. Allerdings wird der Effekt der Schweißabsorption durch den Ledereinsatz dadurch aufgehoben.

Im Rahmen der Hygienemaßnahmen muß die gesamte Sportbekleidung regelmäßig gewaschen werden. Dabei darf die Rennhose aber nicht der Bequemlichkeit halber in die Waschmaschine gestopft werden. Sie muß in lauwarmem Wasser von Hand gewaschen werden, damit das Wildleder weich und geschmeidig bleibt.

Aerodynamische Kleidung
Sehr beliebt sind zur Zeit die einteiligen Rennanzüge, meist aus Lycra. Sie werden hauptsächlich auf der Bahn und beim Zeitfahren auf der Straße getragen. Das glatte Material verringert den Luftwiderstand, wodurch man natürlich etwas schneller wird. Aber diese ‹schnellen› Anzüge haben auch dafür gesorgt, daß die

Foto oben rechts: Rennhose mit Schritt aus Wildleder

Foto rechts: Aerodynamischer Anzug aus einem Stück (Einteiler)

Helfer der Bahnfahrer eine Brandsalbe im Köfferchen mitführen müssen. Bei einem Sturz läuft der Rennfahrer leicht Gefahr, Brandwunden zu erleiden, da diese Textilien bei der Reibung auf der Bahn große Hitze entwickeln.

Socken
Traditionsgemäß sollen die Socken des Radrennfahrers weiß sein. Ohne weiße Socken fällt der Fahrer auch heute noch unangenehm auf, früher durfte man ohne die obligatorischen weißen Socken erst gar nicht starten. Die bei Straßenrennen weiter vorgeschriebenen Rennsocken – Bahnfahrer dürfen auch ohne Socken fahren – sollten wie die übrige Kleidung nach Gebrauch regelmäßig gewaschen werden.

Das aerodynamische Radshirt

Schuhe
Als Verbindung zwischen Radsportler und Fahrrad spielt gutes Schuhwerk eine entscheidende Rolle. Auch hier kommt es darauf an, daß die Schuhe maßgerecht sitzen. Sonst rutschen die Schuhe in den Fußhaken. Sind die Schuhe zu klein, kann der Blutkreislauf beeinträchtigt werden. Der Fuß sitzt dann nicht bequem im Schuh.
Gute Fahrradschuhe haben eine kräftige Sohle, durch die das ‹Durchdrükken› auf den Pedalen und schmerzende Füße verhindert werden. Auf der Oberfläche des Schuhs und an der Sohle sind im Leder kleine Löcher angebracht; dadurch wird die Ventilation der Füße geregelt, und Regenwasser kann wieder aus den Schuhen hinauslaufen. An den Schuhsohlen werden Platten befestigt, variabel verschiebbar oder an einer Stelle fixiert. Durch diese Platten bildet der Schuh eine geschlossene Einheit mit dem Pedal. Mit den Pedalriemen wird der Schuh zusammen mit dem Fuß am Pedal befestigt. Dadurch kann der Fahrer mit dem einen Bein auf dem Pedal stehen, während er das andere Pedal zugleich mit dem anderen Bein nach oben zieht, ohne dabei den engen Kontakt zu den Pedalen zu verlieren.

Schuhe

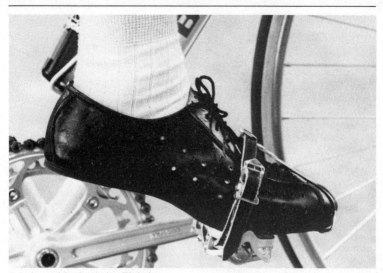

Schuhe und Socken: eine Einheit

Die Schuhplatte, unter der Sohle befestigt, verleiht einen sicheren Halt auf dem Pedal. Es gibt auch Schuhe mit festen Platten.

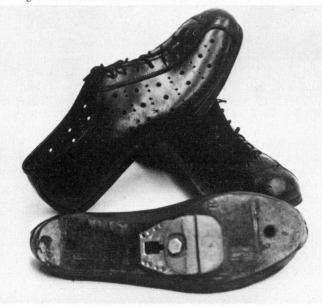

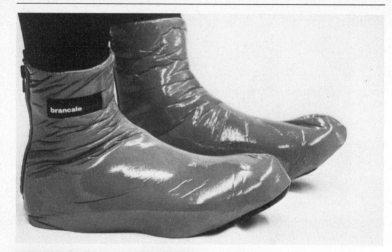

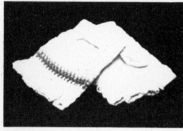

Foto oben: Überschuhe für Regenwetter

Foto links: Handschuhe

Handschuhe

Fingerlose Handschuhe sind für den Radrennfahrer ebenso wichtig wie nützlich. Unter anderem dienen sie dem Schutz der Hände bei einem Sturz. Die Innenfläche aus Wildleder dient unterwegs dazu, die Reifen abzuwischen, wenn die Gefahr besteht, daß scharfe Gegenstände eindringen könnten. Vor allem aber sorgen die Handschuhe dafür, daß man den Lenker fest im Griff hat. Ohne Handschuhe würden die schweißnassen Hände möglicherweise auf dem Lenkerbügel rutschen.

Die Oberseite der Handschuhe besteht meist aus gehäkelter Baumwolle; das hat unterwegs den Vorteil, daß man sich damit den Schweiß von der Stirn wischen kann.

Trainingskleidung

Auch während des Trainings ist es wichtig, die Muskeln warm zu halten. Gute und passende Trainingskleidung ist daher sehr wichtig. Es gibt hervorragende Trainingsanzüge und Trainingshosen, auch aus Material, das vor Regen und Kälte schützt. Aber auch beim Tragen von Trainingskleidung darf die Rennhose unter dem Trainingsanzug keinesfalls vergessen werden.

Fahrradtypen

Wenn man ein Dutzend oder gar mehr Rennräder in einer Reihe nebeneinander aufstellen würde, wäre – abgesehen von den Farben – kaum ein Unterschied festzustellen. Dennoch kann es sehr große Unterschiede geben. Nicht nur die Anschaffungspreise weichen stark voneinander ab, sondern auch das verwendete Rohrmaterial und die Einzelteile, aus denen das Fahrrad aufgebaut ist, sind sehr unterschiedlich.
Für den Kauf eines Rennrades sind zwei Fragen besonders wichtig, erstens, wieviel Geld man investieren kann und will, und zweitens, ob man an Wettkämpfen teilnehmen möchte. Man kann davon ausgehen, daß es keine ausgesprochen schlechten Rennräder auf dem Markt gibt. Hier eine Aufstellung von Fahrradmarken und Rahmenbauern, die sicher unvollständig ist:

Beim Kauf eines Rennrades sollte man Hinweise beachten, die den Hersteller der Einzelteile angeben.

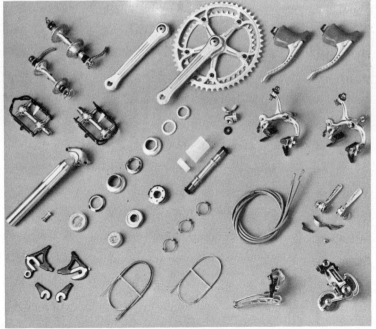

Alan, Altinger, Baschin, Basso, Barellia, Benotto, Bianchi, Botecchia, Batavus, Cesare M., Cinelli, Cilo, Centurion, Chesini, Colnago, De Rosa, Enik, Flandria, Gazelle, Gios Torino, Gitane, Guerciotti, Hercules, Kalkhoff, Koga Miyata, Kondor, Lauer, Le Jeune, Lüders, Hans Lutz, Mairag, Mercier, Eddy Merckx, Meral, Th. Mittendorf, Francesco Moser, Gianni Motta, Motobécane, Olmo, Peugeot, Pinarello, Pogliaghi, Puch, Raleigh, Rauler, Rossin, Rixe, Saronni, Schauff, Speedwell, Splendor, Somec, Superia, Technobull, Vicini, Viner, Wanderer ...

Bei den unterschiedlichen Wettbewerben des Radsports haben wir es auch mit verschiedenen Typen von Fahrrädern zu tun. Ganz allgemein unterscheiden wir das *Straßen-Rennrad*, die *Bahnmaschine*, das *Cross-Fahrrad* und das *Steher-Fahrrad*.

Straßen-Rennrad
Straßenrennen sind die beliebtesten Rennen des Radsports. Hier verwendet man das normale Straßen-Rennrad, das auch bei den Etappenrennen gefahren wird.

Motobécane SP Pro

Straßen-Rennrad

Gazelle Champion Mondial Race

Raleigh Mark III

Superia Gemini Super

Colnago Mexico CX Profil

Straßen-Rennrad

Benotto 3000 CSR

Koga Miyata Full Pro-L

Nur zu besonders schweren Wettkämpfen, wie z. B. Paris– Roubaix, verwendet man ein leicht abweichendes Modell mit einem etwas länger gebauten Rahmen mit leicht vorgezogener Vordergabel, die die Unebenheiten der Straße besser auffangen kann. Der Rahmen des Straßen-Fahrrades ist aus einem leichten Rohrmaterial gefertigt, wie bereits beschrieben. Das Straßen-Rennrad hat im allgemeinen zehn oder mehr Gänge und läuft auf Schlauchreifen. Auch bei Zeitfahr-Wettbewerben auf der Straße kann es abweichende Details geben, z. B. längere Tretkurbeln und eine Speichenzahl von 24 oder 28.

Bahnmaschine
Die Bahnmaschine wird nur auf der Radrennbahn benutzt, wobei der auffälligste Unterschied zum Straßen-Rennrad darin besteht, daß die Bahnmaschine weder Bremsen noch Gänge hat. Also hat sie auch keinen Zahnkranz mit fünf oder mehr Ritzeln am Hinterrad, sondern lediglich ein Bahnritzel, das kein Rückwärtstreten ermöglicht. Außerdem hat die Maschine nur ein Kettenblatt, das hier dicker ist als bei dem Straßen-Rennrad, ebenso die Kette. Normalerweise wird eine Übersetzung von 52 × 16 gefahren. Weitere typische Merkmale der Bahnmaschine sind der kürzere Rah-

Ein Bahnmodell mit gestauchten Rohren, das keine 8 kg wiegt.

men und spezielle Bahnpedale zur Vermeidung von Bahnberührung und Stürzen. Auf den Felgen der Laufräder sind bei den Bahnmaschinen, je nach Kurvensteilheit und Bahnbelag (Beton oder Holz), verschiedene Schlauchreifen montiert. Einige Hersteller liefern besonders leichte Schlauchreifen, die nicht einmal 200 Gramm wiegen. Als Material für die Schlauchreifen wird häufig Latex verwendet; die Außenseite, auf der gefahren wird, besteht oft aus gehärtetem Naturgummi. Die Laufräder sind nicht mit Schnellspannaben (zum schnellen Radwechsel) montiert, sondern mit Muttern verschraubt. Dadurch soll vermieden werden, daß sich die Laufräder verhaken, falls der Fahrer zu nahe aneinandergeraten.

Es gibt u. a. folgende Bahnwettkämpfe: Sprint (Fliegerrennen), 1-km-Zeitfahren, Ausscheidungsfahren, Einer- und Mannschaftsverfolgung, Punktefahren, Zweier-Mannschaftsrennen und die Rennen hinter Schrittmacherführung. Die letzteren können hinter Motorrädern mit anliegender Rolle oder hinter Dernys gefahren werden.

Cross-Fahrrad

Das Modell, das beim Querfeldeinfahren (oder Cyclecross) verwendet wird, ähnelt dem Straßen-Rennrad, aber es gibt dennoch einige typische

Ein Cross-Modell. Die Schalthebel befinden sich an den Lenkerenden.

Fotos oben: Vordere und hintere Bremse des Cross-Fahrrades

Foto unten: Schalthebel des Cross-Fahrrades am Lenkerende

Unterschiede; denn das Cross-Fahrrad hat bei dieser schwierigen Sparte des Radsports allerhand auszuhalten. Schlamm, Schmutz und Sand quälen nicht nur den Fahrer, auch das Fahrrad wird arg strapaziert.
Einige der Merkmale des Cross-Fahrrades:
- Bei den Cross-Fahrrädern befinden sich die Schalthebel meist am linken und rechten Ende des Lenkers;
- sie bieten mehr Raum zwischen Laufrädern und den Rohren, so daß der Schmutz nicht behindern kann;
- das Tretlager liegt etwas höher, so daß die Tretkurbeln mehr Bodenfreiheit besitzen;
- die Bremsen sind jeweils mit Nocken an der Vorder- und Hintergabel befestigt;
- die Reifen sind mit einem Spezialprofil versehen, wodurch man auf dem unebenen Gelände eine bessere Bodenhaftung hat.

Steher-Fahrrad

In Steherrennen ist besonders großes Durchhaltevermögen gefragt. Auf dem Steher-Fahrrad fährt ein Rennfahrer hinter einem schweren Schrittmachermotorrad her. Der Hubraum der Schrittmachermaschine muß minimal 500 ccm und darf maximal 1000 ccm sein. Hinten haben diese Maschinen eine Rolle, die einen Höchstdurchmesser von 3,5 cm haben darf. Der Mittelpunkt der Achse dieser Rolle muß sich in 35 cm Höhe über dem Boden befinden. Der Steher fährt mit seinem Fahrrad fast an der Rolle des Motorrades anliegend. Durch das kleinere Vorderrad des Steher-Fahrrades kann der Steher unmittelbar hinter dem Rücken des Schrittmachers fahren und dadurch den Windschatten und Luftsog nutzen.

Einige Merkmale des Steher-Fahrrades:
- ein großes Kettenblatt mit meist 68 Zähnen, während das Ritzel nur 15 Zähne hat: Übersetzung 68 × 15. Übersetzungen von 68 × 14 und 70 × 14 sind ebenfalls keine Ausnahmen;
- ohne Abstützung des Sattels auf dem Oberrohr könnte die Sattelbrücke aufgrund der großen Belastung durch den Fahrer brechen. Das liegt daran, daß der Steher auf der Spitze des Sattels sitzt. Die Sattelnase darf dabei nicht über den Mittelpunkt des Tretlagers hinausragen;

Ein Steher-Fahrrad; das vordere Laufrad ist erheblich kleiner als das hintere.

- der Rahmen ist kurz, damit der Fahrer möglichst nahe am Rücken des Schrittmachers fährt, wodurch ein Tempo von 80 km/h nicht selten ist;
- der Abstand zwischen der Vorderradachse und der Achse der Tretkurbel muß wenigstens 55 cm betragen;
- die Vorderradgabel ist nach hinten gebogen. Das Laufrad dreht sich gewissermaßen in Richtung der Gabelenden;
- die Lenkerbiegung kann nach vorn oder hinten verstellt werden, so daß der Luftsog optimal genutzt wird;
- die Felgen des Steherrades werden vollständig verkittet und mit Leinen umwickelt. Meist wird dafür Ballonstoff – eine Art Fallschirmstoff – verwendet. Die Reifen sind handgenäht und werden mit einem maximalen Luftdruck von 10 Atü aufgepumpt. Die genauen Werte differieren von Fahrer zu Fahrer, aber meistens wird das Hinterrad 0,5 Atü härter aufgepumpt als das Vorderrad, da das Körpergewicht mehr auf das Hinterrad drückt.

Aerodynamik

Das Fahrrad muß noch schneller werden, so heißt es immer wieder. Die Fahrer finden jedes Tempo einfach zu langsam, schließlich können Sieg und Rekord ja von Hundertstelsekunden abhängen.
Neben Kondition und Tagesform spielt auch das Material eine große Rolle. Es muß leicht und stromlinienförmig sein. Dadurch kann der Widerstand von Luft und Straßenbelag, den der Rennfahrer auf dem Weg zum Zielstrich spürt, auf ein Minimum reduziert werden. ‹Shimano›, der japanische Hersteller von Fahrradteilen, hat auf dem Gebiet der Aerodynamik Bahnbrechendes geleistet.
Aerodynamik ist die Lehre von den Kräften, die bei Strömungen von Gasen im allgemeinen und der Luft im besonderen auftreten. Die Techniker von Shimano erforschten diese Kräfte, den Luftwiderstand in einem speziellen Windkanal.
Die Tests haben dazu geführt, daß man herausfand, welche Luft- und Reibungswiderstände der Radfahrer überwinden muß, und man ermittelte den Einfluß dieser Widerstände auf das gefahrene Tempo.
Die Widerstände, gegen die der Rennfahrer arbeiten muß, sind der *Luftwiderstand* (Fahrtwind und Gegenwind) und der *Rollwiderstand* von Straßenbelag und Reifenmaterial. Dabei ändert sich der Rollwiderstand bei unterschiedlichen Geschwindigkeiten kaum, so daß man ihn bei Berechnungen vernachlässigen kann. Der Luftwiderstand ist allerdings sehr stark von der Geschwindigkeit abhängig. Die Tests im Windkanal ergaben folgende Ergebnisse:

Die Konstrukteure von *Shimano* benutzten diesen Windkanal der japanischen *Bicycle Technology Research Institute Foundation*, um so den Luftwiderstand von Fahrer und Rennmaschine genau bestimmen zu können.

- Der Luftwiderstand beträgt bei einer Geschwindigkeit von 50 km/h 3,6 kg, der Rollwiderstand 1 kg. Der Luftwiderstand ist also wesentlich stärker.
- Größerer Luftwiderstand erfordert mehr Energie bei gleicher Geschwindigkeit. Dabei setzt sich der Luftwiderstand aus Fahrtwind und Gegenwind zusammen. So ist z. B. der Luftwiderstand bei 50 km/h ohne Gegenwind ebenso groß wie bei 30 km/h und einem Gegenwind von 20 km/h. In beiden Fällen verbraucht der Fahrer gleich viel Energie.
- Der Luftwiderstand steigt entsprechend dem Quadrat der Geschwindigkeit an, d. h., daß z. B. bei Verdreifachung der Geschwindigkeit von 10 km/h auf 30 km/h der Luftwiderstand sich verneunfacht, und bei Verfünffachung der Geschwindigkeit von 10 km/h auf 50 km/h der Luftwiderstand 25mal so groß wird.

Diese Ergebnisse machen verständlich, daß Überlegungen bezüglich der Aerodynamik der Fahrradkonstruktion sicher sinnvoll sind. Dazu im folgenden zwei Beispiele:

- Bei einem Zeitfahren über 1000 Meter mit einem konventionellen Fahrrad und einem aerodynamischen stromlinienförmigen Fahrrad ergaben sich folgende Unterschiede (gleicher Rollwiderstand):

Aerodynamische Rennräder

Neben den konventionellen Rennrädern konstruieren die Hersteller auch aerodynamische Modelle, meist erkennbar an den in den Rohren eingearbeiteten Brems- und Schaltzügen, flacheren Rohren und leichten Bauelementen aus Aluminium.

Colnago Aero Dynamic Oro. Der Bremszug tritt aus dem Lenker aus und verschwindet dann im Oberrohr. Die Schaltzüge gehen von den Hebeln aus in das Unterrohr. Die Bremse ist hinter der Vordergabel montiert.

Der Schaltzug geht durch das Tretlagergehäuse zum vorderen Umwerfer.

Aerodynamische Rennräder

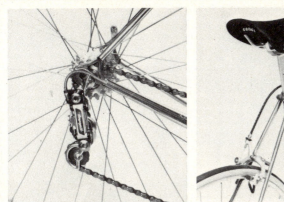

Der Schaltzug des hinteren Umwerfers wird erst am Ende der Hintergabel sichtbar.

Die Sattelstütze ist flachgefräst

Gitanes aerodynamisches Modell Profil RS 3950 hat schräg abgeflachte Rohre und ist mit Bauteilen von Campagnolo gefertigt.

Motobécanes aerodynamisches Modell EPF 21 hat teilweise ovale Rohre und ist mit Shimano-AX-Teilen ausgestattet.

- das *konventionelle* Fahrrad benötigte für die tausend Meter 63 Sekunden, was einem Stundendurchschnitt von 57 km/h entspricht;
- das *aerodynamische* Fahrrad benötigte für dieselbe Strecke 61,6 Sekunden, d. h., seine Durchschnittsgeschwindigkeit lag bei 58,4 km/h.

Auf den ersten Blick erscheint die Differenz von 1,4 Sekunden unerheblich, rechnet man die Zeit aber in die gefahrene Strecke um, ergibt sich ein Vorteil von 22,2 Metern innerhalb einer guten Minute für das aerodynamische Fahrrad. Dies ist allerdings für jeden Sportler ein nicht zu unterschätzender Wert.

- Ein weiterer Test befaßte sich mit dem Windschattenfahren. Dabei ergaben sich bemerkenswerte Unterschiede bezüglich der Luftwiderstände für den ‹Windfänger› und die folgenden Fahrer: Bei einer Geschwindigkeit von 50 km/h ist der Luftwiderstand für den im Windschatten fahrenden Sportler 45,3 % geringer, er verbraucht also bedeutend weniger Energie.

Pedale

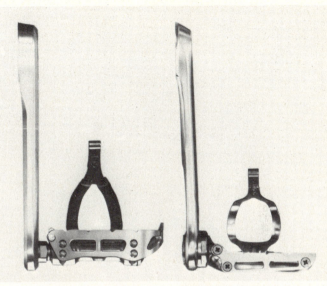

Die Pedale spielen bei der Kraftübertragung eine große Rolle. Das DD-Pedal (*Dyna Drive*) von Shimano, rechts abgebildet, unterscheidet sich wesentlich vom «altmodischen» Pedal daneben. Das neue Pedal ist niedriger aufgehängt, wodurch der Fuß nach den Angaben des Herstellers eine größere Stabilität bekommt. Außerdem kann so der Sattel etwas tiefer eingestellt werden, was den Luftwiderstand reduziert. Mit dem Heruntersetzen des Pedals wird auch der Schwerpunkt des Rahmens nach unten geschoben. Das neue DD-Pedal wiegt nur 173 g, einschließlich der Pedalhaken mit Riemen.

Dieses futuristische Modell hat keine Pedalhaken mehr. Unter den Schuhen sitzen Rohre, die sich über das runde Pedal schieben.

Ein DDR-Beitrag zur Aerodynamik. Der Verfolgungsspezialist Detlef Macha bei der WM 1981 in Brünn auf dem Weg zum Regenbogentrikot. Das Oberrohr läuft schräg abwärts zum merkwürdigen Lenker hin, der starr mit der Vordergabel verbunden ist.

Die Suche nach leichteren und gleichzeitig stabileren Materialien, mit denen man auf dem Fahrrad höhere Geschwindigkeiten erzielen kann, scheint einstweilen noch kein Ende zu nehmen. «Schneller» bleibt die Parole im Radsport. Dabei spielen nicht nur die körperlichen Anstrengungen und Leistungen des Rennfahrers eine Rolle, auch das Material ist dabei von wesentlicher Bedeutung. Dazu gehören neben baulichen Veränderungen am Fahrrad auch besondere Kleidung und Kopfbedeckungen.

Das Fahrrad der Zukunft

Ein paar Rohre, in einem Paket ins Haus geliefert, das ist das Zukunftsbild, das dem Konstrukteur Frans de la Haye vor Augen schwebt. Er entwarf das *Spannrad*, aufgebaut aus Rohren aus einer Aluminium- und Kohlefaser-Legierung. Hier braucht nichts gelötet zu werden, man kann die Rohre selbst zusammenstecken und mit den gewünschten Einzelteilen zum Fahrrad ausbauen. Das Gewicht des Spannrades wird nicht größer als 4 kg sein, und der Preis wird nicht höher liegen als der eines Rennrades heutzutage.

Reifen

Drahtreifen oder Schlauchreifen: manch einer glaubt sogar, daß seine Drahtreifen Schlauchreifen seien, weil sich in ihnen ein Schlauch befindet. Was ist der Unterschied? Wann verwendet man Schlauchreifen, wann Drahtreifen?

Das «Spann-Fahrrad» von Frans de la Haye wiegt weniger als 4 kg.

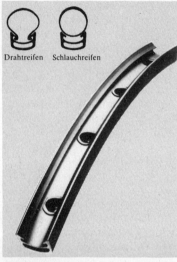

Schlauchreifen

Schlauch und Außenreifen bilden eine fest verbundene Einheit. Die Lauffläche des Schlauchreifens ist aus Gummi; sie hat keine Drahtringe, die sich in das Felgenbett einklemmen, und sie muß den eigentlichen Schlauch gegen die harten Steinchen und den rauhen Straßenbelag schützen können. Unter der Lauffläche liegen dazu noch zwei Leinwandlagen. Der Schlauchreifen ruht auf einem Felgenband, das mit einem Spezialkitt auf dem Felgenbett befestigt wird. Schlauchreifen sind im allgemeinen teurer als Drahtreifen. Ferner spielen die folgenden Unterschiede zwischen Draht- und Schlauchreifen eine Rolle:

- das Fahren auf Schlauchreifen wird im Gegensatz zu dem auf Drahtreifen als angenehmer empfunden. Schlauchreifen federn besser, so daß sie einen etwas größeren Komfort bieten. Die Drahtreifen sind etwas steifer;

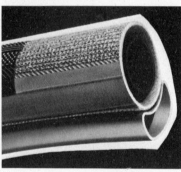

Foto oben: Eine außergewöhnliche Felge, die sowohl für Draht- als auch für Schlauchreifen verwendet werden kann; eine Erfindung von Wolber. Der Querschnitt zeigt dieselbe Felge zusammen mit Drahtreifen und Schlauchreifen.

Foto Mitte: Eigenschaft des Schlauchreifens: Schlauch und Reifen bilden eine Einheit. Erkennbar sind Lauffläche, Karkasse und Schlauch. Das Profil ist sehr wichtig, es verleiht dem Rennfahrer gewissermaßen die Gewalt über sein Sportgerät.

Foto unten: Ein Drahtreifen. Die einzelnen Schichten sind deutlich zu erkennen: Lauffläche, Stahldraht, Leinwand und Schlauch.

- das Aufkitten des Schlauchreifens auf die Felge führt beim Kurvenfahren im Wettkampf zu einer größeren Fahrsicherheit, als man sie mit Drahtreifen erzielt. In scharfen Kurven besteht die Gefahr, daß die Reifen einmal von der Felge herunterspringen, weil sie bei hoher Geschwindigkeit in der Kurve zur Seite gedrückt werden.

Schlauchreifen werden aus zwei verschiedenen Materialien gefertigt: *Latex* oder *Butyl*.

Latex, gewonnen aus dem Saft des Gummibaumes und aus Asien importiert, hat als Gummiprodukt den Vorteil, elastisch zu sein und somit gut zu federn, zugleich ist es sehr leicht; ideale Eigenschaften also für den Schlauchreifen. Aber durch seinen natürlichen Grundstoff ist der Schlauchreifen aus Latex teurer als der aus Kunststoff.

Schlauchreifen aus Butyl, einem synthetischen Gummi, sind etwas schwerer, aber auch billiger als die aus Latex. Im Vergleich zu Latex ist Butyl einerseits weniger elastisch, aber andererseits luftundurchlässiger.

Je leichter die Schlauchreifen sind, desto teurer sind sie im allgemeinen, besonders die Schlauchreifen für Bahnrennen haben einen stolzen Preis.

Drahtreifen

Spricht man von Drahtreifen oder auch nur ganz allgemein von Reifen, dann meint man einen Außenreifen, in dem innen ein loser Schlauch steckt. Der Schlauch liegt innen auf der Felge, und zu seinem Schutz wird darüber der Außenreifen gezogen. Durch das Aufpumpen und den Rand der Felge wird verhindert, daß die beiden Teile von der Felge herunterspringen können.

Drahtreifen sind ideal für Touristiker und trainierende Radrennfahrer. Sie sind wesentlich robuster und leichter zu reparieren.

Der Drahtreifen Universal Butyl BTS 40 von Continental

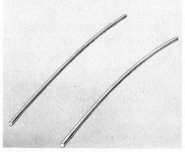

Foto oben: Zwei Ringe aus Stahldraht, die die Fersen des Reifens bilden. Die beiden äußeren Enden des Drahtreifens.

Foto oben links: Die Karkasse des Drahtreifens

Foto links: Die Lauffläche

Foto unten: Crossreifen 340 T von Continental

Der Drahtreifen, der Außenreifen also, besteht aus den folgenden drei Elementen:
- Stahldrahtringe
- Leinwand
- Lauffläche

Die Drahtreifen entstehen in einem recht komplizierten Fabrikationsprozeß. Hier soll das Wirrwarr von Maßen und Gewichten der Drahtreifen und der dazugehörigen Schläuche außer acht gelassen werden. Die Beratung sei hier dem Fachhandel überlassen, der viel besser auf die speziellen Anforderungen des Käufers eingehen kann.

Reifenmarken

Eine unvollständige Aufzählung von erhältlichen Schlauchreifen, Drahtreifen und Schläuchen:

«Wolber» liefert den «Performance»: 220 Gramm schwer und 23½ mm breit. Latex ist das Ausgangsmaterial; dieser Schlauchreifen wird bei großen Etappenfahrten häufig verwendet.

«Imp'Air» ist die Handelsmarke eines Schlauches aus Latex, der nach den Angaben des Herstellers nicht undicht werden kann. Scharfe Fremdkörper werden vom Schlauch abgewiesen. Probefahrten über Tausende von Kilometern wurden gemacht, ohne daß es zu einer Reifenpanne kam.

«Pariba» liefert Drahtreifen, die von Hand gefertigt werden. Es gibt sie in den Breiten 20, 25, 28 und 32 mm, und das Gewicht dieser Drahtreifen variiert zwischen 280 und 370 g. Sowohl für die Lauffläche als auch für die Leinwandbindung wird Naturgummi verarbeitet.

Die bekanntesten Rennreifen von «Vredestein» sind der «Sprint Vederlicht-S» und der «Racer». Auch diese Drahtreifen gibt es in allen Abmessungen. Der Hersteller, der Millionen von Reifen jährlich anfertigt, erklärt, daß diese Reifen große Vorteile bieten: geringen Rollwiderstand, schnell, geschmeidig und im Gebrauch nicht so leicht zu beschädigen. Der 25-mm-Reifen wiegt 330 g und der 20-mm-Reifen 280 g.

«Wolber» bietet eine große Auswahl an Schlauchreifen: für Zeitfahren den «Performance Silk» mit 205 g bei einer Breite von 21 mm. Eine leichte, reinseidene Karkasse mit einem Schlauch aus Latex. Der «Record 18 Piste» ist für schnelles Fahren auf der Bahn vorgesehen, nur 160 g und 18 mm breit. Auch hier wird für den Schlauch Latex verwendet. Der «Liberty» ist ein Schlauchreifen, den es in drei Versionen gibt: 270 g bei 22 mm Breite, 300 g bei 24 mm Breite und 370 g bei 28 mm Breite. Ein spezieller Reparaturset wird mitgeliefert. Dabei wird in die Leckstelle eine spezielle Paste injiziert, so daß sie wieder dicht wird.

Für die Querfeldeinfahrer gibt es dann noch den «Wolber Cross», 400 g schwer und 28 mm breit. Hier ist der Schlauch aus Butyl gefertigt. Schließlich sei noch ein bemerkenswerter Schlauchreifen von Wolber genannt, der «Invulnerable» (der Unverletzbare). Er hat einen Metallgürtel, der direkt unter der Lauffläche sitzt. Die Breite beträgt 23 mm und das Gewicht ungefähr 400 g.

«Michelin» liefert einen Drahtreifen, den «BIB TS 20», mit einer Breite von 20 mm und einem Gewicht von 235 g.

Für Rekordversuche auf superschnellen Holzbahnen liefert «Clément» den «Record»-Schlauchreifen. Das Innere ist aus Latex, sonst ist der Reifen ganz aus reiner Seide gefertigt. Das Gewicht beträgt nur 105 g. Für die Straße gibt es von Clément den «Criterium» und den «Campionissimo». Beide Schlauchreifen wiegen weniger als 200 g.

«Hutchinson» beschäftigt sich sowohl mit Schlauch- als auch mit Drahtreifen. Der «Mailand–San Remo»-Schlauchreifen wiegt 330 g und eignet sich gut für das Training. Naturgummi und Baumwolle sind die wichtigsten Bestandteile dieses Produktes. Für Straßenwettbewerbe gibt es den Schlauchreifen «Krono Strada» aus Latex und Baumwolle in einer Breite von 22 mm. Dieser Schlauchreifen wiegt 210 g. Der «Seta Strada», ebenfalls für die Straße, besteht aus Latex und reiner Seide und wiegt bei einer Breite von 22 mm nur 180 g.

Die hier beschriebene Auswahl an Draht- und Schlauchreifen soll weder vollständig sein, noch soll hier behauptet werden, irgendein Reifen sei besser als ein anderer. Der Handel bietet eine noch wesentlich größere Auswahl an.

Jetzt noch ein paar Bemerkungen zur Verwendung und Behandlung von Schlauchreifen:

- Schlauchreifen erfordern eine spezielle Behandlung. Ein neu gekaufter Schlauchreifen braucht Zeit, um gebrauchsreif und robust zu werden. Ein fabrikneuer Schlauchreifen ist noch viel zu ‹frisch› und sollte nach Möglichkeit an einem dunklen Platz leicht aufgepumpt für einige Monate lagern. Schlauchreifen, die man sich im Herbst kauft, können im darauffolgenden Frühjahr gebraucht werden. Diese Maßnahme gilt nicht für Schlauchreifen aus Kunststoff, also aus Butyl.
- Nach Gebrauch muß der Luftdruck in den Schlauchreifen reduziert werden; vor der nächsten Fahrt wird wieder nachgepumpt. Da das Körpergewicht des Radfahrers sich auf das Hinterrad konzentriert, muß der hintere Schlauchreifen einen geringfügig höheren Luftdruck haben als der vordere. Ein paar Tips zum Luftdruck sollen hier gegeben werden, aber letztlich bleibt der Luftdruck der Schlauchreifen eine individuelle Sache des Rennfahrers. Zu bedenken ist jedoch immer: Der richtige Luftdruck verlängert die Lebensdauer.

	ATÜ oder BAR	
	vorn	hinten
– Trainings- und Wanderfahrräder	5	6
– Straßenwettbewerbe	7	7
– Bahnwettbewerbe		
auf Holz	10	11
auf Beton	8	9
– Querfeldeinfahren	6	7
	4,5	6
– Steherwettbewerbe		
auf Holz	9	9,5
auf Beton	7	7,5

Reparatur des Schlauchreifens

Trotz aller Pflege und Vorsichtsmaßnahmen bekommt ein Schlauchreifen schon einmal eine undichte Stelle, so daß man den Reifen flicken muß. Das geht folgendermaßen vor sich:
- nach Lokalisierung der undichten Stelle, wobei man sich der altbewährten Methode mit Speichel oder eines Gefäßes mit Wasser bedienen kann, wird die Leckstelle auf dem Schlauchreifen markiert, so daß man sie wiedererkennt;
- das Nahtschutzband, das den Schlauchreifen bei der Walkarbeit schützt, wird gelöst. So wird das Gewebe freigelegt, unter dem der Innenschlauch aus Gummi verborgen ist;
- in der Nähe der zuvor markierten Leckstelle werden die Nähte mit einer kleinen Schere oder einem Stanley-Messer aufgetrennt und entfernt. Dabei muß man besonders vorsichtig sein; denn sonst wird der Schlauch leicht selbst beschädigt. Am besten trennt man die Naht auf einem längeren Stück auf; denn dann kann man den Schlauch leichter herausziehen;

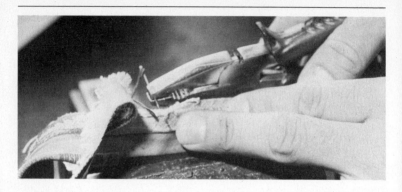

- nachdem die Reparaturstelle mit Schmirgelpapier oder einer Feile aufgerauht wurde, kann man mit dem Vulkanisieren bzw. Kleben beginnen. Die aufgerauhte Stelle wird mit Gummilösung bestrichen, worauf sie etwa acht Minuten lang trocknen muß. Jetzt wird das Reparaturpflaster aufgedrückt, ein wenig Talkum kommt darüber, und das eigentliche Flikken ist erledigt;
- der Schlauch wird wieder in seine frühere Position geschoben und ein wenig geknetet. Eine spezielle Nähnadel und Garn beenden die Operation, und der Schlauchreifen ist wieder brauchbar.

Aufziehen des Schlauchreifens (Fotos S. 93 bis 95)
Einen Schlauchreifen wieder auf die Felge zu bekommen, ist ein Kapitel für sich. Aber es sieht komplizierter aus, als es ist. Wenn man ein paar Regeln berücksichtigt, ist es gar nicht so schwer:
- der Schlauchreifen wird zunächst etwas gedehnt, indem man den Fuß (mit oder ohne Schuhe) darauf stellt und zieht. Damit bekommt das Material ein bißchen Spiel. Sollte man dabei Schuhe anhaben, müssen die Sohlen auf scharfkantige Teilchen untersucht werden, die den Schlauchreifen beschädigen würden;
- die Oberfläche der Felge, auf die der Schlauchreifen aufgezogen wird, wird aufgerauht und mit einem Lappen und ein wenig Benzin gereinigt;
- das Klebeband, auf das der Schlauchreifen kommt, kann nunmehr angebracht werden; anschließend wird der Schutzstreifen vom Klebeband entfernt. Die Felgenoberfläche kann mit Kitt versehen werden, sofern kein Klebeband verwendet wird;
- das Klebeband wird nun mit einem nassen Schwamm angefeuchtet. Ohne diese Feuchtigkeit würde der Schlauchreifen sofort auf dem Klebeband festhängen. Anschließend wird der Schlauchreifen gleichzeitig zu

Aufziehen

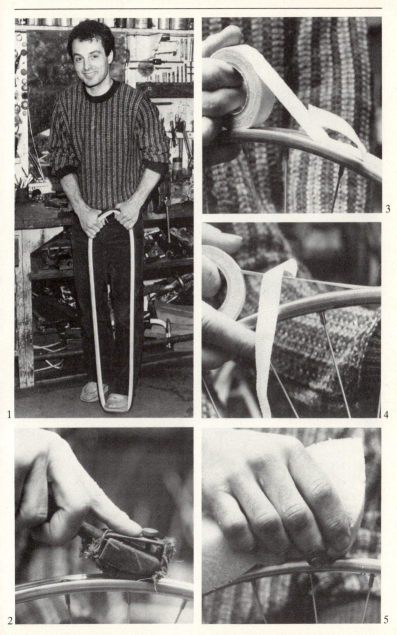

beiden Seiten aufgezogen, wobei man am Ventil, das geradestehen muß, beginnt. Nachdem der Schlauchreifen dann ein wenig aufgepumpt ist, wird sofort kontrolliert, ob er gleichmäßig aufgezogen ist;
- jetzt wird der Schlauchreifen mit dem erforderlichen Luftdruck versehen, wobei der richtige Geradeauslauf überprüft wird;
- muß der Schlauchreifen noch einmal von der Felge herunter, dann beginnt man mit dem Abziehen gegenüber dem Ventil.

Aufziehen

Werkzeug und Wartung

«Gutes Werkzeug ist schon die halbe Arbeit», lautet eine wichtige Grundregel.
Für unterwegs gibt es praktische Reparatursets mit Schlauch, die man unterhalb des Sattels befestigen kann. Neben dem Schlauch enthalten sie In-

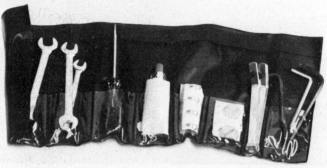

Der Reparatursatz von Intercycle

Der Werkzeugsatz von Campagnolo, gut, aber teuer. Kleinere praktische Werkzeugsets gibt es schon für erheblich weniger Geld.

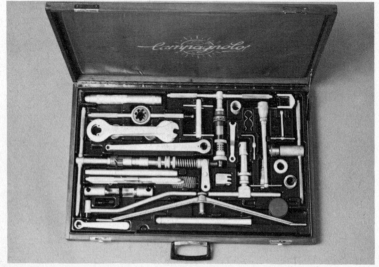

busschlüssel, eine Tube Gummilösung, Schmirgelpapier, einen Schraubenzieher und Flickzeug. Zur Ersten Hilfe nach einem Sturz ist sogar ein kleines Fläschchen Jod und Heftpflaster beigefügt.

Wartungstips
Ein paar Tips zur Wartung des Fahrrades:
- regelmäßig Kette und sonstige bewegliche Teile des Fahrrades mit Fahrradöl pflegen;
- das Fahrrad regelmäßig mit einem Schwamm und Seifenwasser reinigen;
- mit angezogener Vorderradbremse kann man prüfen, ob der Steuersatz Spiel hat, indem man das Fahrrad vor- und zurückzubewegen versucht. Sollte man Spiel feststellen, dann läßt sich das beheben, indem man den Stellkonus ein wenig anzieht; danach wird das Ganze mit Hilfe der Sicherungsmutter wieder gesichert;
- sollte die Fahrradkette erneuert werden müssen, dann sollte man zugleich auch jene Ritzel des Zahnkranzes erneuern, die Verschleißerscheinungen aufweisen. Zum Reinigen der Kette kann man Benzin oder eine Spezialflüssigkeit verwenden. Dabei kann eine alte Zahnbürste gute Dienste leisten.

Inbusschlüssel sind unentbehrlich; hier zum Einstellen des Sattels.

Straßenrennen

Den Liebhabern des Radsports und den aktiven Radrennfahrern kann die Straßensaison niemals früh genug beginnen. Ende Februar finden die ersten Rennen statt.
Vor dieser Zeit haben die meisten Profis schon ihr Trainingslager an einem klimatisch günstig gelegenen Ort aufgesucht. Dort werden die Muskeln gelockert, Pläne für die kommende Saison geschmiedet und die ersten Wettkämpfe gefahren.
Alle brennen ungeduldig darauf, daß die Straßensaison endlich beginnt. Die Zuschauer, die ihre Favoriten auf den schnellen Fahrrädern bewundern wollen, die Sponsoren wegen der Publizität und der Werbung und die Profis, weil das Radrennen ihr Broterwerb ist. Ebenso ergeht es den übrigen Radrennfahrern, jung und alt, die einfach aus Spaß an der Freud fahren, die sich einen Namen machen wollen und in den verschiedenen Kategorien auch auf Preise hoffen.
Höhepunkte des Jahres sind die schweren klassischen Rennen, die nationalen Straßenmeisterschaften, die Tour de France und die Straßenweltmeisterschaft.

Straßenwettbewerbsarten, die mit einem Wirrwarr von Namen bezeichnet werden, sind:
– Straßenrennen
– Etappenrennen
– Kriterien
– Zeitfahren.

Vier Kategorien im Straßenradsport

Im professionellen Radsport hat der Begriff *Klassiker* eine große Bedeutung, aber er kommt im Sprachgebrauch der UCI nicht vor. Es gibt in der Terminologie des Radsports kein Wort, das so häufig – ob passend oder unpassend – gebraucht wird, wie die Begriffe Klassiker und Semi-Klassiker.
Sehr oft verwendet man für alle möglichen Wettkämpfe für Berufsradrennfahrer diese Bezeichnungen, weil man annimmt, daß dieser Wettkampf ein Klassiker sei. Dem ist aber oft nicht so.

Die FICP (Fédération Internationale du Cyclisme Professionnel) – eine Abteilung der UCI, die sich mit dem Berufsradsport beschäftigt – verwendet ausschließlich die folgende Einteilung:
- außer Kategorie (hors catégorie)
- erste Kategorie
- zweite Kategorie
- dritte Kategorie.

Ein professionaler Radsportwettbewerb beginnt mit der dritten Kategorie. Die Kategorien werden bestimmt an Hand des Schwierigkeitsgrades der Strecke, der Stärke des Teilnehmerfeldes, der Anzahl der ausländischen Mannschaften; die veranstaltende Organisation ist verpflichtet, die Kosten der anreisenden Teilnehmer (Flugtickets) zu vergüten und für erstklassige Hotels zu sorgen.
Ein Aufstieg des Veranstalters bzw. des Rennens von der dritten zur zweiten und von der zweiten zur ersten Kategorie ist möglich, sofern der Organisator auf eine vieljährige tadellose Wettkampforganisation zurückblicken kann. Überdies muß er imstande sein, sämtliche Verpflichtungen zu erfüllen, die die höhere Kategorie bedingen.

Außer Kategorie
Die Wettkämpfe außer Kategorie sind eintägige Wettbewerbe; damit werden die berühmten klassischen Rennen bezeichnet:

In Belgien	Flandern-Rundfahrt
	Lüttich–Bastogne–Lüttich
in Frankreich	Paris–Roubaix
	Blois–Chaville
in Italien	Mailand–San Remo
	Lombardei-Rundfahrt

Rechts: Dietrich Thurau

Die Wettkämpfe *Amstel Gold Rennen* in den Niederlanden, *Henninger Turm* in Deutschland und die *Züricher Meisterschaft* in der Schweiz werden von der FICP jeweils jährlich abwechselnd unter «außer Kategorie» zugelassen. Es werden jährlich demnach sieben derartige Wettbewerbe organisiert.

Eines der Merkmale eines Rennens «außer Kategorie», eines Klassikers also, ist, daß das beste Rennfahrerfeld an den Start geht. In jedem Jahr stellt die FICP die A-Liste der Berufsfahrer zusammen:
– der Straßenweltmeister der Berufsfahrer;
– die nationalen Straßenmeister;
– die Sieger der nationalen Rundfahrten;
– die Sieger der Wettbewerbe «außer Kategorie»;
– Rennfahrer, die auf Grund der von ihnen erbrachten Leistungen von den nationalen Organisationen der FICP vorgeschlagen werden können.

Der A-Rennfahrer muß bei den Wettbewerben «außer Kategorie» starten. Er darf an diesem Tag kein anderes Rennen bestreiten.

Mailand–San Remo
Der Wettbewerb Mailand–San Remo wird «Primavera» genannt, er ist der erste Klassiker unter den sechs, die in der Saison organisiert werden. Nahezu dreihundert Kilometer muß die Karawane der Rennfahrer von Mailand zum Ort San Remo an der italienischen Blumenriviera zurücklegen und dabei die schweren Steigungen des Turchino, des Cipressa und des Poggio bewältigen. Dieser letzte ‹Buckel› sorgt meist für die Entscheidung im Wettbewerb.

Flandern-Rundfahrt
Für viele Freunde des Radrennsports ist die Flandern-Rundfahrt mit St. Niklaas als Start und Meerbeke als Ziel einer der schönsten Radsportwettbewerbe des Jahres. Über zweihundertfünfzig Kilometer haben die Fahrer dann zurückzulegen, auf gepflasterten Straßen und mit der berüchtigten Steigung am Koppenberg und der Mauer von Geraardsbergen.

Paris–Roubaix
Der Klassiker Paris–Roubaix gilt als einer der schwierigsten. Die Rennfahrer müssen über Straßen durch die ‹Hölle des Nordens› fahren, die kaum noch den Namen Straße verdienen, manche mit den berüchtigten Katzenköpfen gepflastert. Hier sind Reifenpannen und schmerzhafte Stürze an der Tagesordnung. Diese Königin der Klassiker, wie man die Strecke Paris–Roubaix auch nennt, steht bei vielen Rennfahrern auf der Wunschliste. Wohl kaum wegen der Anstrengung und der Entbehrungen, sondern wegen des internationalen Werts dieses Rennens. Das Glück ist hier, wie so oft im Radrennsport, ein mitentscheidender Faktor.

Der berüchtigte Koppenberg mit einer Steigung von 18 Prozent zählt für Fotografen als günstiger Aufnahmeort, um Rutschpartien der Rennfahrer auf den Film zu bannen.

Lüttich–Bastogne–Lüttich
Das vierte Rennen der Klassikerreihe ist auch zugleich das letzte des Frühjahrs: Lüttich–Bastogne–Lüttich geht über fast zweihundertfünfzig Kilometer. Es handelt sich um den ältesten Klassiker; denn der Wettbewerb durch die Ardennen wurde bereits im Jahre 1882 erstmals organisiert. Wenn die Fahrer in Lüttich auf dem Boulevard de la Sauvenière ankommen, sind sie an den Flanken des Col de la Redoute und des Côte des Forges oftmals noch durch dichten Schnee gefahren.

Blois–Chaville
Von den beiden Spätjahrklassikern findet Blois–Chaville als erster statt. Früher ging dieser Wettbewerb von Paris nach Tours (noch früher in umgekehrter Richtung), und eine Weile trug er auch den Namen «Großer Herbstpreis». Eine mehr als zweihundert Kilometer lange Strecke über die Hügel des Chevreuse-Tales. Auch die Spitze des Côte de l'Homme Mort muß von den Fahrern bezwungen werden.

Lombardei-Rundfahrt

Die Reihe der Klassiker wird in Italien abgeschlossen, wo die Radrennfahrer zwischen Mailand und Como die Lombardei-Rundfahrt bewältigen müssen. Der Klassiker des ‹fallenden Laubs› führt die Teilnehmer und die Karawane, die ihnen folgt, an die Ufer des Comer Sees, nachdem sie zuvor den Intelvi und den San Fermo di Battaglia bezwingen mußten.

Erste Kategorie

Die Wettbewerbe in der ersten, zweiten und dritten Kategorie können sowohl Eintages- als auch Etappenwettbewerbe sein.

In der Reihe der zur ersten Kategorie gehörenden Wettbewerbe finden wir Eintageswettbewerbe wie:

Der Sieg bedeutet dem Rennfahrer alles. Nach einem explosiven Sprint fährt Dieter Flögel bei der DM 1983 als erster über den Zielstrich.

Omloop Het Volk, Gent–Wevelgem, Wallonischer Pfeil, Bordeaux–Paris, Amstel Gold Race, Henninger Turm und die *Züricher Meisterschaft*, sofern einer dieser drei Wettbewerbe im betreffenden Jahr nicht unter «außer Kategorie» eingeordnet wird.
Die bekannten Etappenrennen, wie *Paris–Nizza, Tirreno-Adriatico,* die *Katalanische Woche,* die *Holland-Rundfahrt,* die *Spanien-Rundfahrt,* der *Giro d'Italia* und die *Tour de France* gehören auch zur ersten Kategorie.

Zweite Kategorie
Zu den Wettkämpfen der zweiten Kategorie zählen die eintägigen Wettkämpfe, wie der *Große Preis von Antibes,* der *Große Preis von Valencia,* die *Limburg-Rundfahrt, Kuurne–Brüssel–Kuurne, Flandrische Ardennen,* der *Pfeil von Brabant* und die *Grenzgegend-Rundfahrt*.
Von den Etappenwettbewerben, die zur zweiten Kategorie gehören, sind zu nennen: die *Mittelmeer-Rundfahrt,* die *Baskenland-Rundfahrt,* die *Tour de l'Aude* und der *Stern der Hoffnungen*.

Dritte Kategorie
Zu den Eintageswettbewerben der dritten Kategorie gehören u. a. der *Große Preis von St. Raphael,* der *Große Preis von Monaco, Quer durch Belgien* und die *Midden-Zeeland-Rundfahrt* in den Niederlanden. Ferner Etappenwettbewerbe wie die *Kalifornien-Rundfahrt,* die *Korsika-Rundfahrt,* die *Drei Tage von De Panne,* die *Tour du Tarn* und die *Florida-Rundfahrt*.

Etappenrennen

Auf dem Terminkalender der Profis steht alljährlich eine Anzahl von Etappenrennen. Oft wird die Publikumsbewertung dieser Veranstaltungen von den Sponsorfirmen untersucht, und auf Grund des Resultats entscheidet man, ob man sich mit der Mannschaft an dem jeweiligen Etappenrennen beteiligt. Auch können hohe Anmeldekosten oder zu niedrige Preisgelder für die Mannschaft einen Grund darstellen, ein bestimmtes Etappenrennen auszulassen.
Die drei größten und wichtigsten Etappenrennen für die Profis sind:
– Tour de France
– Giro d'Italia
– Spanien-Rundfahrt
Die kleineren Etappenrennen, wie *Tirreno–Adriatico* und *Paris–Nizza,* werden von den Mannschaften oft als Auftakt der Saison angesehen. Die

Schweiz-Rundfahrt, die *Midi Libre* und die *Dauphiné Liberé* gelten als wichtige Vorbereitung zum wichtigsten Etappenrennen des Jahres, der Tour de France.

Tour de France
Jede Profimannschaft, die eine Einladung von den Organisatoren der Tour de France erhält, muß ein erhebliches Startgeld (über 100 000 DM) bezahlen. Dafür erhält die Mannschaft unterwegs die erforderliche Hotelunterkunft für Fahrer und Begleitung ebenso wie die Verpflegung.
Aber nicht nur die Mannschaften müssen Geld mitbringen; selbst die Kassen der Gemeinden, die für ein Etappenziel vorgesehen werden wollen, werden geschröpft – sie müssen sogar Hunderttausende aufbringen, um die Karawane der Tour ankommen und abfahren zu sehen. Dem steht natürlich eine enorme Publizität für Stadt, Dorf oder Region gegenüber.
Aus der Sicht des öffentlichen Interesses ist die Tour de France das größte Radsportereignis des Jahres. Schon lange vor dem Start zur ersten Etappe haben die Zeitungen kaum noch ein wichtigeres Thema. Die Rennfahrer

Zehntausende Freunde des Radrennsports umjubeln ihre Stars auf den Champs Élysées, dem Ziel der Tour de France. Eine großartige Werbung für die Sponsoren, und beträchtliche Geldpreise für die Spitzenfahrer und ihre Wasserträger. Von links nach rechts: Tour-Sieger 1983 Laurent Fignon, Peter Winnen, der Dritter wurde, und der Spanier Angel Arroyo, der als Zweiter gewertet wurde.

werden während der Tour gefilmt, fotografiert und in der Kleidung des Sponsors vor die Fernsehkameras gebracht, auf dem Kopf die Mütze, die den Namen des Sponsors klar ins Bild bringt.

Schon viele Stunden vor dem Start jeder Etappe ist die Werbekarawane losgezogen.

Den Profis geht's ums Geld. In einer Organisation, wie es die Tour de France ist, geht es um viel Geld, mehr als zwei Millionen französischer Francs. Vornehmlich kommt das Geld von den Orten, die Etappenziel sind, von den Sponsoren, die in der Werbekarawane mitfahren, von Sponsoren, die bestimmte Wertungen finanzieren und von den Mannschaften.

Das verdiente Geld kommt bei den meisten Mannschaften in eine gemeinsame Kasse und wird nach Beendigung des Rennens unter den beteiligten Fahrern aufgeteilt. Dabei wird jeder Fahrer entsprechend seinem Erfolg und der Dauer seiner Teilnahme am Rennen bezahlt.

Amateurrennen

Auch die Amateure haben während der Saison viele Etappenrennen auf dem Terminkalender. Die Sektion Amateure der UCI, FIAC (Fédération Internationale Amateur de Cyclisme), stellt diesen Kalender in jedem Jahr auf, unterteilt in drei Kategorien: Außer Kategorie, A-Kategorie und B-Kategorie.

Die wichtigste Kategorie (außer Kategorie) besteht aus drei Etappenrennen: der *Friedensfahrt,* die jährlich wechselnd gefahren wird, entweder Warschau–Berlin–Prag oder Berlin–Prag–Warschau oder Prag–Warschau–Berlin, dem *Grand Prix Wilhelm Tell* und der *Italien-Rundfahrt* (Mini-Giro).

Zwölf Wettbewerbe gibt es in der A-Kategorie:
- Ruban Granitier Breton
- Österreich-Rundfahrt
- England-Rundfahrt
- DDR-Rundfahrt
- Jugoslawien-Rundfahrt
- Polen-Rundfahrt
- Rheinland-Pfalz-Rundfahrt
- Böhmen-Rundfahrt
- Bulgarien-Rundfahrt
- Türkei-Rundfahrt
- Giro delle Regioni
- Tunesien-Rundfahrt

In der B-Kategorie, der mit der geringsten Wertung also, gibt es fünf Wettbewerbe:
- Alpe-Adria
- Tour Olympia (Holland-Rundfahrt)
- Tschechoslowakei-Rundfahrt
- Niedersachsen-Rundfahrt
- Tour de l'Yonne

Den Amateuren bieten diese Etappenrennen eine gute Gelegenheit, sich einen Namen zu machen. Vorstände und Mannschaftsführer der professionellen Teams beobachten die Leistungen der Amateure immer mit besonderem Interesse. Dabei können gute Resultate bei Etappenrennen für einen Amateur den Durchbruch zu einer Profilaufbahn bedeuten.

Das Kriterium

Lizenzfahrer aller Kategorien fahren während der Radsportsaison Stadt und Land ab, um sich an den Kriterien beteiligen zu können. Im kleinsten Dorf und in der größten Stadt finden sich immer einige Freunde des Radsports, die bereit sind, viel Zeit in die Organisation eines Kriteriums zu investieren.

In der Sportordnung des BDR (Bund Deutscher Radfahrer) werden Kriterien wie folgt beschrieben:

«Kriterien werden wie Straßenrennen durchgeführt, jedoch nur auf geschlossenen Rundstrecken. Die Länge soll zwischen 1000 und 2500 m liegen.
Grundsätzlich werden Kriterien nach Punktwertung, und zwar mit 5, 3, 2 und einem Punkt und die letzte Wertung mit 10, 6, 4 und 2 Punkten ausgefahren. Wertungen müssen eine Runde vor der Abnahme durch Glockenzeichen angeläutet werden. Fahrer, die bereits Punkte erreicht haben und aus dem Rennen ausscheiden, müssen dies dem Wettkampfausschuß melden. Dies kann durch einen Betreuer geschehen...
Überrundungen gehen hierbei über alle Punktgewinne. Ein Rundengewinn liegt vor, wenn der vorstoßende bzw. die vorstoßenden Fahrer das Ende des Hauptfeldes erreicht haben. Wenn das Hauptfeld weit auseinandergezogen ist, gilt die Runde erst dann als gewonnen, wenn ⅔ der Teilnehmer eingeholt sind. Nach der Glocke für die letzte Runde kann kein Rundengewinn erzielt werden.»

Die Länge (Rundenanzahl) eines Kriteriums hängt von der Kategorie der Teilnehmer ab. Für Junioren darf die Höchstdistanz von 50 Kilometer, für Jugendfahrer von 30 Kilometer nicht überschritten werden. Im Amateurbereich sind Kriterien meist nicht länger als 100 Kilometer.

Kriterien erfreuen sich zumeist sehr großen Publikumsinteresses, da der Rennverlauf für die Zuschauer von Start bis Ziel sehr gut zu beobachten ist.

Geldpreise

Nicht nur die Profis können sich Geldpreise verdienen, auch in den übrigen Kategorien wird um Geld gefahren, wobei es Vorschriften vom Bund Deutscher Radfahrer gibt. Bei den Berufsfahrern erfolgt die Honorierung der Teilnahme an Kriterien auf Vertragsbasis.

Preisschema des BDR

Allgemeines
Es dürfen nur Ehren- oder Materialpreise gegeben werden, die den in der Ausschreibung angegebenen Wert haben müssen. Die Anzahl und die Staffelung hinsichtlich der Werte sind in der Ausschreibung anzugeben.
Die Bundesfachausschüsse sind berechtigt, im Einvernehmen mit dem Präsidium für alle Wettbewerbe Preisschemen zu erstellen.

1   Für Straßenwettbewerbe gelten zur Zeit folgende Werte:

Amateure
- 1.1 bei bundesoffenen Straßenrennen der Klasse A und B 15 Preise – DM 180, 150, 130, 120, 100, 90, 80, 70, 60, 50, 50, 40, 30, 25, 20;
- 1.2 bei bundesoffenen Straßenrennen der Klasse C 15 Preise – DM 120, 100, 80, 70, 60, 50, 40, 35, 30, 25, 15, 10, 10, 10, 10;
- 1.3 bei Rundstreckenrennen bzw. Kriterien: 12 Preise – DM 120, 100, 90, 80, 70, 60, 50, 30, 25, 25, 20, 20;
- 1.4 bei bundesoffenen Querfeldeinrennen: 10 Preise – DM 120, 100, 90, 80, 70, 60, 50, 40, 30, 20;
- 1.5 bei landesverbandsoffenen Straßen- oder Querfeldeinrennen: 10 Preise – DM 100, 90, 80, 70, 60, 50, 40, 30, 20, 10;
- 1.6 bei Einzelzeitfahren: 10 Preise – DM 100, 90, 80, 70, 60, 50, 40, 30, 20, 10

Senioren
- 1.7 Bei bundesoffenen Straßen-, Rundstreckenrennen und Kriterien 10 Preise nach 1.11

Junioren
- 1.8 bei Straßenrennen: 10 Preise – DM 80, 70, 60, 50, 40, 30, 20, 15, 15, 10
- 1.9 bei Rundstreckenrennen, Kriterien und bundesoffenen Einzelzeitfahrwettbewerben: 10 Preise – DM 60, 50, 40, 35, 30, 25, 20, 15, 10, 10
- 1.10 bei Querfeldeinrennen: 10 Preise – DM 60, 50, 40, 30, 25, 20, 15, 10, 10, 10

Jugend
- 1.11 bei Straßenrennen: 10 Preise – DM 60, 50, 40, 30, 20, 15, 15, 10, 10, 10
- 1.12 bei Rundstreckenrennen, Kriterien und Einzelzeitfahrwettbewerben: 10 Preise – DM 50, 40, 30, 25, 20, 15, 15, 10, 10, 10
- 1.13 bei Querfeldeinrennen: 10 Preise – DM 40, 30, 25, 20, 15, 10, 10, 10, 5, 5

Frauen
- 1.14 bei bundesoffenen Straßenrennen: 10 Preise nach 1.8
- 1.15 bei bundesoffenen Rundstreckenrennen und Kriterien: 10 Preise nach 1.9

Mädchen
1.16 bei bundesoffenen Straßenrennen: 8 Preise – DM 40, 30, 25, 20, 15, 10, 10, 10
1.17 bei Rundstreckenrennen und Kriterien: 8 Preise – DM 30, 25, 20, 20, 15, 10, 10, 10

Schülerinnen
1.18 bei bundesoffenen Straßen-, Rundstreckenrennen und Kriterien: 6 Preise – DM 15, 10, 5, 5, 5, 5

Schüler A
1.19 bei bundesoffenen Straßen-, Rundstreckenrennen und Kriterien: 10 Preise – DM 30, 25, 20, 15, 10, 10, 10, 5, 5, 5

Schüler B
1.20 bei bundesoffenen Straßen-, Rundstreckenrennen und Kriterien: 10 Preise – DM 25, 20, 15, 10, 10, 10, 5, 5, 5, 5

Schüler C
1.21 bei bundesoffenen Straßen-, Rundstreckenrennen und Kriterien: 6 Preise – DM 15, 10, 5, 5, 5, 5

2 Für Bahnwettbewerbe gelten zur Zeit folgende Werte:
2.1 Amateure:
Sprint 4000 m Verfolgung und 1000 m Zeitfahren
1. bundesoffen 6 Preise – DM 80, 60, 50, 40, 30, 20
2. internat. 6 Preise – DM 120, 100, 80, 60, 40, 30
2.2 4000 m Mannschaftsverfolgung
1. bundesoffen 4 Preise – DM 320, 240, 200, 160
2. internat. 4 Preise – DM 480, 400, 360, 240
2.3 Punktefahren, Vorgaberennen, Ausscheidungsfahren etc.
1. bundesoffen 4 Preise – DM 50, 40, 30, 20
2. internat. 6 Preise – DM 120, 100, 80, 60, 40, 30
2.4 Tandem
bundesoffen oder international 3 Preise – DM 100, 80, 60
2.5 Zweier-Mannschaftsfahren
bis 60 km 8 Preise – DM 200, 160, 140, 120, 80, 60, 40, 30
über 60 km 8 Preise – DM 250, 200, 160, 120, 100, 80, 60, 40
2.6 Omnium (mindestens 3 Disziplinen)
1. Einzelwettbewerbe: 6 Preise – DM 80, 60, 50, 40, 30, 20
2. Mannschaft: 6 Preise – DM 160, 120, 100, 80, 60, 40
2.7 Junioren und Mädchen
1. Sprint 4 Preise – DM 40, 30, 20, 10
2. Sprint-Turnier 5 Preise – DM 40, 30, 20, 15, 10
3. Tandem 4 Preise – DM 60, 50, 40, 30
2.8 Verfolgung und Zeitfahren
1. 1000 m 5 Preise – DM 30, 25, 20, 15, 10
2. 3000 m 4 Preise – DM 40, 30, 20, 10
3. Vierer-Verf. 4 Preise – DM 120, 80, 60, 40
2.9 Punktefahren, Vorgaberennen, Ausscheidungsfahren etc.
1. bis 15 km 4 Preise – DM 30, 20, 15, 10
2. über 15 km 5 Preise – DM 40, 30, 20, 15, 10
2.10 Zweier Mannschaftsfahren
1. bis 30 km 5 Preise – DM 60, 50, 40, 30, 20
2. über 30 km 5 Preise – DM 80, 70, 60, 50, 40

Preisschema des BDR   111

2.11 Omnium
   1. Einzelwettbewerb 5 Preise – DM 50, 40, 30, 20, 10
   2. Mannschaft 5 Preise – DM 100, 80, 60, 40, 20

Jugend

2.12 500 m Zeitfahren 4 Preise – DM 20, 15, 10, 10
2.13 2000 m Verfolgung 4 Preise – DM 30, 20, 15, 10

Sofern gestiftete Materialpreise einen höheren Wert haben, dürfen diese ausgehändigt werden. Der Ausrichter darf jedoch, falls höhere Wertpreise gegeben werden, hiermit in keiner Weise für die Teilnahme an dem betreffenden Wettbewerb werben.

Erreichen bei einem Rennen mehrere Fahrer das Ziel zur gleichen Zeit (totes Rennen) oder ist durch Massenankünfte eine genaue Plazierung nicht möglich, werden die Preise zwischen den in Frage kommenden Fahrern gleichmäßig verteilt. Ist dies nicht möglich, entscheidet das Los.

Quelle: Sportordnung Bund Deutscher Radfahrer e. V., Ausgabe 1982, S. 42–46

Endspurt bei der Junioren-Weltmeisterschaft 1982

GENERALAUSSCHREIBUNG

Zur Förderung des Straßenrennsports veranstaltet der Bund Deutscher Radfahrer e.V. zusammen mit dem Sponsor ▬▬▬▬ 1984 den Jahreswettbewerb um

„Das Grüne Band" der Amateure
mit der Sonderwertung für Jung-Amateure
„Das Grüne Band" der Junioren

1. Amateure

So	18. 3. 1984	Köln-Schuld-Frechen	RC Adler Köln	LV Nordrhein-Westfalen
Sa	24. 3. 1984	Zeitfahren		Berliner Radsport-Verband
So	25. 3. 1984	Straßenrennen		Berliner Radsport-Verband
Sa	7. 4. 1984	Frühlingspreis	RSC BadHomburg	LV Hessen
So	8. 4. 1984	Frühjahrspreis	RSC Fürth	LV Bayern
So	22. 4. 1984	Rund um Frankfurt	RV Henninger 1895	LV Hessen
Mo	23. 4. 1984	Rund um Schönaich	RSC Schönaich	LV Württemberg
Sa	5. 5. 1984	GP von Magstadt	RV „Pfeil" Magstadt	LV Württemberg
So	17. 6. 1984	DM Einer Straße Amateure	RSV FA Alpirsbach	LV Württemberg
Mi	27. 6. 1984	Straßenrennen	RC Chio Mannheim	LV Baden
So	9. 9. 1984	DM Berg	RSV Sonthofen	LV Bayern
So	23. 9. 1984	Abschluß-Zeitfahren	RSG Wiesbaden	LV Hessen

Bei den 12 Rennen für Amateure und den 10 Rennen für Junioren wird eine Punktwertung in der Staffelung 20, 15, 13, 12, 11, 10, 9, 8, 7, 6, 5, 4, 3, 2 und 1 für Platz 1 bis 15 vorgenommen.

Junioren

So	22. 4. 1984	Rund um Frankfurt	RV Henninger 1895	LV Hessen
So	29. 4. 1984	Böblinger Kreisrundfahrt	RV Schwabengruß Nufringen	LV Württemberg
Di	1. 5. 1984	Rund um den Henninger Turm	RV Henninger 1895	LV Hessen
Sa	19. 5. 1984	Zeitfahren	RSC Lintorf	LV Nordrhein-Westfalen
So	20. 5. 1984	Rund um Jülich	RSC Jülich	LV Nordrhein-Westfalen
Sa	16. 6. 1984	Zeitfahren	RV Conc. 1926 Karbach	LV Bayern
So	17. 6. 1984	Straßenrennen	RV Conc. 1926 Karbach	LV Bayern
So	8. 7. 1984	DM Einer Straße Junioren	RSV Wittekind Herford	LV Nordrhein-Westfalen
So	26. 8. 1984	Conti Preis	Radsportverband Nieders.	LV Niedersachsen

Generalausschreibung

Sportgruppen usw.) bleiben vakant.
Die Punkte zählen für die Gesamtwertung mit folgender Preisstaffelung:

Amateure

1. Platz	5 000 DM
2. Platz	4 000 DM
3. Platz	3 500 DM
4. Platz	3 000 DM
5. Platz	2 500 DM
6. Platz	2 000 DM
7. Platz	1 500 DM
8. Platz	1 000 DM
9. Platz	900 DM
10. Platz	800 DM
11. Platz	700 DM
12. Platz	600 DM
13. Platz	500 DM
14. Platz	500 DM
15. Platz	500 DM

Jung-Amateure

1. Platz	3 000 DM
2. Platz	2 000 DM
3. Platz	1 500 DM
4. Platz	1 000 DM
5. Platz	900 DM
6. Platz	800 DM
7. Platz	700 DM
8. Platz	600 DM
9. Platz	500 DM
10. Platz	400 DM

Der Fachausschuß Rennsport hat in Abstimmung mit der BDR-Trainerkommission folgende Punkte festgelegt:

Tagespreise und Tagesprämien: Tagespreise sind vom betreffenden Ausrichter entsprechend der BDR-Sportordnung in der Ausschreibung für die einzelnen Rennen anzugeben. Die Tagesprämien werden vom Sponsor Dresdner Bank AG zusätzlich nach folgender Aufstellung gegeben: **Amateure:** Bei den 9 Straßenrennen und dem Abschluß-Zeitfahren je 15 Prämien DM 400, DM 300, DM 200, DM 100, DM 90, DM 80, DM 70, DM 60, DM 50, DM 40, DM 40, DM 30, DM 30, DM 30. Bei dem Zeitfahr-Wettbewerb in Berlin (Doppelveranstaltung) und der „Deutschen Bergmeisterschaft" 10 Prämien DM 300, DM 200, DM 100, DM 90, DM 80, DM 70, DM 60, DM 50, DM 40, DM 30.

Junioren: Bei den 7 Straßenrennen und dem Abschluß-Zeitfahren je 15 Prämien DM 120, DM 110, DM 100, DM 80, DM 70, DM 60, DM 50, DM 40, DM 40, DM 40, DM 30, DM 30, DM 20, DM 20. Bei der Zeitfahr-Wettbewerben am 19. 5. und 16. 6. 1984 (Doppelveranstaltung) 10 Prämien DM 60, DM 50, DM 40, DM 35, DM 30, DM 25, DM 20, DM 20, DM 10, DM 10.

Junioren

1. Platz	3 000 DM
2. Platz	2 000 DM
3. Platz	1 500 DM
4. Platz	1 000 DM
5. Platz	900 DM
6. Platz	800 DM
7. Platz	700 DM
8. Platz	600 DM
9. Platz	500 DM
10. Platz	400 DM
11. Platz	300 DM
12. Platz	300 DM
13. Platz	300 DM
14. Platz	300 DM
15. Platz	300 DM

Der bei der Punktwertung führende Fahrer - in beiden Wettbewerben - erhält nach jedem Rennen das „Spitzenreitertrikot" mit der Startnummer 1. Dieses Trikot ist beim nächsten Rennen zu tragen. Der Gewinn des „Spitzenreitertrikots" ist je Rennen mit einer Tagesprämie für Amateure DM 300 und für Junioren DM 200 verbunden.

Startverpflichtungen: B/C-Kader-Angehörige Straßenrennsport sind verpflichtet, an 10 Rennen in der Amateurklasse teilzunehmen. Der punktbeste Fahrer und Träger des grünen Trikots mit der Nummer 1 ist bei dem nachfolgenden Rennen startverpflichtet und hat Startverbot für alle anderen Rennen an diesem Tage.

Als Abschluß der Jahreswertung wird ein „Das Grüne Band" durchgeführt, an dem nur die jeweils 30 punktbesten Fahrer der Amateur- und Juniorenwertung zugelassen sind. Fahrer, die zu den 30 Punktbesten in beiden Klassen gehören, haben am Veranstaltungstag Startverbot für alle anderen Rennen.

Distanzen: Einer-Straßenfahrer Amateure 160 bis 180 km, Einer-Straßenfahrer Junioren 100 bis 120 km, Einzelzeitfahren Amateure 20 bis max. 50 km, Einzelzeitfahren Junioren 20 bis max. 40 km.

Materialfahrzeug: Bei den einzelnen Rennen ist pro Landesverband ein Materialfahrzeug zugelassen oder der Ausrichter stellt - streckenabhängig - mindestens drei neutrale Materialfahrzeuge zur Verfügung. Eventuell notwendige Materiallager werden durch den BDR-Beauftragten festgelegt. Die entsprechende Regelung muß in der Ausschreibung bekanntgegeben werden. Das LV-Materialfahrzeug muß rechtzeitig an die Ausrichter gemeldet werden.

Startberechtigung: Amateure: nur Fahrer der A- und B-Klasse und Fahrer der Jahrgänge 1964/65 - Jung-Amateure. Der Start erfolgt ohne Vorgabe. Jung-Amateure müssen auf ihren Meldungen immer den Zusatz - Jung-Amateure - angeben. Der Zusatz Jung-Amateure ist im Rennprogramm auszudrucken. Junioren: nur Fahrer der Juniorenklasse.

Einschreibung: Vor dem Start und nach Zielankunft müssen sich alle Fahrer einer Einschreibkontrolle unterziehen. Für die Erstellung der Eintragungslisten und für den ordnungsgemäßen Ablauf sorgt der Ausrichter.

Einzelzeitfahren/Startfolge: In umgekehrter Reihenfolge des Punktestandes. Bei den Rennen 24. 3. und 9. 9. 1984 der Amateure und 19. 5. und 16. 6. 1984 der Junioren werden die anderen gemeldeten Fahrer zugelost. Bei der Deutschen Bergmeisterschaft startet der Titelverteidiger als vorletzter und der führende in der Punktwertung als letzter.

Sichtung: Das Ergebnis der Jahreswertung „DAS GRÜNE BAND" für Amateure und Junioren wird als eines der Kriterien zur Bildung des B/C-Kaders und des Juniorenkaders des folgenden Jahres gewertet.

Ergebnislisten: Die Ergebnislisten der plazierten Fahrer von Platz 1 bis 20 sind sofort nach der Erstellung vom Ausrichter an den Bundesfachwart Willi Härer, Waldhornstraße 74, 6800 Mannheim 24 und an die BDR-Geschäftsstelle, Otto-Fleck-Schneise 4, 6000 Frankfurt/Main 71 zu senden.

Siegerehrung: Siegerehrung und Preisverteilung der Jahreswettbewerbe finden nach der Auswertung in Frankfurt/Main statt.

gez. Fritz Ramseier, Bundessportwart
Willi Härer, Bundesfachwart Straßensport

Quelle: Radsport Nr. 50/1983, S. 20

Zeitfahren

Bei den Zeitfahr-Wettbewerben werden drei Varianten unterschieden: Einzel-Zeitfahren, Zweier-Zeitfahren und Mannschafts-Zeitfahren. Auch bei großen Etappenrennen werden Einzel- und Mannschafts-Zeitfahren in das Rennprogramm aufgenommen.
Zeitfahrwettbewerbe werden auch als ‹Prüfungen der Wahrheit› bezeichnet. Dahinter verbirgt sich die Erkenntnis, daß ein guter Zeitfahrer ein perfekter Rennfahrer sein muß. Spitzenzeitfahrer wie Eddy Merckx oder Jacques Anquetil besaßen nicht nur ein enormes Stehvermögen, ein optimales Tempogefühl und eine äußerste Konzentrationsfähigkeit, sondern waren auch Meister in Technik und Taktik. Ohne genauestes Wissen um die Rennmaschine und die eigenen Organkräfte, mit dem man technische Pannen wie das Verschalten oder einen übermäßigen Energieverbrauch verhindern kann, bleiben Erfolge in dieser härtesten Disziplin im Straßenradrennsport aus.

Einzel-Zeitfahren
Ein Einzel-Zeitfahren ist u. a. der *Große Preis Eddy Merckx*, eine Strecke von Meise nach Brüssel über mehr als sechzig Kilometer. In Frankreich ist es der «Preis der Nationen», der seit 1977 in Cannes organisiert wird. Die Fahrt gegen die Uhr führt über neunzig Kilometer. Dies ist ein offener Wettbewerb, an dem sich auch Amateure beteiligen können.
In Spanien gibt es das Bergzeitfahren auf den Montjuich, das einen weitbekannten Namen hat. Die Teilnehmer können ihre Kräfte dabei über eine Strecke von neunzehn Kilometern messen.

Zweier-Zeitfahren
Die Radsportsaison der Profis wird mit dem Zeitfahren um die *Baracchi-Trophäe* beendet. Bei diesem Zweier-Zeitfahren, bei dem jeweils zwei Rennfahrer als Mannschaft starten, muß das Duo die hundert Kilometer lange Strecke zwischen den Orten Pontedera und Pisa in Italien bewältigen. Auch in Spanien gibt es ein Zweier-Zeitfahren in der Stadt Salamanca. Dort wird alljährlich die *Trofeo Merchan* in einem Zeitfahren über sechzig Kilometer erkämpft.

Mannschafts-Zeitfahren
Sowohl bei den Olympischen Spielen als auch bei den Straßenweltmeisterschaften wird ein Mannschafts-Zeitfahren für Amateure organisiert. Dabei müssen vier Rennfahrer eine Strecke von ungefähr hundert Kilometern bewältigen.

Auch bei den Deutschen Meisterschaften steht alljährlich ein Mannschafts-Zeitfahren für Junioren und Amateure auf dem Programm. Das Junioren-Rennen ist auch für Jugendliche offen, so daß die teilnehmenden Vereine eine Mannschaft aus vier jungen Radfahrern im Alter von 15 bis 18 Jahren bilden können. Das Rennen der Amateure geht über 100 Kilometer, die Junioren müssen bei ihrer Meisterschaft nur die Hälfte dieser Distanz bewältigen. Die Gewinner der Mannschafts-Zeitfahren gelten meist auch als die stärksten Teams im Straßenradrennsport.

Für viele Radsportfans der Höhepunkt der Saison: die Vereinsmeisterschaft im Vierer-Mannschaftsfahren auf der Straße. 1983 siegte der Vierer des BRC Schüler Derby Berlin in der Besetzung Michael Marx, Rolf Gölz, Heinz Walczak und Joachim Schlapphoff.

Bahnrennen

Als spannend und abwechslungsreich kann man die Bahnwettbewerbe bezeichnen. Leider ist aber das Interesse des Publikums und der Rennfahrer oft sehr gering. Eine Ausnahme bilden dabei die Sechstagerennen. Sie finden alljährlich vor ausverkauften Häusern statt und erfreuen sich großer Beliebtheit wegen des großen Spektakels, das dabei geboten wird. Aber der Bund Deutscher Radfahrer setzt alles daran, den Bahnsport zu beleben. Man geht dabei gezielt vor und erwartet, daß sowohl das Publikumsinteresse als auch die Begeisterung der Rennfahrer noch erheblich zunehmen werden.

Vor dem Zweiten Weltkrieg wurden auf vielen Radrennbahnen zahllose Wettbewerbe organisiert.

Die Bahnwettkämpfe aus der Zeit von Robl und Fischer waren reine Volksvergnügen, und auch später erlebte der Bahnsport eine Blütezeit.

Von den großen und kleinen Bahnen blieben nicht viele erhalten. Sie fielen dem Krieg und dem nachfolgenden Städtebau zum Opfer.

Die Radrennbahn

Abmessungen

Wenn eine nationale Radsportvereinigung sich um die Organisation von Bahnwettbewerben während der Weltmeisterschaften oder der Olympischen Spiele bewerben will, dann muß sie über eine Radrennbahn mit einer Länge von wenigstens 333,33 m verfügen. Die meisten Bahnen im In- und Ausland sind nur 200 bis 285 m lang. Das Olympische Stadion von Amsterdam hat eine Betonbahn von gut 500 m Länge, und auch das Goffert-Sta-

dion in Nimwegen hat mit 450 m Länge eine der größten Radrennbahnen überhaupt.
Die aktuelle Vorschrift von 333,33 m Länge dürfte in der Zukunft auf eine Länge von 250 bis 285 m geändert werden. Der Grund ist, daß längere Bahnen nur in wenigen Städten existieren und ein Neubau oder der Umbau kürzerer Bahnen viel zu teuer wäre.

Bahnarten
Man unterscheidet *Sommerbahnen* und *Winterbahnen*. Sommerbahnen sind meist nicht überdacht, und ihre Fahrbahn ist aus Beton oder Holz. In der Bundesrepublik gibt es solche Bahnen u. a. in Berlin, Hamburg, Hannover, Hildesheim, Schopp, Oberhausen, Stuttgart und Büttgen. Winterbahnen sind überdacht, und ihre Fahrbahn besteht aus Holz. In mehreren deutschen Städten gibt es solche Winterbahnen.
Man sagt von Holz, es sei ‹schneller› als Beton. Einen besonders guten Ruf hat daher auch das «schnelle Holz» der Vigorelli-Radrennbahn in Mailand, ebenso wie die Bahn in der Hans-Martin-Schleyer-Halle in Stuttgart. Das Fahren auf Holz ist wesentlich angenehmer als auf dem Beton vieler Sommerbahnen; denn Beton ist oft sehr uneben und unelastisch, was das Fahren trotz fortgeschrittener Fahrradtechnik erschwert.

Bahnform
Die Radrennbahn hat eine ovale Form, und die beiden langen Geraden sind erheblich flacher geneigt als die beiden Kurven, die recht steil ansteigen, in manchen Fällen bis zu 54° Neigung. Durch diese starke Kurvenüberhöhung wird verhindert, daß die Fahrer infolge ihrer hohen Geschwindigkeit von der Bahn getragen werden (Fliehkraft).

Markierungen auf der Bahn
Auf jeder Radrennbahn gibt es eine Anzahl farbiger Linien. Sie dienen der Sicherheit der Fahrer auf der Bahn.
Ein *roter Strich* verläuft jeweils in der Mitte der beiden Geraden quer zur Bahn. Dieser gilt als Start- und Zielmarkierung bei Verfolgungsrennen.
An der Innenseite der Bahn liegt ein Streifen von 20 cm Breite, eine *blaue Zone*, die wegen ihrer Farbe *Cote d'Azur* genannt wird.
Eine *schwarze* Linie begrenzt die 20 cm breite Cote d'Azur und die eigentliche Bahnfläche. Die Bahn wird auch entlang dieser schwarzen Linie vermessen.
Siebzig Zentimeter höher ist die *rote* oder *Sprinterlinie* gezogen; eine sehr wichtige Linie; denn der Gegner des Fahrers, der unterhalb dieser Linie oder auf ihr fährt, muß grundsätzlich außen überholen. Er darf niemals innen vorbeifahren.
Auf einem Drittel der Bahnbreite von der schwarzen Linie aus gemessen,

Radrennbahn

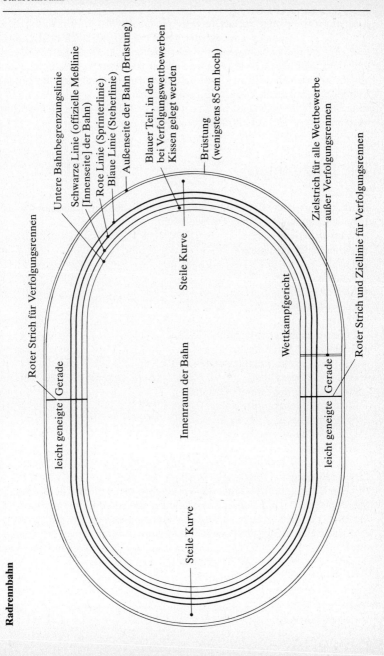

parallel zur roten oder Sprinterlinie, ist die *himmelblaue Steherlinie* gezogen. Die verbleibenden zwei Drittel der Bahn müssen noch breit genug sein, drei Stehern nebeneinander Platz zu bieten. Unterhalb dieser Steherlinie darf nicht überholt werden, und die langsameren Steherkombinationen müssen sich an die blaue Linie halten, so daß die Konkurrenten außen freien Raum haben und nicht behindert werden.

Eine Balustrade von wenigstens 85 cm Höhe und die *schwarze Ziellinie* auf weißem Untergrund vervollständigen die Radrennbahn.

Die Disziplinen

Im Bahnsport gibt es viele Disziplinen, die sowohl den Rennfahrern als auch den Zuschauern manche Abwechslung bieten:
- Einerverfolgung
- Mannschaftsverfolgung
- Sprint
- Tandem
- 1000-m-Zeitfahren
- Punktefahren
- Keirin
- Zweiermannschaftsrennen
- Italienisches Jagdrennen
- Australisches Verfolgungsrennen
- Ausscheidungsfahren
- Rennen über unbekannte Distanz
- Omnium (Mehrkampf)
- Steherrennen
- Derny-Rennen
- Sechstagerennen

Einerverfolgung
Bei den Berufsfahrern beträgt die Verfolgungsdistanz fünf Kilometer, bei den Amateuren vier Kilometer, und die Frauen und die Junioren müssen bei ihren Verfolgungsrennen drei Kilometer zurücklegen.

Auf der Bahn stehen die beiden Rennfahrer, jeder an einer der beiden roten Startstriche. Es kommt nun darauf an, sich dem anderen Fahrer zu nähern.

Rechts: Rolf Gölz – Deutscher Meister 1983 und Vizeweltmeister 1982 in der Einerverfolgung über 4000 m

Einerverfolgung

Nach zwei- bis dreihundert Metern erreichen die Rennfahrer im allgemeinen ihre volle Geschwindigkeit. Eine sparsame Steuerung durch die Kurven ist ebenfalls sehr wichtig. Die Fahrer fahren dabei möglichst nah an der schwarzen Linie; denn dies ist die kürzeste Strecke. Auf der ‹Cote d'Azur› werden in kurzen Abständen aber kleine Kissen plaziert, damit die Fahrer keine Möglichkeit haben, abzukürzen.

Mannschaftsverfolgung
Eine wunderbare Sache des Bahnsports, bei der vier Rennfahrer pro Mannschaft über die vier Kilometer, die zurückzulegen sind, eng kooperieren müssen. Die ‹Verfolgungsmaschine› braucht einen perfekten Rhythmus beim Führungswechsel, will sie ein optimales Resultat erzielen.

Rolf Gölz, Gerhard Strittmatter, Roland Günther und Michael Marx bewiesen bei ihrem Titelgewinn bei der WM 1983 mannschaftliche Geschlossenheit und perfekten Fahrstil, neben einwandfreien Ablösungen Voraussetzung für Siege in der Mannschaftsverfolgung.

Die Mannschaftsverfolgung ist der Einerverfolgung ähnlich, nur sind hier statt der beiden einzelnen Rennfahrer, die gegeneinander fahren, zwei Mannschaften mit je vier Fahrern beteiligt. Die Zeit gilt jeweils für den dritten der vier Verfolgungsfahrer, der über den roten Strich fährt. Es ist sogar möglich, daß einer der vier das Tempo nicht mehr mithalten kann oder durch irgendwelche Umstände ausscheidet. Das bedeutet für die verbliebenen drei dann eine noch größere Anstrengung; denn sie müssen enger zusammenbleiben.

In jeder Kurve schießt der jeweils führende Fahrer nach oben, läßt seine Mannschaftskameraden passieren und schließt sich danach hinten an. Am günstigsten ist es, wenn die vier Mannschaftskameraden möglichst dicht hintereinander fahren, um den Windschatten zu nutzen, und wenn sie von etwa gleicher Leistungsfähigkei sind.

Sprint

Diese Disziplin des Bahnsports könnte man zu Recht als klassisch bezeichnen; sie wurde nämlich bereits am Ende des vergangenen Jahrhunderts gefahren. Die Sprintstrecke ist meist 1000 m lang.

Die beiden Gegner stehen am Start nebeneinander, nachdem die Führungsposition ausgelost wurde. Am Beginn der letzten Runde wird geläutet, und gleich darauf streben die Fahrer in Höchstgeschwindigkeit der Ziellinie zu.

Während des Sprints sind die Fahrer immer in explosiver Spannung; denn diese Disziplin des Bahnsports stellt sehr große Anforderungen an ihre psychische und körperliche Verfassung.

Beim Sprintwettbewerb spielt die Taktik eine große Rolle. Anfangs versuchen beide Fahrer meistens, dem anderen die Führungsposition aufzudrängen. Der an zweiter Stelle Fahrende hat eine bessere Ausgangsposition als sein Gegner; denn dieser muß immer wieder nach hinten schauen, um zu sehen, was geschieht. Der hintere Fahrer kann unversehens zum Angriff übergehen, wenn sein Vordermann für den Bruchteil einer Sekunde nicht aufpaßt.

Er stößt dann vor, nach Möglichkeit hoch auf der Bahn, fährt mit aller Kraft seinem Gegner davon und versucht nun, die Führung zu behalten. Aber jeder Sprinter kann natürlich seine eigene Taktik haben. Die Frage, ob er den langen oder den kurzen Sprint bevorzugt, hat auch etwas mit der Bahn zu tun.

Der Streit um die vordere Position kann zu einem *Surplace* führen, wobei beide Fahrer zuweilen minutenlang auf dem Fahrrad stillstehen. Das Surplace ist erst zulässig, nachdem der Fahrer, der die Führungsposition gezogen hat, eine volle Runde zurückgelegt hat. Die beiden Sprinter müssen sich beim Surplace allerdings davor hüten, rückwärts zu fahren. Fährt einer der beiden Kontrahenten doch mehr als 20 cm rückwärts, wird der Wettbewerb durch einen ‹Aus›-Schuß beendet. Dann muß erneut gestartet werden, wobei derjenige, der den Fehler begangen hat, die Führungsposition einnimmt. Historisch ist das Surplace von Derksen und Maspes aus dem Jahre 1955 auf der Vigorelli-Bahn in Mailand. Es dauerte über 30 Minuten lang.

Der Sprintwettbewerb besteht während der Vorläufe aus einem *Manche* (einem Lauf). Vom Achtelfinale an müssen die Fahrer in zwei Läufen untereinander ausmachen, wer der Stärkere ist. Endet es unentschieden, also wenn beide einen Lauf gewonnen haben, dann folgt ein dritter Lauf, der *Belle* genannt wird.

Beim Sprint wird die Zeit, die die Fahrer für die letzten 200 m benötigen, gestoppt. Dabei werden zuweilen Geschwindigkeiten zwischen 60 und 70 km/h erreicht; das bedeutet weniger als elf Sekunden für die letzten zweihundert Meter.

Tandem

Die beiden Fahrer sitzen auf einem «doppeltlangen» Fahrrad mit zwei Sätteln, zwei Paar Tretkurbeln und zwei Lenkern, von denen aber nur der vordere zu bewegen ist.

Die Wettbewerbe mit Tandems lassen sich mit den Sprintwettbewerben vergleichen, nur mit dem Unterschied, daß die Gesamtstrecke nicht tau-

Ein Stehversuch beim Sprint, mit dem man dem Gegner die Führungsposition aufzudrängen versucht.

Tandem

Endspurt im Sprint zwischen Gordon Singleton und Koichi Nakano

send Meter, wie beim Sprint, sondern möglichst fünfzehnhundert Meter lang ist.

Die beiden Fahrer auf dem Tandem müssen gut aufeinander abgestimmt sein und möglichst gleich starke Fahrer sein. Der vorn sitzende Steuermann ist der Taktiker, der Fahrer, der den Verlauf des Rennens überblicken, angreifen und lenken muß.

Aber bei seinem hinten sitzenden Kameraden kommt es auch nicht nur auf die Entwicklung von Kraft an; er muß auch ein Gefühl für die Richtung haben, die sein Vordermann einschlagen will, und nicht zuletzt muß er den Gegner, der ihnen im Nacken sitzt, im Auge behalten, um unerwartete Angriffe parieren zu können.

Auf Grund seiner langen Bauart ist das Tandem nicht sonderlich wendig und gerät daher leicht ins Schwingen. Optimale Konzentration der Fahrer ist deshalb eine wesentliche Voraussetzung, will man gute Resultate erzielen.

Die Wettbewerbe auf dem Tandem sind für ihr hohes Tempo bekannt.

Außerdem ist es eine irrige Annahme, daß zwei Sprinter auf einem Tandem unbedingt eine gute und ausgeglichene Mannschaft ergeben müßten. Das kann zwar so sein, aber es bedarf dennoch eines gründlichen Spezialtrainings auf dem Tandem.

1000-m-Zeitfahren
Das 1000-m-Zeitfahren ist eine der olympischen Wettkampfarten. Ein Wettrennen gegen die Uhr, bei dem man vom Bahnfahrer eine enorme und explosive Kraftleistung erwartet. Er startet direkt neben der schwarzen Bahnlinie, wobei ein Funktionär ihn auf dem Rad im Gleichgewicht hält. Nach dem Start, bei dem der Fahrer nicht angeschoben werden darf, muß er versuchen, möglichst schnell die Höchstgeschwindigkeit zu erreichen. Dabei muß er so rationell wie möglich durch die Kurven und entlang der schwarzen Linie fahren. Damit er nicht auf der ‹Cote d'Azur› fährt und somit eine kürzere Strecke zurücklegt, werden in den Kurven im Abstand von je 5 m kleine Kissen aus Schaumgummi ausgelegt.
Das 1000-m-Zeitfahren läßt sich wohl am besten mit einem langen Sprint vergleichen. Bei großer Schnelligkeitsausdauer kann es dem Fahrer gelingen, eine Spitzenzeit zu fahren. Eine Zeit von 1 Minute und 5 Sekunden kann als Weltklassezeit angesehen werden.

Bei einem Schaden oder nach einem Sturz darf der Fahrer höchstens zweimal erneut starten, muß aber in der Regel andere Teilnehmer vorlassen, ehe er den nächsten Versuch unternimmt, oder er muß einige Zeit verstreichen lassen.

Punktefahren
Diese Bahndisziplin wurde früher auch Wertungsfahren genannt, aber heute verwendet man auf internationaler Ebene nur noch die französische Bezeichnung «Cours aux Points», und im deutschen Sprachraum spricht man vom Punktefahren. Diese Bahndisziplin kommt auch im Programm der Weltmeisterschaft vor.
Eine interessante und abwechslungsreiche Sache für die Fahrer, die gut sprinten können.
Die Sportordnung des BDR sagt dazu folgendes:

Das Finale gab den Ausschlag. Mit einer unglaublichen letzten Runde distanzierte Freddy Schmidtke aus Köln-Worringen im 1000 Meter-Zeitfahren den Rest der Konkurrenz und wurde Weltmeister 1982. Seine 1:05,77 Minuten konnten auch von Lothar Thoms aus der DDR, dem Titelträger seit 1977, nicht mehr unterboten werden.

Das Punktefahren ist in vollem Gang. Man sucht die günstigsten Positionen zu erreichen, um später beim Sprint vorn zu liegen.

«Beim Punktefahren starten alle Fahrer vom gleichen Mal über eine in der Ausschreibung festzulegende längere Distanz. Das Endergebnis wird durch die Addition der Punkte in den vorher festgelegten Wertungsspurts ermittelt. Bei Punktgleichheit ist die bessere Plazierung in der Schlußwertung oder in den vorausgegangenen Wertungen maßgebend. Rundengewinn geht über alle Punktgewinne. Ein durch Sturz oder Radschaden betroffener Fahrer kann das Rennen ohne Rundenvergütung fortsetzen. Wenn das Punktefahren allerdings über mehr als eine halbe Stunde oder eine längere Distanz als 20 Kilometer geht, können bei Defekten und Stürzen Rundenvergütungen gegeben werden. Die genaue Regelung ist vom Wettkampfausschuß-Vorsitzenden vor dem Start bekanntzugeben.

Die Punktewertung wird wie folgt vorgenommen:
1. = 5 Punkte
2. = 3 Punkte
3. = 2 Punkte
4. = 1 Punkt.

Bei Schlußwertung muß die doppelte Punktzahl vergeben werden. Eine andere Punktwertung mit Ausnahme von Doppelpunkten ist möglich, wenn diese in der Ausschreibung bekanntgegeben wird. Nach der Glocke für die letzte Runde kann kein Rundengewinn erzielt werden. Deutsche Meisterschaften im Punktefahren werden analog dem UCI-Reglement durchgeführt.»

Keirin

Ein Fremdwort als Bezeichnung für eine spannende Art von Bahnrennen. Keirin stammt aus Japan und ist dort außerordentlich beliebt, ein Volksvergnügen, das alljährlich Millionen Besucher zu den Radrennbahnen und an die Totalisatoren lockt.

Die Fahrer verdienen mit ihrem Sport in Japan wahre Vermögen, und so dürfte es auch kein Zufall sein, daß japanische Sprinter in den letzten Jahren beim Kampf um die Sprint-Weltmeisterschaft dominierten.
Die Fahrer starten alle hinter einem einzigen Derny-Schrittmacher, der sein Tempo acht Runden lang allmählich steigert. Die Fahrer versuchen diesem Tempo zu folgen, und sie müssen hinter dem Schrittmacher bleiben. Mit dem Beginn der vorletzten Runde muß der Derny-Schrittmacher von der Bahn herunter, und die Fahrer beenden den Lauf ohne den Schrittmacher. Im Höchsttempo kämpfen sie jetzt um die Spitzenposition und sprinten auf die Ziellinie zu.
Bei den Keirin-Veranstaltungen in Japan ist das Reglement den Fahrern gegenüber geradezu übertrieben nachsichtig im Gegensatz zu europäischen Verhältnissen, wo der körperliche Kontakt beim Fahren verboten ist. In

Schrittmacher Norbert Koch auf der Derny-Maschine bei einem Keirin-Wettbewerb, hinter sich das Feld der Fahrer.

Japan sind Behinderungen anderer Fahrer und die Arbeit mit den Ellbogen meist erlaubt. An vier Punkten der Kurven stehen Kurvenrichter auf ca. 4 m hohen Podesten und beobachten den Verlauf des Wettbewerbs sorgfältig. Das Ergebnis wird erst bekanntgegeben, nachdem die Video-Aufnahmen betrachtet wurden und die Kurvenrichter der Jury Bericht erstattet haben. Dabei wird noch die doppelte Foto-Zielanlage zu Hilfe genommen. Sowohl mit einer elektronischen Kamera als auch mit einer handbedienten Kamera wird das Finish aufgenommen.

Die sehr großen Sturzhelme der japanischen Keirinfahrer haben zu Gerüchten geführt, daß die Fahrer einander während der Wettbewerbe Kopfstöße verpassen, das stimmt aber nicht.

Vor einigen Jahren wurde Keirin auch nach Europa importiert. Dänische Freunde des Radsports erlebten die europäische Premiere, und seither ist es zu einem Bestandteil der Weltmeisterschaften geworden. Während der Sechstage-Veranstaltungen hat Keirin sich als populäre Einlage erwiesen.

Zweier-Mannschaftsrennen

Das Zweier-Mannschaftsrennen, auch *Américaine* genannt, läßt sich in der Geschichte des Radsports bis zum Anfang unseres Jahrhunderts zurückverfolgen. Im Wechsel mit anderen Disziplinen des Bahnsports bildet es den Hauptbestandteil des Sechstagerennens. Aber auch außerhalb der Sechstage-Veranstaltungen werden diese Rennen oft organisiert. Berühmt sind das Zweier-Mannschaftsrennen um den Silbernen Adler auf der Kölner Radrennbahn, das über 100 km führt, und das Zweier-Mannschaftsrennen der 1001 Runden von Ost-Berlin über 171 Kilometer.

An einem Zweier-Mannschaftsrennen beteiligen sich die Fahrer jeweils als Paare. Ihre Kleidung ist gleich, damit nicht nur sie selbst, sondern auch die Zuschauer die Mannschaften leicht unterscheiden können. Dieses Rennen kann über eine festgelegte Rundenzahl, Zeit oder eine in Kilometern angegebene Strecke gehen.

Die Fahrer der Mannschaften halten sich während des Rennens ständig auf der Bahn auf. Sie sind andauernd auf der Jagd nach einem Rundengewinn, der bei der Endwertung eine große Rolle spielt.

Die Mannschaftskameraden lösen einander regelmäßig ab, was von den folgenden Faktoren abhängt:
- der gefahrenen Geschwindigkeit;
- der Geschwindigkeit, mit der der abgelöste Rennfahrer oben auf der Bahn fährt;
- der Größe, d. h. dem Umfang der Bahn, auf der der Wettbewerb stattfindet.

Mißlingt eine Ablösung, ist der punktende Fahrer verpflichtet, noch eine weitere Runde zu fahren, ehe er auf dem oberen Teil der Bahn wieder ein wenig verschnaufen kann.

Die Brüder Donike bei der Ablösung. Mit der Standardablösung wird der übernehmende Fahrer auf Tempo gebracht.

Bei den Profis wird mit dem Schleudergriff abgelöst. Bei den Amateuren ist diese Art der Ablösung verboten. Sie tragen eine besondere Rennhose, in der sich auf der Rückseite eine kleine Tasche befindet, wo der Ablöser steckt, ein Stäbchen aus Stoff, zuweilen mit Lenkerband umwickelt. Auch ein Schwamm kann für diesen Zweck verwendet werden.
Auch die Profis haben einen Ablöser und lösen sich manchmal wie die Amateure ab.
Bei den Ablösungen kommt es hin und wieder zu beängstigenden Situationen und auch zu Massenstürzen. Aber durch die Bewältigung vieler brisanter Situationen kann der Fahrer sich beim Zweier-Mannschaftsrennen auch zum perfekten Rennfahrer entwickeln, und die hier gewonnene Erfahrung kann ihm auch auf der Straße von Nutzen sein.
Bei den Mannschaftsrennen kommt es auf genaues Lenken, Stehvermögen und Sprintausdauer an. Der ständige Wechsel von Spannung und Entspannung, Sprint, Ablösung und Pause erfordert eine gute körperliche und psychische Verfassung.
In kurzen Abständen gibt es Zwischensprints, für die die Gewinner mit Punkten belohnt werden. Die letzte Sprintwertung zählt doppelt. Das Paar

mit der höchsten Punktzahl ist Sieger, sofern kein Konkurrent eine oder mehr Runden Vorsprung hat; denn ungeachtet der Punktwertung: das Paar mit den meisten Runden ist immer Sieger.

Italienisches Jagdrennen
Dies ist eine interessante Variante zum Zweier-Mannschaftsrennen. Jede der beiden Mannschaften (bis zu 8 Fahrer) steht auf einer Bahnhälfte. Die Rundenzahl ist festgelegt. Der jeweils in Führung liegende Fahrer verläßt die Bahn nach einer ebenfalls zuvor festgelegten Rundenzahl. Die Mannschaft fährt weiter, wobei jetzt der nächste Fahrer die Führung übernimmt. Auch er verläßt die Bahn zu gegebener Zeit, und so geht es weiter, bis jede Mannschaft nur noch einen Mann im Rennen hat.

Australisches Verfolgungsrennen
In einem Abstand von mindestens 20 m stehen die Rennfahrer zum Australischen Verfolgungsrennen auf der Bahn bereit. Nach dem Startschuß versuchen sie, einander einzuholen. Wer eingeholt wird, muß die Bahn sofort verlassen. Sieger ist derjenige, der übrigbleibt oder der als erster die vorher festgelegte Distanz zurückgelegt hat.

Ausscheidungsfahren
Ein Rennfahrerfeld startet über eine festgelegte Strecke oder Rundenzahl. Nach einer bestimmten Rundenzahl scheidet jeweils der Fahrer aus, der als letzter über die Ziellinie geht. Seine Rückennummer und sein Name werden ausgerufen, und danach muß er die Bahn unverzüglich verlassen. Sieger ist derjenige von den beiden am Schluß auf der Bahn verbliebenen Fahrern, der als erster mit seinem Vorderrad über den Zielstrich geht.

Rennen über unbekannte Distanz
Auch bei dieser Disziplin des Bahnsports startet ein Fahrerfeld. Die Fahrer sind vorher nicht über die Zahl der zu fahrenden Runden unterrichtet worden. Um in einer aussichtsreichen Position zu bleiben, muß man nun ständig versuchen, möglichst weit vorn zu fahren. Vor dem Beginn der letzten Runde wird geläutet und durch die Lautsprecher verkündet, daß nur noch eine Runde zu fahren ist.

Omnium (Mehrkampf)
Unter Omnium versteht man eine Reihe vorher bestimmter Bahnwettbewerbe, die von den Teilnehmern absolviert werden müssen. Das können z. B. der Sprint, ein Punktefahren, ein Einer-Verfolgungsfahren und ein Ausscheidungsfahren sein. Die Teilnehmer fahren die einzelnen Wettbewerbe, und je nach Plazierung werden ihnen dann Punkte zuerkannt. Der Fahrer mit der geringsten Punktzahl gilt dann als Sieger des Omniums.

Die Berufsradrennfahrer haben überdies die Europameisterschaft im Omnium auf der Winterbahn. Diese offizielle Meisterschaft besteht aus folgenden Bahnwettbewerben:
- Ausscheidungsfahren
- Punktefahren
- 1-km-Zeitfahren mit fliegendem Start
- 4-km-Einer-Verfolgungsfahren

Steherrennen
Wenn das Dröhnen der schweren Motorräder auf der Radrennbahn zu hören ist und die Schrittmacher in ihrer Lederkleidung auf den Maschinen sitzen, sind die Zuschauer besonders gespannt. Steherrennen sind oft sehr spektakuläre Ereignisse, voll von Spannung und Abwechslung. Vor allem wegen der hohen Geschwindigkeiten zählen sie zu den attraktivsten Bahnwettbewerben.

Vor dem Zweiten Weltkrieg gab es auf den Bahnen in England auch Frauen als Steher. Heutzutage sind Frauen dagegen (noch) nicht aktiv an den Steherrennen beteiligt. In Belgien ist es ihnen sogar verboten.

Bei nationalen Meisterschaften und Weltmeisterschaften werden die Steherwettbewerbe folgendermaßen eingeteilt:

Profis	*Amateure*	
50 Kilometer	40 Kilometer	Qualifikationen
50 Kilometer	40 Kilometer	Hoffnungsläufe
eine Stunde	50 Kilometer	Finale

Bei den Steherwettbewerben werden zuerst, je nach Teilnehmerzahl, Qualifikationswettbewerbe gefahren, die man als Läufe bezeichnet. Bei einem Qualifikationslauf von z. B. acht Teilnehmern kommen die ersten vier direkt ins Finale, die nächsten drei können durch einen Hoffnungslauf ins Finale gelangen, während der letzte ausscheidet. Bei den Hoffnungsläufen haben die beiden ersten Fahrer das Recht auf eine Teilnahme im Finale.

Ein «Steher» ist ein Radrennfahrer mit einem großen Stehvermögen. Dieses Durchhaltevermögen braucht der Steher für die hohen Geschwindigkeiten und die langen Strecken.

Ehe das Steherrennen beginnt, wird das Material des Schrittmachers und des Stehers kontrolliert. Die Fahrer stehen entlang der schwarzen Linie in einer Reihe hintereinander, nachdem ihre Position ausgelost wurde. Der Abstand zwischen den Stehern beträgt einen Meter. Vor dem Startschuß fahren die Schrittmacher in die Bahn ein. Sie tragen auf der Brust dieselbe Nummer wie der ihnen zugeteilte Fahrer. Der Starter gibt ein wenig später an, wie viele Runden die Schrittmacher noch drehen können, ehe der Startschuß fallen wird. In dem Augenblick, in dem der erste Schrittmacher sich dem letzten Steher in der Reihe bis auf zweihundert Meter genähert hat, fällt der Startschuß. Die Schrittmacher fahren weiter, während die Steher von Helfern angeschoben werden und versuchen, Tempo zu gewinnen. Dabei behalten Steher und Schrittmacher sich gegenseitig aufmerksam im Auge, damit sie möglichst rasch und ohne Geschwindigkeitseinbuße zueinander kommen. Dieses Zusammenspiel und das Tempo, mit dem gestartet werden kann, sind für den weiteren Verlauf des Steherrennens von ausschlaggebender Bedeutung.

Die Steherkombination muß sich an die blaue Linie der Bahn, die Steherlinie, halten. Bei einem Angriff muß die angegriffene Kombination auf oder unterhalb dieser Linie fahren. Oberhalb der blauen Linie darf nur gefahren werden, wenn überholt wird. Übertretungen, die mit Geldstrafen oder Disqualifikation geahndet werden, sind:
– zu hoch fahren, wenn man sich einem Gegner auf weniger als 10 m genähert hat;
– zu hoch fahren, während die Steherkombination von einem der Konkurrenten angegriffen wird;
– nach oben fahren, während ein Gegner oberhalb fährt;

Der Steher hat große Mühe, auf Tempo zu kommen. Gestartet wird auf der schwarzen Linie. (Hier sehen wir Ger Slot bei der Abfahrt.)

Wilfried Peffgen – Profiweltmeister der Steher 1978 in München

Heinz Betz

- zu schnell auf die blaue Linie zurückkehren, so daß der Gegner geschnitten wird;
- Überholen durch eine vierte Kombination, die somit an drei nebeneinanderfahrenden Kombinationen vorbeizukommen versucht;
- Passieren auf der Innenseite.

In taktischer Hinsicht wird ein Schrittmacher mit seinem Steher immer versuchen, möglichst hoch auf der Bahn zu fahren, sofern der Verlauf des Wettbewerbs dies zuläßt. Dadurch wird es den Gegnern schwergemacht, diese Kombination zu überholen. Überdies ist es so, daß die Elipse der Fahrspur um so größer wird, je höher sie in der Bahn liegt, so daß das Steuern leichter wird und man höhere Geschwindigkeiten entwickeln kann; ein Stundendurchschnitt zwischen 70 und 80 km/h ist dabei keine Seltenheit.

Der Steher kann seinen Schrittmacher durch Rufe anweisen, schneller zu fahren oder das Gas zurückzunehmen, wenn er das gefahrene Tempo ändern möchte. International sind dabei folgende Rufe üblich: «ho!», wenn die Maschine gedrosselt, also langsamer gefahren werden soll, und «allez!», wenn das Tempo erhöht werden soll.

Derny-Rennen
Diese Wettbewerbe haben Ähnlichkeit mit den Steher-Rennen; man spricht auch von Wettbewerben hinter Mopeds. Dieses Moped darf keinen größeren Hubraum als 100 cm^3 haben.
Das Derny-Rennen kommt eigentlich vom Straßenwettbewerb her. Vor allem Bordeaux–Paris in Frankreich und die Zuiderzee-Derny-Tour in den Niederlanden sind Wettbewerbe, bei denen die Derny-Motoren eine wesentliche Rolle spielen.
Das Derny-Motorrad hat hinten keine Rolle; es hat Pedale, mit deren Hilfe der Schrittmacher das gewünschte Tempo machen kann.
Bei den Bahnwettbewerben fährt der Rennfahrer hinter dem Derny-Motor auf einem normalen Bahnfahrrad, mit dem er hohe Geschwindigkeiten herausholen kann. Geschwindigkeiten über 60 km/h sind dabei keine Ausnahmen. In dieser Disziplin findet jährlich eine Europameisterschaft auf einer Winterbahn statt.

Sechstagerennen
Das Sechstagerennen ist ein ganz besonderes Radsport-Ereignis und besteht aus einer Reihe verschiedener Bahnwettbewerbe für Zweier-Mannschaften. Die ganze Veranstaltung erstreckt sich über die Zeitdauer von sechs Tagen. Das Teilnehmerfeld besteht aus einer Reihe von Fahrerpaaren, deren Partner sich abwechselnd am Wettkampf beteiligen. Der Partner, der gerade nicht am Rennen beteiligt ist, fährt im oberen Teil der Bahn.

Sechstagerennen

Bis zum Beginn der sechziger Jahre hielten die teilnehmenden Mannschaften sich sechs Tage lang jeweils 24 Stunden auf der Bahn auf. Abwechselnd durfte jeweils ein Partner die Bahn verlassen, um zu ruhen, zu essen oder seine Bedürfnisse zu verrichten. Auch während der Neutralisation, der Periode, in der nicht um Punkte gekämpft wird, saßen die Fahrer auf ihren Maschinen. So konnte es z. B. geschehen, daß die Fahrer auf dem Rennrad Zeitung lasen.

Die ersten Veränderungen gab es zu Beginn der sechziger Jahre. Statt ‹rund um die Uhr› auf dem Rad zu hängen, wurde der Wettbewerb nunmehr um fünf Uhr morgens neutralisiert, und alle Fahrer bekamen Gelegenheit zum Ausruhen. Um die Mittagszeit bestiegen sie ihre Sättel wieder. Dies ist natürlich für unsere heutigen Rennfahrer eine wesentliche Erleichterung; denn ihre Vorgänger mußten noch sechs Tage und sechs Nächte ununterbrochen im Sattel verharren und dabei die doppelte Strecke zurücklegen.

Ohne die Finanzierung über Sponsoren und Werbung ist allerdings heute ein Sechstagerennen mit Beteiligung bekannter Profis nicht mehr zu veranstalten.

Das Siegerpaar wird meist auf Grund der Rundengewinne bestimmt. Bei gleicher Anzahl an Rundengewinnen entscheidet die Punktwertung aus den zahlreichen Wettbewerben. Bei gleicher Runden- und Punktzahl gewinnt das Paar, das den letzten Sprint des Sechstagerennens für sich entscheidet.

Die Punktverteilung bei den speziellen Wertungssprints des Sechstagerennens erfolgt folgendermaßen:

5 Punkte für den Sieger
3 Punkte für den Zweiten
2 Punkte für den Dritten
1 Punkt für den Vierten

Bei manchen Disziplinen gibt es während der Sechstagerennen eine höhere Punktwertung:

25 Punkte für den Sieger
15 Punkte für den Zweiten
10 Punkte für den Dritten
5 Punkte für den Vierten

Auch die Amateure haben ihr Sechstagerennen. Sie fahren meist täglich eine Stunde lang ein Zweier-Mannschaftsrennen, wobei der Rundengewinn im Vordergrund steht, aber auch gepunktet werden soll.

Querfeldeinrennen

Das Querfeldeinrennen, wie wir es heute kennen, wurde bis zum Ende der sechziger Jahre nicht sonderlich hoch geschätzt; die Straßenfahrer betrachteten es eher als kleines Übungsrennen für die neue Straßensaison. Aber inzwischen hat sich das Querfeldrennen zu einer angesehenen Wettbewerbsart im Radrennsport gemausert. Nicht nur, daß die Zahl der organisierten Wettbewerbe von Jahr zu Jahr wächst, auch das Publikumsinteresse zeigt eine steigende Tendenz.

Für viele Straßenfahrer, die sich nicht auf das Querfeldeinrennen spezialisieren wollen, ist diese winterliche Beschäftigung eine hervorragende Methode zum Erhalten der Kondition geworden.

Leistungsklassen

Für folgende Klassen werden während der Saison Wettbewerbe organisiert:
– Amateure,
– Junioren und Jugendfahrer
– Amateure und Berufsfahrer (gemäß den Bestimmungen der UCI können bei diesen Wettbewerben Amateure und Berufsfahrer gegeneinander in Wettbewerb treten).

Klaus-Peter Thaler in seinem Metier: Auch die schwierigsten Strecken meisterte er souverän.

Ein Querfeldeinrennen ohne Matsch ist für die meisten unvorstellbar. Fast unkenntlich strampelt Hennie Stamsnijder weiter. Hier noch im Regenbogentrikot, das er 1981 im spanischen Tolosa eroberte.

Die Strecke

Die zum Querfeldeinrennen vorgesehene Strecke ist an strikte Vorschriften gebunden, damit ein flotter und sicherer Verlauf des Wettbewerbs garantiert ist.
Die wichtigsten Regeln sind:

Die Streckenlänge soll nicht länger als 28 Kilometer sein und so ausgesucht werden, daß wenigstens zwei Drittel der Strecke gefahren werden können. Bei Rundstrecken soll deren Länge vier Kilometer nicht überschreiten. Für Jugendfahrer soll die Gesamtstrecke 15 Kilometer nicht überschreiten. Das UCI-Reglement begrenzt die Renndauer wie folgt:

Berufsfahrer:	60 Minuten und eine Runde
Amateure:	50 Minuten und eine Runde
Junioren:	40 Minuten und eine Runde
Jugend:	30 Minuten und eine Runde

Start und Ziel sollen nach Möglichkeit in eine Steigung gelegt werden. Vor Beginn des Rennens hat der Wettkampfausschuß zu prüfen, ob die Strecke auch befahrbar oder z. B. durch Glatteis unbefahrbar ist. Ist letzteres der Fall, muß das Rennen abgesagt oder verschoben werden, ebenso, wenn mehr als 10 Grad Kälte herrschen. Deutsche Meisterschaften werden bei jeder Witterung gefahren ...
Starrer Gang ist nicht gestattet ...

‹Schönheitsmaske› aus Schlamm nach dem Querfeldeinrennen

Überrundete Fahrer können aus dem Rennen genommen werden, sofern dies vor dem Start bekanntgegeben wurde.
Sofern Profis und Amateure gemeinsam starten, gelten die ausgesetzten Preise nur für Amateure.
Quelle: Sportordnung Bund Deutscher Radfahrer e. V., Ausgabe 1982, S. 130 f

Eine schwere Cross-Strecke stellt an die Teilnehmer enorm hohe Anforderungen. Immer wieder müssen sie aus dem Sattel und in den Sattel springen, losfahren und wieder abbremsen; kurz gesagt, es ist eine aufreibende Sportart, die stählerne Muskeln und viel Geschmeidigkeit voraussetzt. Aber dem Publikum wird ein sehenswerter Wettkampf geboten.

Beim Start ist es in taktischer Hinsicht sehr wichtig, eine günstige und möglichst weit vorn gelegene Position zu erhalten. Nach dem Startzeichen rast jeder Fahrer los, damit er schon unter den ersten ist, wenn die Strecke eng wird. Nur so kann er ungestört weiterfahren und den Verlauf des Rennens unter Kontrolle behalten.

Rechts: Das bei den Meisterschaften fast unschlagbare Trumpf-As des Radsportverbandes Rheinland war 1981 Raimund Dietzen aus Trier-Zewen. Drei deutsche Meistertitel gewann der stämmige Landwirtssohn 1981, im Querfeldeinfahren, im Bergzeitfahren und im Einerstraßenfahren. Kein Wunder, daß er immer wieder das Nationaltrikot trug.

Rolf Wolfshohl – der Cross-Weltmeister der Jahre 1961, 1962 und 1963 – war auch auf der Straße ein Spitzenmann. Hier bestreitet er mit dem Fahrrad auf der Schulter eines seiner unzähligen Querfeldeinrennen.

Querfeldeinrennen

Die Querfeldeinsaison beginnt alljährlich Anfang Oktober, und Ende Februar wird das letzte Querfeldeinrennen gefahren. Oft sind die Strecken in Nordeuropa durch Regen und Schnee verschlammt, während sie im Süden durchweg leichter sind.

Auf der Strecke dürfen Materialdepots für die Teilnehmer eingerichtet werden. Bei einer schlammigen Strecke ist es üblich, daß die Helfer die Teilnehmer regelmäßig mit einem gesäuberten Fahrrad versehen, so daß das Risiko einer Panne während des Wettbewerbs auf ein Minimum beschränkt wird.

In der Bundesrepublik sind unter den Dutzenden von Querfeldeinrennen die von Reute, Cloppenburg und Magstadt sehr bekannt und ziehen viele Zuschauer an. Hochburgen für diese Disziplin sind Belgien, Holland und die Schweiz, wo viele gutbezahlte Querfeldeinrennen organisiert werden. In Frankreich erfreuen sich außerdem die Zweier-Querfeldeinrennen einer großen Beliebtheit. Dabei bilden die Fahrer Zweiermannschaften, deren Partner einander nach jeder Runde ablösen.

Wettfahrausschuß

Bei den Wettbewerben des Radsports spielt der Wettfahrausschuß eine wesentliche Rolle, die leider nur allzuoft unterschätzt wird, aber ohne diese Instanz kann man keinen Wettbewerb organisieren. Die Wettfahrausschußmitglieder müssen einen Lehrgang beim Bund Deutscher Radfahrer absolviert haben und eine gültige Funktionärslizenz besitzen.
Der Wettfahrausschuß kann folgende Funktionen besetzen:
- Rennkommissär
- Zielrichter
- Wettfahrausschußvorsitzender
- Starter
- Zeitnehmer
- Kurvenbeobachter
- Rundenbeobachter und Rundenzähler
- Kommissär (Schiedsrichter) für Wettbewerbe hinter Motoren
- Sprecher

Rennkommissäre
Diese Funktionäre sind dafür verantwortlich, daß der Wettbewerb sportlich korrekt abgewickelt wird und daß das Reglement befolgt wird. Überdies können sie an Ort und Stelle Entscheidungen treffen, die für den Verlauf des Wettbewerbs wichtig oder erforderlich sind.

Zielrichter
Dieser Funktionär hat die wichtige Aufgabe, die Reihenfolge festzustellen, in der die Fahrer durchs Ziel gehen. Wenngleich der Zielrichter die Verantwortung für das Ergebnis des Wettbewerbs trägt, kann er weitere Funktionäre des Wettfahrausschusses als Helfer heranziehen.

Der internationale Wettbewerbskommissär Wim Jeremiasse überwacht die Karawane bei der Tour de France.

Verwendet man eine Zielfotoanlage und ergeben sich Zweifel hinsichtlich des Ergebnisses, muß zunächst der Film ausgewertet werden. Erst danach wird das offizielle Ergebnis bekanntgegeben.

Wettfahrausschußvorsitzender
Der Vorsitzende des Wettfahrausschusses ist der Alleinverantwortliche für sämtliche Faktoren, die zu einem Wettbewerb gehören. Wenn es sich um ein Rundstreckenrennen, ein Etappenrennen oder um eine Straßenmeisterschaft handelt, ist er es, der die Kontakte mit der Verkehrspolizei unterhält. Überdies trägt er die Verantwortung dafür, daß die Begleitfahrzeuge, die dem Feld folgen, die Vorschriften befolgen.

Starter
Der Starter gibt das Startsignal dem Reglement entsprechend folgendermaßen: mit einer Startpistole, einem Pfeifsignal, einem Flaggenzeichen

oder mit dem Läuten einer Glocke. Ein Fehlstart wird durch ein doppeltes Startsignal angezeigt, dem noch ein Abläuten folgen kann.
Bei der Startprozedur müssen die Teilnehmer den Anweisungen des Starters Folge leisten.

Zeitnehmer
Dieser Funktionär wird vom Wettfahrausschuß oder dessen Vorsitzenden ernannt und kann bei verschiedenen Radsportwettbewerben eingesetzt werden, z. B. bei Bahnwettbewerben, Kriterien, Rundstreckenrennen und Etappenrennen.
Die vom Zeitnehmer verwendeten Chronometer müssen den Bedingungen der UCI entsprechen.

Kurvenbeobachter
Dieser Funktionär bezieht seinen Posten bei Bahnwettbewerben in der Kurve. Er muß zusammen mit seinen Kollegen in den übrigen Kurven darauf achten, daß die Teilnehmer nicht gegen die Vorschriften verstoßen. Übertretungen muß er unverzüglich dem Vorsitzenden des Wettfahrausschusses mitteilen.

Rundenbeobachter und Rundenzähler
Der Rundenbeobachter überwacht die Rundenzahl des Wettbewerbs und achtet gleichzeitig darauf, daß der Rundenzähler die gefahrene Rundenzahl richtig registriert. Der Rundenbeobachter trägt die Verantwortung für die Arbeit des Rundenzählers, aber häufig sind beide Funktionen in einer Person vereinigt.
Für das Läuten der Glocke vor der letzten Runde eines Wettbewerbs und bei der Ankündigung von Wertungs- oder Prämiensprints ist dieser Funktionär ebenfalls zuständig.

Kommissär für Wettbewerbe hinter Motoren
Dieser Funktionär hat bei Wettbewerben hinter Motoren das letzte Wort. So sollte bei Bahnwettbewerben hinter Motoren ein Kommissär die Motorräder vor dem Beginn der Wettbewerbe überprüfen. Das geschieht mindestens eine Stunde vor Beginn der Wettbewerbe.
Dazu gehört in den meisten Fällen auch eine Inspektion der Schrittmacherkleidung. Damit soll vermieden werden, daß die Schrittmacher sich ‹künstlich› noch breiter machen, als es erlaubt ist.
Bei Steher-Rennen achtet der Kommissär auf eine strikte Befolgung der Regeln. Er bedient sich dabei farbiger Flaggen.
  Grün: erste Verwarnung
  Grün mit Gelb: zweite Verwarnung
  Gelb: dritte Verwarnung.

Zeigt der Kommissär die rote Flagge, bedeutet das, daß der betreffende Steher zusammen mit seinem Schrittmacher die Bahn unverzüglich verlassen muß. Die farbigen Flaggen werden stets zugleich mit Tafeln gezeigt, auf denen die Nummern der Kombinationen zu sehen sind, denen die Flagge gilt.

Sprecher
Als Mitglied des Wettfahrausschusses gibt der Sprecher über die Lautsprecheranlage Berichte zum Wettbewerb durch. Er ist der offizielle Sprecher des Wettfahrausschusses.
Oft spricht er während der Wettbewerbe auch Werbetexte der Sponsoren und Wettbewerbsinformationen ins Mikrophon, und nach Beendigung des Rennens leitet er die Siegerehrung.

Touristikfahren

Das Touristikfahren in seinen verschiedenen Ausprägungen hat vor allem in den letzten Jahren an Popularität gewonnen. Auch ohne genaue statistische Umfrageergebnisse lassen sich einige Gründe anführen, die zum Aufschwung dieses Sports beigetragen haben:
- das zunehmende Bewußtsein, daß Energie kostbar ist. Mit dem Fahrrad kann man sich kostengünstig fortbewegen, ohne die Luft zu verpesten;
- gesundheitliche Gründe unter den Mottos: «Tu etwas für dein Herz und deinen Kreislauf» und «Ein bißchen Bewegung kann nicht schaden; schwing dich mal wieder aufs Fahrrad!»;
- die zunehmende Attraktivität des Natur- und Gemeinschaftserlebnisses;
- die Möglichkeit einer sinnvollen, sportlichen Freizeitbetätigung.

Veranstaltungen

Eine allgemeingültige Charakteristik des Tourenfahrers läßt sich nicht aufstellen, das beweisen schon die zahlreichen völlig verschiedenartigen Veranstaltungen, die für die Radtouristiker organisiert werden. Es gibt folgende Veranstaltungsarten, die unterschiedlichen Ansprüchen genügen:
- Radwandern
- Orientierungsfahren
- Radtourenfahren
- Volksradfahren
- Korsofahren

Das *Radwandern* wird vom BDR gefördert und soll als Organisationsform Vereinsmitgliedern durch regelmäßiges Radfahren Erholung und Entspannung bieten, Land und Leute, Geschichte, Sehenswürdigkeiten und Landschaft näherbringen.

Zur Ausschreibung kommen bundesoffene Wanderfahrten, Ferienwanderfahrten, Sternfahrten, Bundestreffen, Jahresausschreibung, Wertungsfahrten. Die Strecke soll zwischen 20 und 150 Kilometer pro Tag betragen. Die Höhe des Nenngeldes richtet sich nach der Art der Veranstaltung.

Die Teilnehmer werden in sieben Klassen eingeteilt, von der Schülerklasse I (6–10 Jahre) bis zur Versehrtenklasse. Die Wertungen einzelner Teilnehmer oder von Vereinen können in der Jahreswertung addiert und mit Preisen ausgezeichnet werden.

Eine sportlichere Ausführung des Radwanderns ist das *Orientierungsfahren* (vgl. Sportordnung des BDR).

Das *Radtourenfahren* ist die sportlichste Ausübung des Radwanderns. Hier soll jedem BDR- oder UCI-Mitglied Gelegenheit gegeben werden, an

Auch in einer kleinen Gruppe kann man sich am Wanderfahren beteiligen. Für die Wanderfahrer gibt es keine festen Vorschriften hinsichtlich Kleidung und Schuhwerk. Man zieht an, was einem zum Radfahren als das Bequemste erscheint.

Eine Gruppe von Wanderfahrern unter Leitung der *Vorfahrer*, die nicht nur die Geschwindigkeit vorgeben, sondern die sich auch um die Sicherheit der Teilnehmer kümmern.

organisierten Tourenfahrten teilzunehmen. Dabei soll die Tagesleistung in der Regel höchstens 250 Kilometer betragen.
Im Radtourenfahren werden ausgeschrieben
– Fahrten ohne sportliche Einlagen,
– Fahrten mit sportlichen Einlagen (Punktwertung/Klasseneinteilung),
– Tageskontrollfahrten,
– Mehretappenfahrten,
– Permanent (Jahreswertung)

Das *Volksradfahren* soll breiten Schichten der Bevölkerung Gelegenheit geben, sich aktiv sportlich zu betätigen, ohne gleich an einem Wettkampf teilnehmen zu müssen. Volksradfahrveranstaltungen sind für jedermann offen, der ein verkehrssicheres Fahrrad besitzt; die Mitgliedschaft in einem Verein ist nicht notwendig. Allerdings muß ein Startgeld an den Veranstalter gezahlt werden. Erfahrungsgemäß erhöht ein Rahmenprogramm – Imbiß, Getränke, Musik, Spiele – die Attraktivität einer Volksradveranstaltung, die dann auch als Rundkurs ausgeschrieben werden kann.
Eine weniger bekannte Variante des Radsports ist das *Korsofahren*. Hier ist jeder Korso als «Schönheitswettbewerb» ausgeschrieben, wobei Preise für verschiedene Kategorien vergeben werden.
Genauere Informationen zu den einzelnen Disziplinen des Touristikradsports sind in der «Sportordnung des BDR» zu finden.

Material und Ausrüstung

Im allgemeinen wird empfohlen, sich – je nach der vorgesehenen Strecke – mit dem Fahrrad an Tourenveranstaltungen zu beteiligen, auf dem man auch im Alltag fährt. Dennoch empfiehlt es sich, auf Strecken über 100 km Länge ein leichtes Rennsport- oder Trimmfahrrad zu verwenden, eventuell mit Rennlenker.
Die Kleidung sollte dabei dem Wetter angepaßt sein. Im Sommer und bei gutem Wetter werden die Fahrer in einer Rennkleidung am bequemsten fahren können. Bei kälterer Witterung empfiehlt sich wärmere Kleidung, z. B. ein Trainingsanzug.

Training

Wie jedes andere Training, so kann auch das Training des Radsportlers unter mehreren Gesichtspunkten betrachtet werden. Zuerst einmal handelt es sich immer um einen planmäßigen und systematisch gesteuerten Prozeß, der einen *biologisch-medizinischen* und einen *pädagogischen* Aspekt besitzt. Aus biologisch-medizinischer Sicht geht es um gezielte, systematisch wiederholte überschwellige Belastungsreize, die Anpassungserscheinungen im menschlichen Körper bewirken sollen. Aus pädagogischer Sicht geht es um die planmäßigen und sachorientierten Einwirkungen auf den ganzen Menschen, die der Entwicklung seiner Handlungsfähigkeit und seines Verhaltens dienen sollen. Oberstes Ziel sportlichen Trainings ist jedoch immer die *sportliche Leistungssteigerung*.

Für den Radsport gelten weitgehend die allgemeinen Trainingsgrundsätze und die gleichen Trainingsprinzipien wie für alle anderen Individualsportarten bzw. -sportler auch. So ist es vor allem grundfalsch zu glauben, man hätte Talent oder man hätte es nicht. Trotz bester Voraussetzungen wird nur derjenige zu Erfolgen kommen, der ein intensives, systematisches und nach methodischen Gesichtspunkten entwickeltes Training durchführt. Obwohl sich bei dem einen die Erfolge früher als bei dem anderen einstellen können, bedarf es vorher stets großer Anstrengungen.

Die Trainingswissenschaft unterscheidet Trainingsziele, Trainingsinhalte, Trainingsmittel, Trainingsarten und Trainingsmethoden. Den Trainingszielen kommt dabei besondere Bedeutung zu, da sie gleichzeitig Trainingsinhalte, Trainingsmethoden und Trainingsmittel bestimmen.

Will man einen Prioritätenkatalog derjenigen Merkmale aufstellen, die durch ein systematisches Radsporttraining verbessert werden sollen, dann sind *Kondition, Technik* und *Taktik* die drei Hauptziele des Trainings. In diesem Kapitel geht es ausschließlich um das Training der konditionellen

Grundeigenschaften in der Reihenfolge ihrer Bedeutung für den Radsportler. Technik und Taktik werden an anderer Stelle behandelt (siehe Seite 223 ff).

Besonderes Augenmerk ist auf die Bestimmung von *Trainingszielen* zu legen. Es ist nämlich unmöglich, die Wirksamkeit eines Trainingsprozesses zu bestimmen, wenn es an klar definierten Zielen fehlt. Ziele können sehr allgemein (Grobziele, z. B. Erringung der Deutschen Meisterschaft), ziemlich konkret (Feinziele, z. B. 1:10 Min. im 1000-m-Zeitfahren) oder sehr detailliert sein (Feinstziele, z. B. guter Armeinsatz beim Start). Ferner unterscheidet man motorische Ziele, die vor allem die konditionellen Eigenschaften betreffen, kognitive Ziele, die überwiegend im Bereich der Taktik angesiedelt sind, und affektive Ziele, wie Willenseigenschaften, Disziplin und Selbstüberwindung im Wettkampf.

Trainingsinhalte können entweder allgemein zu entwickelnde Übungen oder Spezialübungen, die Elemente der Wettkampfbewegung enthalten, oder Wettkampfübungen sein.

Trainingsmittel können organisatorischer, informativer, gerätetechnischer sowie hygienischer und ernährungstheoretischer Art sein.

Im Trainingsprozeß des Radsportlers unterscheidet man das allgemeinathletische und das spezielle Training als zwei verschiedene *Trainingsarten*. Ebenfalls zu den Trainingsarten werden das mentale, das autogene, das observative (beobachtende) und das motorische Training gezählt. Im Radsport hat das motorische Training, d. h. die Ausführung von Bewegungen, eindeutig Vorrang vor der Beobachtung und der gedanklichen Vorstellung von Bewegungsabläufen.

Trainingsmethoden beziehen sich auf die vorher genannten Aspekte des Trainings. Sie können definiert werden als systematische Anordnungen von Trainingsinhalten unter Berücksichtigung trainingswissenschaftlicher Gesetzmäßigkeiten, vor allem unter Berücksichtigung der Belastungswerte, -ziele und der Trainingsmittel.

Trotz aller Bemühungen der Sportwissenschaft, verallgemeinerbare Aussagen zu machen, bleibt Training immer ein individueller Prozeß. Die Entscheidungen, welche Trainingsziele, -inhalte, -mittel und -methoden in welcher zeitlichen Reihenfolge in die Praxis umgesetzt werden sollen und wie die Resultate getestet und mit den Zielen verglichen werden sollen, sind stets pädagogischer Art. Training ist überhaupt ein fortwährender Lernvorgang, an dem sowohl der Aktive als auch der Trainer beteiligt sind. Es wäre grundverkehrt anzunehmen, daß bei einem so individuellen Prozeß nur die eine Seite lernen bzw. profitieren kann. Es gibt keinen Trainer, der nicht auch von den ihm anvertrauten Sportlern gelernt hätte.

Trainer

Die Anforderungen des modernen Sports an den Trainer oder Übungsleiter sind vielfältiger Art. Das Leistungs- und Hochleistungstraining fordern den Trainer ebenso wie den Aktiven.
Der Trainer muß methodisch versiert sein, d. h., er muß eine Reihe möglicher Wege und Verfahren kennen, sie situationsgerecht anwenden und variieren können. Er muß durch sportwissenschaftliche Verfahren (Tests, Untersuchungsdaten) wie durch sein Einfühlungsvermögen die Stärken und die Schwächen, den Trainingszustand und die Leistungsfähigkeit seiner Sportler kennen. Ausgehend von deren aktuellen Möglichkeiten, wird der Trainingsprozeß gesteuert.
Außerdem muß er gleichzeitig mehrere Rollen spielen. Mal ist er Lehrer, mal Berater, mal Organisator und mal Beobachter. Sein psychologisches Einfühlungsvermögen muß so weit entwickelt sein, daß er Sportler begeistern, motivieren, wecken kann. Ihm fällt es auch zu, Sportler immer wieder zu neuen Trainings- und Wettkampftaten zu führen und das Training zu planen.

Trainingsprinzipien

Die folgenden acht *Trainingsprinzipien* besitzen allgemein anerkannten Charakter. Sie sind das Ergebnis eingehender sportwissenschaftlicher Untersuchungen und stellen eine Auswahl aus einer noch größeren Zahl trainingswissenschaftlicher Grundsätze dar. Die vorliegende Auswahl wurde unter dem Gesichtspunkt ihrer unmittelbaren Bedeutung für die Trainingspraxis des Radsportlers getroffen. Alle skizzierten Trainingsprinzipien haben Einfluß auf die Trainingsplanung im Radsport. Es wäre jedoch verkehrt, sie isoliert zu betrachten und anzuwenden. Sie beeinflussen sich vielmehr gegenseitig, so daß für eine sinnvolle Trainingsplanung ihre Kombination entscheidend ist.

- Belastung und Erholung – Superkompensation (S. 156f)
- Progressive Belastung (S. 157ff)
- Langfristiger Trainingsaufbau (S. 160f)
- Periodisierung (S. 161ff)
- Variation der Trainingsbelastung (S. 167f)
- Individualität (S. 168ff)
- Entwicklungsgemäßheit (S. 171ff)
- Dauerhaftigkeit (S. 173f)

Belastung und Erholung – Superkompensation
Da jedes sportliche Training auf die Steigerung der physischen Leistungsfähigkeit abzielt, muß der Trainer besonders auf einen systematischen Wechsel von Belastung und Erholung achten. Von Belastung wird erst dann gesprochen, wenn die Übungen so anstrengend waren, daß sie starke Ermüdungen hervorrufen. Bei der Planung von Trainingsbelastungen sind folgende Komponenten der Belastung zu berücksichtigen:
– der Belastungsumfang,
– die Belastungsintensität,
– die Belastungsdichte,
– die Belastungsdauer,
– die Erholungspausen.
Belastung und Erholung bilden eine Einheit. Zwischen ihnen besteht folgender Zusammenhang. Sportliches Training führt zum Verbrauch von Energie und mit der Zeit zur Minderung der körperlichen Leistungsfähigkeit. Die dabei zu beobachtenden Ermüdungsvorgänge regen Erholungs- bzw. Regenerationsprozesse im Körper an. Haben die vorangegangenen Trainingsreize eine optimale Intensität und einen bestimmten Umfang erreicht, werden Anpassungsvorgänge ausgelöst, d. h., es wird in der Erholungsphase mehr Energie aufgebaut, als zuvor verbraucht worden ist. Darin besteht letztlich das Grundgesetz des Trainings.
Die Sportmedizin spricht von drei Phasen: Energieverbrauch, Wiederherstellung und erhöhte Wiederherstellung *(Superkompensation)*. Wenn in die Phase der Superkompensation nicht der folgende Trainingsreiz fällt, der dann eine Leistungssteigerung bewirkt, schließt sich in einem vierten Schritt die Rückkehr zum Ausgangspunkt an.
Der bloße Wechsel von Belastung und Erholung bewirkt also noch keine Leistungssteigerung. Entscheidend ist das optimale Verhältnis von Belastung und Erholung. Jede Trainingsbelastung sollte erst bei völliger Regeneration erfolgen, aber vor dem völligen Abklingen der Superkompensation. Wird dieser Grundsatz nicht eingehalten, bleibt die erwünschte Leistungssteigerung aus. Zu hohe oder zu niedrige Trainingsbelastungen sowie zu kurze oder zu lange Erholungsintervalle verhindern eine Leistungssteigerung oder führen sogar zu einem Leistungsrückgang. Letzteres ist z. B. der Fall, wenn viele Trainingskilometer ohne Mindestintensität oder mit hoher Intensität zu wenig Trainingskilometer absolviert werden. Eine Steigerung bleibt ebenfalls aus, wenn Sportler ihr Leistungsmaximum erreicht haben. Leistungsgewinn ist also identisch mit Mehranbau oder Mehrausgleich.
Für die Trainingspraxis sind vor allem die oben genannten Merkmale der Belastung von Bedeutung. Die Intensität der Belastung (Reizintensität), die Dichte der Belastung (Reizdichte), die Dauer der Belastung (Reizdauer) und der Umfang der Belastung (Reizumfang) werden auch als *Bela-*

stungsstruktur zusammengefaßt. Wie schnell es zu Anpassungsvorgängen kommt, ist abhängig von der Wechselwirkung von Umfang und Intensität. Die *Belastungsintensität* läßt sich in folgender Rangskala wiedergeben:

30 – 50%	gering	130–140 Puls/Min.
50 – 60%	leicht	140–150 Puls/Min.
60 – 75%	mittel	150–165 Puls/Min.
75 – 85%	submaximal	165–180 Puls/Min.
85 –100%	maximal	über 180 Puls/Min.

Trainingswirkungen sind folglich erst bei Trainingsfahrten zu erwarten, die mit einer Intensität von mindestens 140–160 Herzfrequenz/Min. erfolgen. Radfahren mit einem Puls von unter 140 Schlägen pro Minute ist identisch mit Spazierenfahren, das bestenfalls der aktiven Erholung dienen kann.

Die *Belastungsdichte* bezeichnet das zeitliche Verhältnis von Belastungs- und Erholungsphasen innerhalb einer Trainingseinheit. Sie wird beim Radsporttraining weitgehend von den Trainingsmethoden bestimmt.

Belastungsdauer meint die Dauer von Einzelbelastungen innerhalb einer Trainingseinheit. So kann ein Intervallauf auf der Bahn z. B. über 200 oder über 600 m gehen. Wenn verschieden lange Strecken in der gleichen Zeit gefahren werden, bestimmt die Reizdauer gleichzeitig die Intensität einer Belastung. Beim Ausdauertraining sollte die Reizdauer mindestens 30 Minuten betragen.

Der *Belastungsumfang* ist für den radfahrenden Athleten meist identisch mit den Gesamtstreckenkilometern. Er wird zusätzlich in Minuten oder Stunden gemessen. Beim Krafttraining kann der Umfang auch als Gesamtlast gemessen werden. Beim Intervalltraining ergibt sich ein Umfang von 450 Sekunden z. B. aus 30 Wiederholungen von 15 Sekunden Dauer, er ist das Produkt aus Reizhäufigkeit und Reizdauer.

Auch hinsichtlich der Erholung hat die Trainingswissenschaft verschiedene Begriffe eingeführt. Da sich die Erholungsprozesse direkt nach der Belastung schneller als in späteren Abschnitten der Pause vollziehen, kann es sinnvoll sein, mit der nächsten Übungseinheit bereits nach unvollständiger Pause (ohne vollständige Erholung) zu beginnen. Unvollständige Pausen sind immer dann sinnvoll, wenn es um die Schulung der Schnelligkeitsausdauer, der Kraftausdauer, der Grundlagen- und speziellen Ausdauer und der Willenseigenschaften geht. Vollständige Pausen (vollständige Erholung) sind bei der Schulung von Konzentration und Koordination, beim Schnelligkeits- und Reaktionstraining sowie erforderlich. Die Gestaltung der Pausen kann aktiv (fahrend, laufend usw.) oder passiv (sitzend, liegend usw.) erfolgen.

Progressive Belastung
Das Prinzip der *progressiven* Belastung bedeutet für den Radsportler, daß er mit steigendem Leistungsniveau härter und mehr trainieren muß. Die

Leistungssteigerung erfolgreicher Radsportler ist immer das Ergebnis einer beständigen Zunahme der Trainingsbelastungen. Der Lehrsatz von HARRE, «Rekorde sind das Ergebnis von Sportlern, die ihre Trainingsbelastungen im Vergleich zu früheren Rekordhaltern schneller steigerten und härter trainierten», gilt auch uneingeschränkt für den Radsport.
Der radfahrende Athlet muß also darauf achten, daß er sich mit fortschreitendem Trainingszustand im Training auch mehr verausgabt. Leider ist zu beobachten, daß es vielen Talenten schwerfällt, ihre Belastungsgrenzen weiter auszudehnen und auch im Training die Reserven auszuschöpfen. Diese Athleten mißachten die sportmedizinische Erkenntnis, daß die innere Belastung des Organismus in jedem Leistungsbereich optimal sein muß, d. h. im Grenzbereich liegen sollte. Ohne die Bereitschaft und den Willen zur Maximalbelastung (Belastung bis zur Erschöpfung) werden diese Sportler in ihrem Leistungsniveau früher oder später stagnieren. Allzu leicht wird vergessen, daß sich im Laufe der sportlichen Entwicklung auch die aktuellen Möglichkeiten und der Trainingszustand weiterentwickeln.
In der Praxis erfordert das Prinzip der progressiven Belastung Steigerungen in Form von Erhöhungen des Umfangs oder der Intensität. Soll es zu einer Optimierung der Belastungsdynamik und damit zu den bei den ‹richtig› trainierenden Radsportlern typischen sprunghaften Leistungsanstiegen kommen, müssen Umfang und Intensität im periodischen Wechsel zunehmen. Das bedeutet, daß Umfang und Intensität niemals gleichzeitig, sondern abwechselnd zu erhöhen sind. Die Steigerung verläuft jedoch keineswegs völlig gleichmäßig, sondern eher wellenförmig mit der Gesamttendenz des Belastungsanstiegs. Das Schaubild unten ist ein konkretes Beispiel für einen wellenförmigen Anstieg des Trainingsumfangs. Es bezieht sich auf die von einem der Jugendklasse angehörenden Radsportler im Winterhalbjahr zurückzulegenden Trainingskilometer.

Woche / Monat	Radtraining (in km)			
	1	2	3	4
November	50	50	50	50
Dezember	70	110	130	90
Januar	120	160	180	140
Februar	170	210	230	190
März	270	310	330	290
April	370	410	430	390

Eine solche Betonung der Umfangssteigerung dient der Stabilisierung der Leistung und ist gleichzeitig die Basis für weitere Leistungssteigerungen. In Ergänzung zu einer allmählichen Erhöhung des Trainingsumfangs führt eine schnelle Intensitätssteigerung (z. B. bewirkt durch eine erhöhte durchschnittliche Fahrgeschwindigkeit) zu einem schnellen Leistungszuwachs. Deshalb ist es erfolgreichen Sportlern auch immer wieder möglich, nach verletzungsbedingten Pausen erstaunlich schnell wieder Anschluß an das Spitzenniveau zu finden. Mit zunehmendem Leistungsstand werden jedoch Grenzen der Belastungsdynamik sichtbar. Im Bereich des Hochleistungssports können meist nur noch sehr kleine Belastungssprünge vollzogen werden, da die Grenzen der Belastbarkeit erreicht sind.

Im Verlauf eines mehrjährigen Trainingsaufbaus können beim Ausdauer- und Intervalltraining sowohl die Trainingshäufigkeit bis zum täglichen oder sogar zweimaligen Training pro Tag als auch der Trainingsumfang durch Vergrößerung der Belastungsdauer oder -häufigkeit sowie die Belastungsdichte durch Verkürzung der Pausen und die Belastungsintensität erhöht werden. Dabei sollte folgende Reihenfolge eingehalten werden:
1. Erhöhung der Trainingshäufigkeit,
2. Erhöhung des Trainingsumfangs,
3. Erhöhung der Trainingsintensität.

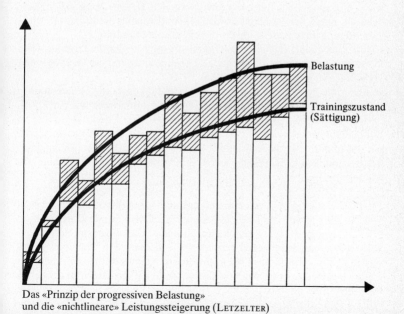

Das «Prinzip der progressiven Belastung»
und die «nichtlineare» Leistungssteigerung (LETZELTER)

Langfristiger Trainingsaufbau

Höchstleistungen im Radsport sind immer das Ergebnis eines *langfristigen Trainingsaufbaus* über mehrere Jahre. Es sind kaum Radsportkarrieren bekannt geworden, die nicht auf der Grundlage eines etwa 8 bis 12 Jahre dauernden systematischen Trainings erfolgten. Statistisch liegen die ersten Erfolge im Radsport im Alter von 19 bis 21 Jahren, die optimale Leistung im Alter von 22 bis 26 Jahren und die Stabilisierung der optimalen Leistung im Alter von 27 bis 30 Jahren. Diese Angaben beziehen sich natürlich auf das Höchstleistungsalter, in dem der Radsportler über die für die Ausübung seiner Sportart günstigsten biologischen Voraussetzungen verfügt. Sportliche Erfolge unterhalb der Höchstleistung sind selbstverständlich bereits in früheren Jahren möglich.

Im langfristigen Trainingsaufbau des Radsportlers können drei Etappen unterschieden werden:
1. Grundlagentraining
2. Aufbautraining
3. Hochleistungstraining.

Während des drei bis vier Jahre dauernden *Grundlagentrainings* werden allgemeines und spezielles Training etwa gleichrangig betrieben. Im Bereich der Schülerklassen oder am Anfang eines mehrjährigen Trainingsprozesses stehen drei Ziele im Vordergrund aller Bemühungen:
- die allgemeine Schulung der *konditionellen Grundeigenschaften* Ausdauer, Kraft, Schnelligkeit und Beweglichkeit unter besonderer Berücksichtigung ihrer Bedeutung für die angestrebte Sportart
- eine allgemeine *Technik-* und *Taktik*schulung, in der die Grobform der sportlichen Technik (des Pedalierens vor allem) und die Grundformen der Taktik vielseitig geübt werden
- eine allgemeine Schulung *psychischer* Fähigkeiten wie Willensstärke, Konzentrationsfähigkeit, Beharrlichkeit und die Entwicklung einer positiven Einstellung zu Training und Wettkampf

Bei all dem ist das vielfältige Betreiben der eigenen Sportart wichtiger als die besondere Berücksichtigung verwandter Sportarten (Skilanglauf, Schlittschuhlaufen, Dauerlauf usw.). Die Vielseitigkeit geht der Spezialisierung voraus.

Dem der vielseitigen Vorbereitung dienenden Grundlagentraining schließt sich ein etwa gleichlanges *Aufbautraining* an. Diese zweite Trainingsstufe führt zu einem *radsportspezifischen* Können. Das allgemein zu entwickelnde Training wird zugunsten eines mehr speziellen Trainings eingeschränkt. Auf Grund der hohen Anforderungen an Ausdauer und Kraft gehört der Radsport zu den Sportarten, in denen das Aufbautraining am längsten betrieben werden muß. Es findet meist ab Ende der Schülerklasse oder Anfang der Jugendklasse statt. Die Ausbildung bleibt weiterhin vielseitig und dient der weiteren Entwicklung aller Organe sowie der allgemeinen Verbesserung der konditionellen Eigenschaften, der Technik und der Vervollkommnung der Taktik. Das Aufbautraining ist im Jugendalter am wirkungsvollsten, da es dort nur die natürlichen Wachstums- und Entwicklungsprozesse zu unterstützen braucht.

Wenn mit dem Aufbautraining keine Fortschritte mehr erzielt werden können, sollte der Athlet zum *Hochleistungstraining* überwechseln. Da in dieser Phase allgemeine Trainingsmaßnahmen nicht mehr auf die Wettkampfleistung übertragen werden können, überwiegt das Spezialtraining von nun an das allgemeine Training. Dabei wird das gesamte Training auf einige wichtige Wettkämpfe ausgerichtet, so daß die Höchstform an vorher festgesetzten Terminen erreicht wird. Eng damit verbunden ist eine erhebliche Zunahme des Trainingsumfangs. Straßenprofis fahren z. B. mehr als 30 000 km im Jahr, und Bahnspezialisten trainieren in einigen Trainingsabschnitten mit einer Intensität, von der ‹normale› Radrennfahrer nur träumen können.

Der Radsportler, der drei bis vier Jahre ein ganz auf seine Radsportdisziplin abgestimmtes Hochleistungstraining absolviert hat und dabei auch seine Psyche auf die Bewältigung von Stressituationen eingestellt hat, wird seine individuelle Hochform und damit die ihm mögliche persönliche Bestleistung erreichen.

Periodisierung

Das Prinzip des periodischen Trainingsaufbaus fordert vom radfahrenden Athleten und seinem Trainer die Einteilung des ganzjährigen Trainingszyklus in längere oder kürzere Abschnitte *(Perioden)* mit jeweils eigener Prägung. Eine Gestaltung des Radsporttrainings nach diesem Grundsatz dient der Bestimmung der sportlichen Zielsetzung und damit vor allem der Verwirklichung der Trainingsziele und der Erreichung der Topform zu einem bestimmten Zeitpunkt. Letzteres ist möglich, seitdem man weiß, daß die sportliche Form manipulierbar ist, wenn man die Gesetzmäßigkeiten ihrer Entwicklung kennt. Eine kalendarische und periodische Zeitplanung und Gestaltung des Trainings ist außerdem nötig, weil ein Athlet aus biologischen Gründen – abgesehen von den psychologischen – nicht ständig in der gleichen sportlichen Form sein kann und weil sich die Trainingsinhalte und die Trainingsstruktur mit der sportlichen Entwicklung ändern müssen.

Die Trainingslehre unterscheidet drei Trainingsperioden:
1. Vorbereitungsperiode (Phase der Aneignung der sportlichen Leistungsfähigkeit),
2. Wettkampfperiode (Phase der relativen Stabilisierng),
3. Übergangsperiode (Phase des zeitweiligen Verlustes der sportlichen Form).

Die *Vorbereitungsperiode* dauert fünf bis sieben Monate und soll drei Hauptaufgaben erfüllen: Schulung der Kondition, Lernen technischer Fertigkeiten und Studium taktischer Verhaltensweisen. Sie wird gewöhnlich noch einmal in zwei Etappen unterteilt. In der ersten Etappe – auch *allgemeine* Vorbereitungsperiode genannt – steht die Verbesserung des allgemeinen Eigenschaftsniveaus in Form einer allgemeinen physischen Vorbereitung im Vordergrund. In hohem Umfang wird hier die allgemeine Kondition geschult (ca. 3–4mal pro Woche), um die Möglichkeiten des Organismus bis zu einem bestimmten Niveau allgemein zu entwickeln. Weitere Merkmale sind ein starker Anstieg des Belastungsumfangs, der höher als in der Wettkampfperiode ist, und eine nur vorsichtige Erhöhung der Intensität. Der Entwicklung der Grundlagenausdauer dient das Starrlauftraining mit kleinen Gängen (unter 70 Zoll) bei geringer Intensität.

In einer zweiten Etappe, die der *speziellen* Vorbereitung dient, kommen darauf aufbauend die speziellen Übungsformen des Radsports stärker zur Anwendung. Gleichzeitig wird bis zum Ende der Vorbereitungsperiode die Intensität gesteigert, so daß im März/April bei maximalem Umfang und fast maximaler Intensität die höchste Gesamtbelastung im Jahrestraining gegeben ist. Im Frühjahrstraining stehen die Entwicklung der Grundlagenausdauer und der wettkampfspezifischen Ausdauer im Mittelpunkt. Mit kleinen bis mittleren (70 bis 88 Zoll) Übersetzungen werden 3000 bis 10000 km auf dem Fahrrad zurückgelegt, wobei sich Trainingseinheiten mit hohem Umfang und geringer Intensität mit solchen mit geringem Umfang und hoher Intensität abwechseln sollten.

Vor allem Bahnfahrer sollten am Ende der Vorbereitungsperiode bzw. zu Beginn der Wettkampfperiode Leistungskontrollen durchführen. Nachwuchsfahrer sollten dabei bereits bessere Zeiten als im Vorjahr und Spitzenfahrer etwa gleich gute Zeiten wie im Vorjahr erzielen.

Die *Wettkampfperiode* dauert im Radsport etwa vier bis sechs Monate. Auch sie kann in eine erste Etappe unterteilt werden, in der die Form (die Maximalleistung) erreicht wird, und in eine zweite, in der die erreichte Höchstform erhalten und gefestigt wird. In dieser Zeit wird der Umfang erheblich gesenkt und die Intensität des Trainings weiter gesteigert, Wettkampf- und Spezialübungen haben im Training Vorrang.

Der Beginn der Wettkampfperiode ist abhängig von den geplanten Wettkampfhöhepunkten des Jahres. Da allgemein davon ausgegangen wird, daß sechs bis zehn Wochen bis zur Erreichung der Höchstform nötig sind, sollte dieser Trainingsabschnitt etwa drei Monate (12–14 Wochen) vor dem Hauptwettkampf beginnen. So ist gewährleistet, daß sechs bis zehn Wochen für die Qualifikation und nochmals vier bis sechs Wochen für die spezielle Vorbereitung auf den Hauptwettkampf zur Verfügung stehen. Da Wettkämpfe einen aufsteigenden Schwierigkeitsgrad haben sollten, kommt sogenannten Trainingswettkämpfen zu Beginn der Wettkampfperiode besondere Bedeutung zu. Dabei können Wettkampferfahrung gesammelt und Technik, Taktik und moralische Qualitäten vervollkommnet werden. Vor allem bei Schülern und Jugendlichen ist darauf zu achten, daß die Anzahl der Wettkämpfe tatsächlich zu einer Verbesserung der Leistungsfähigkeit und nicht zur Überforderung oder Überlastung führt. Außerdem sind die Wettkämpfe so zu verteilen, daß sich der Radsportler auf einen oder zwei Höhepunkte konzentrieren kann; Höchstleistungen sind sowieso nur etwa alle drei Wochen möglich. Der Trainer sollte dafür sorgen, daß weder in der Vorbereitungs- noch in der Übergangsperiode Wettkämpfe bestritten werden, daß nach Wettkämpfen nur leicht und locker trainiert wird und daß zwischen Wettkämpfen ab und zu Ruhetage eingelegt werden. Es kann sogar bewußt ein kleines Tief eingebaut werden, in dem der Umfang wieder erhöht und die Intensität reduziert wird. Zu geringe Zeitabstände zwischen Wettkämpfen beeinflussen die Wettkampfstabilität negativ, es kann zu größeren Formschwankungen kommen.

Die *Übergangsperiode* schließt sich an die Wettkampfperiode an und dauert etwa vier Wochen. Sie dient der Entlastung, der physischen und psychischen Erholung, der Vermeidung eines Übertrainings und der Verminderung des Leistungsabbaus. Letzteres läßt sich am ehesten erreichen, wenn sie nicht in Form völliger Ruhe, sondern als aktive Erholung betrieben wird. Der aktiven Erholung kann etwas Radfahren, eher aber noch die Ausübung nicht disziplinverwandter sportlicher Aktivitäten wie Schwimmen, Laufen, Tennisspielen, Gymnastik, Eislauf usw. dienen. Die Intensität der sportlichen Betätigung sollte jedoch gering sein. Wettkämpfe gehören nicht in die Übergangsperiode!

Monat	Periodisierung des Radsporttrainings
Oktober	Übergangsperiode
November Dezember Januar Februar	allgemeine Vorbereitungsperiode
März April	spezielle Vorbereitungsperiode
Mai Juni	Wettkampfperiode (formbringend)
Juli August September	Wettkampfperiode (formerhaltend)

Normalerweise reicht diese Art der Periodisierung, die auf einen Saisonhöhepunkt ausgerichtet ist und deshalb auch einfache oder *eingipflige* Periodisierung genannt wird, für die Belange des Radsports aus. Es gibt jedoch Situationen, in denen der Radsportler – der Bahnfahrer eher als der Straßenfahrer – an zwei weit auseinanderliegenden Terminen seine Bestform erbringen muß. Unter diesen Voraussetzungen, die jedoch ausschließlich im Bereich des Spitzensports anzutreffen sind, sollte von den Verantwortlichen eine mehrfache oder *zweigipflige* Periodisierung eingeplant werden. In diesem Fall sähe das Schema der Periodisierung wie hier dargestellt aus.

Weitere Variationen der Periodisierung sind je nach Wettkampfangebot und Leistungs- und Entwicklungsniveau möglich.

Übergangsperiode (1 Monat)
1. Vorbereitungsperiode (allgemein) (2 Monate) 1. Vorbereitungsperiode (speziell) (2,5 Monate)
1. Wettkampfperiode (2,5 Monate)
2. Vorbereitungsperiode (allgemein und speziell) (2 Monate)
2. Wettkampfperiode (2 Monate)

Der Periodisierung des Trainingsjahres untergeordnet sind kurzfristige Trainingsabschnitte, die eine präzisere Steuerung des Trainings ermöglichen sollen.
Drei Arten von Trainingsabschnitten werden unterschieden:
1. Trainingseinheiten,
2. Mikrozyklen,
3. Makrozyklen.
Die *Trainingseinheit* als kleinster Bestandteil im Trainingsaufbau ist aufgegliedert in einen einleitenden oder vorbereitenden Teil, einen Hauptteil und den Ausklang. Ziel jedes langjährigen Trainingsaufbaus ist die tägliche Trainingseinheit. Im Winterhalbjahr gliedert sich das Hallentraining des Radsportlers in die Elemente Aufwärmen, Zweckgymnastik, Circuittraining, Krafttraining und Hallensportspiele.
Keinesfalls vernachlässigt werden darf das Aufwärmen vor jedem Training. Es ist gleichzeitig Hauptziel des einleitenden Teils einer Trainingseinheit.

Der radelnde Laie ...

... ahnt nicht, wie sorgfältig die Rad-Profis ihre Straßen-, Bahn- und Querfeldeinrennen vorbereiten. Da wird nichts dem Zufall überlassen, denn im Ernstfall muß jeder Handgriff sitzen.

Nichts dem Zufall überlassen! Eine Maxime, die auch für die eigene Vorsorge im Leben ein guter Leitfaden ist.

Pfandbrief und Kommunalobligation

Meistgekaufte deutsche Wertpapiere - hoher Zinsertrag - schon ab 100 DM bei allen Banken und Sparkassen

Verbriefte Sicherheit

Periodisierung

Der Organismus wird durch ein gezieltes Aufwärmen auf die erhöhte Leistungsbereitschaft eingestimmt. Beim Hallentraining geschieht dies durch Laufen, Lockerungs- und Dehnübungen. Beim Training auf dem Fahrrad werden etwa 15 bis 30 Minuten locker mit kleinen Gängen gefahren. Gleichzeitig stellt sich der Radsportler seelisch auf die Trainingsaufgaben ein. Vor Wettkämpfen kommt zum aktiven Aufwärmen noch die passive äußere Behandlung (Massage, Einreibemittel) hinzu.

Im Hauptteil einer Trainingseinheit sollten Übungen, die geistige Frische und Konzentration erfordern (z. B. Sprintübungen, Technikschulung, Verbesserung der Maximalkraft), vor dem Ausdauer- und Konditionsteil eingeplant werden. Ferner sollte das spezielle Training immer vor dem allgemeinen, das Schnelligkeits- vor dem Krafttraining und das Kraft- immer vor dem Ausdauertraining erfolgen. Dem Sportler wird das Training um so leichter fallen, je besser der Übungsleiter die Konzentration auf eine Schwerpunktaufgabe mit der Vielseitigkeit verschiedener Trainingsaufgaben kombiniert.

Zum Ausklang einer Trainingseinheit sollte die Muskulatur aufgelockert und die nervliche Anspannung gelöst werden. Dazu können spielerische Übungsformen (Hallentraining) oder das Fahren mit lockerem Tritt in kleinen bis mittleren Gängen dienen.

Ein *Mikrozyklus* ist meist identisch mit dem Wochentrainingsplan. Die Belastungsstruktur des Mikrozyklus ist gekennzeichnet durch stetige Veränderungen hinsichtlich des Umfanges und der Intensität. Zwischen zwei intensiven Trainingsbelastungen sollten Trainingseinheiten eingeschaltet sein, die der aktiven Erholung dienen. Das setzt unterschiedliche Feinziele, Trainingsinhalte und -methoden pro Trainingseinheit voraus. Mikrozyklen werden nur in der Vorbereitungs- und Wettkampfperiode geplant. Einige Beispiele für Mikrozyklen sind den am Ende des Kapitels aufgeführten Trainingsplänen zu entnehmen.

Leider verzichten immer noch viele Radsportler auf den so wichtigen wellenförmigen Aufbau ihres Wochentrainings. Einzige Ausnahme ist die allseits anerkannte Belastungsreduzierung unmittelbar vor Wettkämpfen. Das Ergebnis einer allzu gleichförmigen Belastungsstruktur im Training sind nicht nur ausbleibende Leistungssteigerungen, sondern auch Monotonie und Übersättigung. Daß Wettkämpfe Belastungshöhepunkte darstellen, sollte bei der Gestaltung der Mikrozyklen besonders berücksichtigt werden. Der Wettkampferfolg wird bekanntlich am größten sein, wenn der Wettkampf in die Phase der Über- bzw. Superkompensation fällt. Das bedeutet, daß zwei bis drei Tage vor dem Wettkampf eine optimale Belastung erfolgen muß.

Mehrere Mikrozyklen können zu einem *Makrozyklus* zusammengefaßt werden. Der Makrozyklus sollte ebenfalls wellenförmigen Charakter besitzen, d. h., auf drei Mikrozyklen mit ansteigender Belastung folgt ein Mi-

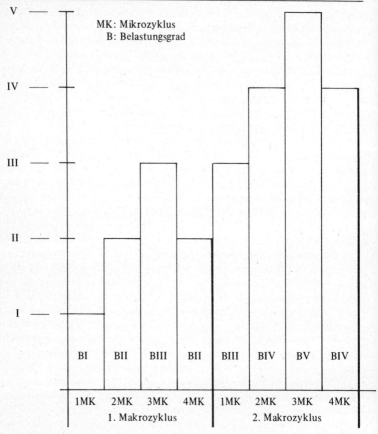

Vereinfachte Darstellung des Aufbaus zweier Makrozyklen im Sinne der progressiven Belastung, kombiniert mit ‹Entlastungszyklen› (LETZELTER)

krozyklus als «Entlastungszyklus». In der Vorbereitungsperiode umfaßt ein Makrozyklus vier bis sechs Mikrozyklen (vier bis sechs Wochen), in der Wettkampfperiode zwei bis vier Mikrozyklen (zwei bis vier Wochen). Der Trainer sollte darauf achten, daß jeder Makrozyklus eine andere Schwerpunktsetzung hat, wodurch die Attraktivität des Trainings und die Motivation des Sportlers erhöht und eine breite Ausbildung gewährleistet werden können. Die Belastungsdynamik in Wellenform ist auch gut dem Schaubild auf Seite 158 zu entnehmen. Dort fehlen allerdings Angaben zur Intensität, die ebenfalls wellenförmig verläuft. Die Wellen für Umfang und Intensität laufen nicht parallel, vielmehr liegen starke Ausprägungen der Intensität zu anderen Zeitpunkten als starke Ausprägungen des Umfangs. Umfangszunahme erfolgt – wie in den Trainingsperioden – vor der Intensitätserhöhung. Bei der Gestaltung des letzten Makrozyklus vor einem Hauptwettkampf ist darauf zu achten, daß ab der vierten Woche vor dem Wettkampf der Trainingsumfang erhöht wird und auch die Trainingsintensität langsam ansteigt. Etwa zwei Wochen vor dem Wettkampf wird die Intensität weiter gesteigert, während der Umfang nun allmählich abnimmt.

Variation der Trainingsbelastung
Eine weitere Voraussetzung für den Trainingserfolg des Radsportlers ist die Berücksichtigung des Prinzips der *Variation* der Trainingsbelastung. Damit sind nicht nur die Variation der Belastungswerte mit dem systematischen Wechsel von Belastung und Erholung, sondern auch vielseitige Belastungen hinsichtlich der Trainingsinhalte und -methoden gemeint.
Da sich mit zunehmender Leistung die Trainingswirksamkeit gleichbleibender Trainingsbelastungen und gleichartiger Trainingsreize vermindert, gilt dieses Prinzip eher für den Bereich des Hochleistungstrainings im Spitzensport als für das Grundlagen- oder Aufbautraining. Wenn Sportler und Trainer nicht nach neuen Formen der Belastung und neuen Methoden im Kraft-, Ausdauer- und Schnelligkeitstraining suchen, kann es leicht zu unerwünschten und den weiteren Leistungsanstieg hemmenden Barrieren kommen. Diese verhindern eine Verbesserung der konditionellen Grundeigenschaften und beeinflussen so auch die Radsportleistung negativ. (Beispiele für Variationsmöglichkeiten im Konditionstraining in den Abschnitten über Ausdauer-, Kraft- und Schnelligkeitstraining.)
Zur Sicherung der Trainingseffektivität von Übungen gehört neben der Variation auch die richtige *Reihenfolge* der Übungsanordnung. Bei Vernachlässigung der systematischen Reihenfolge kann sich die Effektivität der einzelnen Übungsformen im Extremfall sogar gegenseitig aufheben.
Bei der Anordnung der Übungsformen ist außerdem auf eine veränderte *Lokalisierung* der Trainingsbelastungen zu achten. Für die Trainingspraxis bedeutet dies, daß niemals die gleichen Belastungsschwerpunkte aufeinander folgen sollten. Nach der Belastung der Schulter- und Armmuskulatur folgt also nicht noch einmal eine Übung mit dem gleichen Schwerpunkt, sondern besser eine Übung für die Rumpfmuskulatur. Ebenso sollten sich Belastungen des Kreislaufs (z. B. Circuittraining) und des Zentralnervensystems (z. B. Reaktionsübungen) abwechseln. Erst die richtige Anordnung der Übungsformen gewährleistet die Einhaltung des Prinzips von Belastung und Erholung und damit den Trainings- und Wettkampferfolg.
Innerhalb einer Trainingseinheit sollte niemals von folgender Reihenfolge hinsichtlich der Inhalte der Übungsformen abgewichen werden:

1. Konzentrationsübungen,
2. Schnelligkeits- und Reaktionsübungen,
3. Maximal- oder Schnellkraftübungen,
4. Übungen der Schnelligkeitsausdauer,
5. Übungen der Kraftausdauer,
6. Schulung der allgemeinen Grundlagenausdauer.

Individualität

Das Prinzip der *Individualität* verlangt vom Trainer die Fähigkeit, das Leistungsvermögen und die Leistungsbereitschaft eines jeden Sportlers individuell zu erkennen und in die Trainingspraxis umzusetzen. Voraussetzung dafür ist das Wissen um die nur statistische Bedeutung von trainingswissenschaftlichen Gesetzen. Diese haben nämlich immer nur Gültigkeit für den «Normalfall» bzw. für den Durchschnitt. Deshalb ist es nicht verwunderlich, daß viele Sportler davon abweichen.

Dem Trainer fällt es zu, Abweichungen im Training zu berücksichtigen. Er muß dafür sorgen, daß die Anforderungen der individuellen Belastbarkeit des Sportlers angepaßt werden. Faktoren, die eine Individualisierung erforderlich machen können, sind Entwicklungsstand, Reifungsgrad, Trainingszustand, sportliche Eignung, Leistungsstand, Funktionstüchtigkeit, Konstitution, intellektuelle Fähigkeiten, Temperament und andere Persönlichkeitsmerkmale. Da sportliche Leistungen niemals von einer Eigenschaft oder einem Faktor allein bestimmt werden, können auch von Sportlern sehr gute Leistungen erbracht werden, die in einem Teilbereich vom allgemeinen Trend abweichen. So kann z. B. ein Verfolger mit überdurchschnittlichen Ausdauereigenschaften unter Umständen mangelnde Kraft ausgleichen.

Eine individuelle Abstimmung der Trainingsbelastungen ist allerdings abhängig von ständigen Leistungskontrollen. Nur so läßt sich die Effektivität eines individuell gestalteten Trainings überprüfen. Ein geeignetes und notwendiges Instrument dafür ist das *Trainingsbuch*, wo jeder Radsportler alle Trainings- und Wettkampfleistungen eines Jahres sowie die beeinflussenden Faktoren schriftlich aufzeichnet. Das Trainingsbuch sollte mindestens folgende Angaben enthalten:

- regelmäßige Eintragungen über das absolvierte Trainingsprogramm (Trainingsstrecke, Art des Trainings, Trainingsumfang, Übersetzung, Intensität usw.)
- Kontrolle der Trainings- und Testergebnisse,
- Aufzeichnung der Wettkampfergebnisse (Zeit, Platz usw.),
- persönliche Notizen (körperliche Verfassung, Gewicht, Pulsfrequenzen, Schlafdauer, Trainings- und Wettkampfbedingungen, besondere Vorkommnisse usw.).

Auf Seite 169 und 170 sind zwei mögliche Arten der Trainings- und Wett-

Trainingstagebuch

Monat _____

Dat.	Trainingsstrecke bzw. Ort des Wettbewerbs	Art des Trainings bzw. Rennens	Tages-km	Gesamt-km	Wetter	Über-setzung	Gewicht morgens	Puls morgens	Puls abends	Schlaf	Bemerkungen
1.											
2.											
3.											
4.											
5.											
6.											
7.											
8.											
9.											
10.											
11.											
12.											
13.											
14.											
15.											
16.											
17.											
18.											
19.											
20.											
21.											
22.											
23.											
24.											
25.											
26.											
27.											
28.											
29.											
30.											
31.											

Übertrag seit Trainingsbeginn _____ = zusammen _____

× Radtraining Monat _____

Körpergröße am 1. des Monats _____ cm

Radsport-Leistungskontrollbuch
(nach den Empfehlungen der BDR-Trainer-Kommission)

Intensität: 1 = hart/schnell, 2 = Wechseltempo, 3 = mittel, 4 = ruhig

Tr.: S = Straße, B = Bahn, C = Cross

Art des Rennens:
- Straßenrennen
- Rundstreckenrennen
- Kriterium
- 2er/4er-Mannschaft
- Einzelfahren
- Bahn (Disziplin)
- Cross-Rennen

Monat						Intensität				Tr.			F-Zahl	Rennen Ort	Training: Gelände/Wetter	Zoll/	Art des Rennens	R.-km	Ausgleich		Name: Bemerkungen/Placierungen
Tag	Puls	kg	SL	Tr.-km	Zeit	1	2	3	4	S	B	C							TE	Std.	
Übertrag 1. Hälfte																					
gesamt																					Körpergröße:

kampfdokumentation wiedergegeben. In diesen Auszügen aus Trainingstagebüchern fehlen jedoch Angaben zum Zeitpunkt des Trainings bzw. Wettkampfs, aus denen sich Rückschlüsse auf die Erholungsdauer ziehen ließen. Deshalb sollte zu Ort und Art des Trainings ergänzend die Uhrzeit notiert werden.
Für Trainer und Athlet hat das Führen eines Trainingstagebuchs viele Vorteile. Der Radrennfahrer kann mit Hilfe des Trainingsbuchs selbständig trainieren und sich Gedanken über sein Training machen. Zusammen mit dem Trainer läßt sich so auch besser eine langfristige Trainingsplanung verwirklichen. Ferner kann unter Berücksichtigung der Trainingsdokumentation während oder am Ende eines Trainingsjahres eine Auswertung der Trainingsdaten vorgenommen werden. Auf diese Weise können sowohl die Verwirklichung der angestrebten Saisonziele überprüft werden als auch Gründe für überraschenden Leistungsabfall bzw. plötzliche Formverschlechterungen ermittelt werden. Ganz allgemein erleichtert das Führen eines Trainingsbuchs die Trainings- und Wettkampfplanung, ermöglicht die Gewinnung und Nutzbarmachung von Trainingsdaten sowie die individuelle Gestaltung des Trainings.

Entwicklungsgemäßheit
Nach dem Prinzip der *Entwicklungsgemäßheit* sollte jedes Training dem biologisch-motorischen und dem intellektuell-psychischen Niveau der Sportler entsprechen. Obwohl allgemein das Trainingsalter eines Athleten – die Zahl der Jahre, die seit Beginn des systematischen, zielgerichteten Trainings vergangen sind – über die Trainingsbelastung und den Trainingszustand entscheidet, hat sich in der Praxis auch die Einteilung in Kinder-, Jugend- und Erwachsenentraining bewährt. An dieser Stelle kann das Training in den drei Entwicklungsstufen nicht ausführlich vorgestellt werden. Es müssen vielmehr einige kurze Bemerkungen zum Radsporttraining in verschiedenen Altersklassen genügen.
Im *Vorschulalter* (3–7 Jahre) sollte allgemein die sportliche Betätigung des Kindes und damit auch mit Einschränkungen das Kindertraining beginnen. Da es günstig ist, in diesem Alter Sportarten zu erlernen, sollte hier auch mit dem Radfahren begonnen werden. Dies kann im Zusammenhang mit der Verkehrserziehung geschehen.
Das *frühe Schulkindalter* (7–10 Jahre, 1.–3. Schuljahr) ermöglicht schnelle Fortschritte in der motorischen Lernfähigkeit. Da in dieser Phase auch große Fortschritte bezüglich der konditionellen und koordinativen Fähigkeiten zu beobachten sind, kann mit dem Erlernen des Radrennfahrens begonnen werden. Es sollte jedoch bei der Einführung der Grundtechniken bleiben. Die Teilnahme an Radrennen sollte zugunsten vielfältiger Bewegungserfahrungen in anderen Sportarten unterbleiben. Jede Spezialisierung wäre verfrüht. Eine breite Ausbildung bietet bessere Voraussetzungen für eine

spätere Leistungsentwicklung. Es sollte stets der Grundsatz gelten: *Das Kind ist kein kleiner Erwachsener!* Kindertraining ist ein besonderes Feld für sich. Der Trainer darf nicht erfolgsorientiert arbeiten; er muß vielmehr auf das Wesen der Kinder (Spieltrieb, Abwechslung, Bewegungsdrang) eingehen und sie konditionell und psychisch anders als Erwachsene belasten. Der Zeitraum des *späten Schulkindalters* (10/11–12/13 Jahre, 4.–6. Klasse bei den Jungen; 10/11–11/12 Jahre, 4.–5. Klasse bei den Mädchen) – auch vorpuberale Phase genannt – begrenzt, abgesehen von individuellen Ausnahmen, den Bereich des Kindertrainings. Kinder dieser Altersgruppe zeichnen sich durch eine hohe Leistungsbereitschaft und -fähigkeit aus. Das begünstigt weitere Verbesserungen der Technik und die Einführung der beim Rennen benötigten Techniken. Kleinere Touristikfahrten oder vereinsinterne Veranstaltungen in Wettkampfform sollten vor allem Abenteuer-, Erfolgs- und Erlebnischarakter besitzen. Im Ausdauertraining liegt der Schwerpunkt auf der Betonung des Umfangs, die Intensität sollte noch gering sein. Das Krafttraining sollte ausschließlich durch Belastungen mit dem eigenen Körpergewicht praktiziert werden. Bei der Gymnastik ist besonders auf Dehnübungen zu achten, da sonst die gewonnene Elastizität der Muskeln wieder zurückgeht. Radsport sollte auch in diesem Alter nicht als Hauptsportart betrieben werden. Neben anderen sollten vorrangig verwandte Sportarten (Dauerlauf, Skilanglauf, Eislauf usw.) und Schulsport aktiv betrieben werden.

Die *erste puberale Phase* (Pubeszenz; 12/13–14/15 Jahre, 6.–8. Schuljahr bei den Jungen; 11/12–13/14 Jahre, 5.–7. Schuljahr bei den Mädchen) ist für die Entwicklung der konditionellen Fähigkeiten von besonderer Bedeutung. In diesem Alter kann mit dem Grundlagentraining des Radsports begonnen werden. Nun vollzieht sich auch der Schritt vom Kinder- zum Jugendtraining. Jugendliche sind nicht nur besser trainierbar, sondern auch höher belastbar als Kinder. Deshalb können in dieser Zeit entscheidende Grundlagen für spätere Erfolge gelegt werden. Um die durch Wachstumsprozesse verursachten Koordinationsschwierigkeiten auszugleichen, sollten in der ersten Phase der Reifungszeit motorische Fertigkeiten (Technik) eher gefestigt als neu erlernt werden. Jetzt kann auch damit begonnen werden, die erlernten Techniken im Wettkampf anzuwenden. Die Teilnahme an Radrennen sollte jedoch vorsichtig dosiert werden (keinesfalls mehr als 25 Rennen pro Saison). Trotz der Aufnahme des Rennbetriebs sollten andere Sportarten weiter betrieben werden.

Die *zweite puberale Phase* (Adoleszenz; 14/15–18/19 Jahre, 8.–12. Schuljahr bei den Jungen; 13/14–17/18 Jahre, 7.–10./11. Schuljahr bei den Mädchen) begrenzt den Bereich des Jugendtrainings. In diesem Alter treten große individuelle Entwicklungsunterschiede auf, die im Training unbedingt zu berücksichtigen sind. Leider wird in diesem Bereich zuviel gemeinsam trainiert, ohne auf die Schwächen und Stärken des einzelnen einzugehen. Die Differenzierung im Training sollte vom Vorschulalter bis zur Adoleszenz zunehmen. Radsportler, die am Anfang ihrer motorischen Entwicklung stehen, sollten in erster Linie bemüht sein, ihre Schwächen zu trainieren und auszubügeln. Leider neigen Eltern, Übungsleiter und Aktive immer wieder dazu, den Schwerpunkt des Trainings auf die Verbesserung der Stärken zu legen. Das Ergebnis ist nicht selten ein sehr großer und später nicht mehr gutzumachender Rückstand in einem die Radsportleistung entscheidend beeinflussenden Bereich. Richtig wäre es, mit dem Training der Stärken eines Radsportlers erst in späteren Jahren nach der Beseitigung seiner Schwächen zu beginnen. Mit Beginn der Adoleszenz sollte auch das Leistungstraining vom Radsportler aufgenommen werden. Jetzt sind die Voraussetzungen für ein uneingeschränktes Training in allen Bereichen gegeben. Mit einer deutlichen Steigerung des Trainingsumfangs geht eine noch größere Erhöhung der Belastungsintensität einher. Die allgemein zu beobachtenden positiven Veränderungen betreffen auch den vernunft- und verstandesmäßigen Bereich, so daß der Schulung der Taktik größere Aufmerksamkeit geschenkt werden kann und die einstellungsmäßigen Voraussetzungen für ein Leistungstraining geschaffen werden können. Im *Erwachsenenalter* treten ohne Training keine weiteren Leistungssteigerungen mehr ein. Ohne Training erzielt der Mensch seine Bestleistungen bereits am Ende der zweiten puberalen Phase. Der ‹richtig› trainierte Radsportler sollte mit dem Übergang vom Jugend- zum Erwachsenentraining gleichzeitig den Schritt vom Aufbau- zum Hochleistungstraining vollziehen können. In diesem Bereich stabilisieren sich Motivation und Leistung des Radsportlers, die Grundlagen sind aber bereits in den ersten Jahren des mehrjährigen Trainingsprozesses gelegt worden.

Dauerhaftigkeit
Das Prinzip der *Dauerhaftigkeit* verlangt einen Trainingsaufbau, der auf die Stabilität der erworbenen Fähigkeiten abzielt. Der Grad der Stabilität der Radsportleistung ist von mehreren Faktoren abhängig. Grundsätzlich fördert das ganzjährige Training ohne Unterbrechungen eher stabile Leistungen als kurzfristig erzielte Trainingseffekte. Je schneller eine Leistung aufgebaut wird, desto labiler ist die sportliche Form. Das gilt für alle Komponenten der sportlichen Leistung des Radsportlers. Schnell erworbene Qualifikationen verliert der radfahrende Athlet ebenso schnell wieder, egal ob es sich um konditionelle, technische oder taktische Fertigkeiten handelt. Nur häufige Wiederholungen schaffen eine solide Basis. Nach HARRE sichern folgende vier Grundsätze die Dauerhaftigkeit der Leistung:
- Vermeidung von Trainingsunterbrechungen
- Beachtung des Festigungsgrades der erworbenen Qualifikation
- Kontinuierliche Beobachtung der Belastungsauswirkungen
- Regelmäßige Wiederholungen und Kontrollen

Der Radsportler, der sich vor allem beim Konditionstraining nach diesen Grundsätzen richtet und zudem die Grundregeln für das Prinzip der Allmählichkeit im Bereich des Technik- und Taktiktrainings beherzigt, wird eine stabile Form verwirklichen können.
Es liegt weitgehend am Trainer, diese Grundsätze in die Trainingspraxis umzusetzen. Jede Radsportsaison zeigt immer wieder, wie die Leistungskurve derjenigen Radsportler verläuft, die nicht nach dem Prinzip der Dauerhaftigkeit für die Festigung der Grundlagen gesorgt haben. Nach relativ guten Leistungen am Anfang der Saison sinkt die Leistungskurve mit zunehmendem Schwierigkeitsgrad der Wettkämpfe rapide ab. Für derartige negative Entwicklungen sind nicht nur falsche Planungen, sondern häufig auch eine falsche oder fehlende Einstellung des Sportlers verantwortlich. Dauerhaftigkeit läßt sich nur von den Aktiven verwirklichen, die ein Langzeitinteresse am Radsport und an der sportlichen Leistung haben.

Leistungsbestimmende Faktoren im Radsport

Die Leistung des Radsportlers ist das Ergebnis des Zusammenwirkens von sechs Komponenten:
– konditionelle Fähigkeiten,
– technisch-koordinative Fähigkeiten,
– taktische Fähigkeiten,
– psychische Eigenschaften und Bedingungen,
– äußere Bedingungen,
– Rahmenbedingungen/Umwelt.
Die *konditionellen* Fähigkeiten des Radsportlers beinhalten die Ausdauer, die Kraft, die Schnelligkeit und die Beweglichkeit. Sie werden auch als motorische Grundeigenschaften bezeichnet und bilden die Basis für eine solide Radsportleistung.
Technisch-koordinative Fähigkeiten werden im Radsport je nach Disziplin in unterschiedlichem Maße benötigt. So stellt das Zweier-Mannschaftsfahren auf der Bahn hier größere Anforderungen als das Einzelzeitfahren auf Bahn und Straße. Der perfekte Radsportler sollte jedoch möglichst alle technisch-koordinativen Fähigkeiten besitzen, die in den verschiedenen Radsportdisziplinen erforderlich sind.
Die *taktischen* Fähigkeiten des Radsportlers sind in einigen Fällen nur schwer von den technischen zu trennen. Jeder Rennfahrer sollte eine Reihe von taktischen Grundregeln kennen und im Wettkampf anwenden können. Die Anforderungen sind auch hier von Disziplin zu Disziplin unterschiedlich. Zum Erfolg gehört jedenfalls immer etwas «Kopfarbeit».

Zwischen diesen drei Komponenten besteht ein Zusammenhang, den LETZELTER im Schaubild unten grafisch darstellt. Dabei wird sichtbar, daß Kondition, Technik und Taktik nicht isoliert nebeneinander stehen, sondern sich in unterschiedlichem Ausmaß gegenseitig beeinflussen. Aus der Anzahl der Pfeile geht hervor, daß Kondition die entscheidende Leistungskomponente ist und daß Technik über Taktik dominiert. Demnach gilt auch im Radsporttraining folgender Grundsatz: Kondition geht vor Technik, Technik geht vor Taktik!

Besonders im Hochleistungsbereich spielen *psychische* Komponenten eine immer größere Rolle. Im Hochleistungstraining und in großen Wettkämpfen kann sich die Verarbeitung von Stress, Erfolg oder Mißerfolg entscheidend auswirken. Nur wer gelernt hat, sich psychisch optimal auf den Wettkampf vorzubereiten und eine positive Einstellung zum Trainingsaufwand erworben hat, wird sich durchsetzen. Ohne Charakter- und Willensstärke, Motivation und intellektuelle Fähigkeiten ist heute kein bedeutendes Radrennen mehr zu gewinnen.

Die *äußeren Bedingungen*, denen der Radsportler ausgesetzt ist, können durch Training kaum beeinflußt werden. Dennoch wird der erfahrene Athlet sich eher mit den Witterungseinflüssen, der Streckenbeschaffenheit oder dem Einfluß des Publikums abfinden als der Anfänger. Insofern besteht doch die Möglichkeit zu lernen, die äußeren Bedingungen zu erkennen, sich darauf einzustellen und entsprechend zu reagieren.

Ähnlich wie die äußeren Bedingungen unterliegen auch die weiteren *Rahmenbedingungen* oder die *Umwelt* nur wenig dem aktiven Einfluß des Ak-

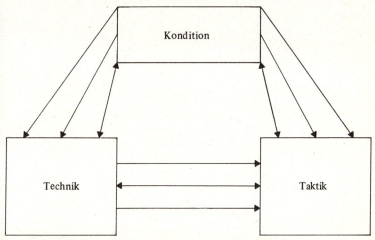

Das Wechselverhältnis der Leistungskomponenten (LETZELTER)

tiven. Ärger in Schule oder Beruf, in der Familie oder Clique, mit dem Freund oder der Freundin, im Verein oder in der Trainingsgruppe werden sich höchstwahrscheinlich leistungsmindernd auswirken. Selbst die geographische Lage des Wohnortes kann sich zumindest auf die Wahl der Radsportdisziplin auswirken. So stammen ausgesprochene Bergspezialisten meist aus bergigen Landschaften und Bahnfahrer wohnen meist in der Nähe einer Radrennbahn. Da Radsport vor allem für Kinder und Jugendliche ein teurer Sport ist, müssen auch die materiellen Probleme geklärt sein, um zum Erfolg zu kommen. Sehr wichtig ist ferner eine sportgerechte Lebensweise mit ausreichender Nachtruhe, einem regelmäßigen Tagesablauf, optimaler Ernährung und Körperpflege, Meiden von Genußmitteln wie Alkohol, Nikotin und Koffein.

Kondition und Konditionstraining des Radsportlers

Die Leistung des Radsportlers wird überwiegend von seiner Kondition bestimmt. Unter Kondition ist in diesem Zusammenhang die Summe aller *körperlichen* Fähigkeiten unter Einbeziehung der Persönlichkeitseigenschaften zu verstehen.

Man unterscheidet zwei Arten und mehrere Elemente der sportlichen Kondition. An dieser Stelle soll noch einmal auf die Aufgliederung des Radsporttrainings in ein allgemein-athletisches und ein spezielles Training zurückgegriffen werden. Das allgemein-athletische Training dient primär der Schulung der allgemeinen Kondition, während das spezielle Training vorrangig auf die Entwicklung der speziellen Kondition abzielt. Letztlich erhöht das Training der allgemeinen Kondition nicht nur die Leistungsfähigkeit aller Muskelgruppen und Organsysteme, sondern auch die Belastungsverträglichkeit für das spezielle Training. Mit zunehmendem Trainingsalter verschieben sich die Anteile des Trainings zugunsten des speziellen Trainings.

Der allgemeinen Kondition des Radsportlers dienlich ist das Betreiben der Sportarten Skilanglauf, Waldlauf, Eislauf, Schwimmen, (Konditions-) Gymnastik usw. Das spezielle Konditionstraining des Radsportlers wird auf dem Rennrad absolviert. Entscheidend ist dabei nicht so sehr die Anzahl der gefahrenen Kilometer, sondern eher die Fahrgeschwindigkeit, die Tretfrequenz, der Krafteinsatz (abhängig von der Übersetzung) und die Pausenlänge zwischen den Belastungen.

Die Sportwissenschaft bezeichnet *Ausdauer, Kraft, Schnelligkeit* und *Beweglichkeit* als motorische Grundeigenschaften und Mischformen wie

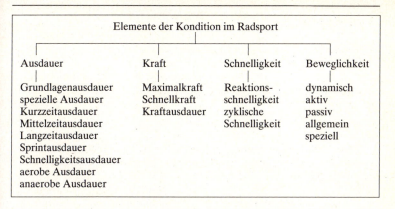

Kraftausdauer, Schnellkraftausdauer und *Schnelligkeitsausdauer* als komplexe sportmotorische Eigenschaften. Es bestehen demnach enge Verbindungen zwischen Kraft, Ausdauer und Kraftausdauer, Kraft, Schnelligkeit und Schnellkraft sowie Ausdauer, Schnelligkeit, Beweglichkeit und Schnelligkeitsausdauer.

MARTIN zeigt folgende Abhängigkeiten der motorischen Grundeigenschaften von der menschlichen Physis auf:
– die Kraft ist abhängig von der Tätigkeit der Muskulatur;
– die Schnelligkeit ist abhängig von dem Zusammenspiel von Nerven und Muskeln;
– die Ausdauer ist abhängig von der Tätigkeit von Herz, Kreislauf und Lunge;
– die Beweglichkeit ist abhängig von dem Freiheitsgrad der Gelenke.

Oder anders formuliert: Durch Training der Grundeigenschaften sollen Anpassungserscheinungen erreicht werden:
– durch Krafttraining soll der aktive Bewegungsapparat an Widerstände angepaßt werden;
– Schnelligkeitstraining soll eine Anpassung des Nervensystems bewirken;
– Ausdauertraining soll zu einer Anpassung des Herz-Kreislauf-Systems und des Stoffwechsels führen;
– durch Beweglichkeitstraining soll eine Anpassung des passiven Bewegungsapparates erreicht werden.

Gewichtet man die Bedeutung der vier Grundeigenschaften für die Radsportleistung, ergibt sich folgende Rangordnung:
1. Ausdauer,
2. Kraft,

3. Schnelligkeit,
4. Beweglichkeit.

Betrachtet man jedoch die Leistungsprofile verschiedener Radsportdisziplinen, dann sind die Anteile der ersten drei Komponenten an der Leistung unterschiedlich groß. Als Grundregel könnte gelten: Je länger die Strecke, desto größer sind die Ausdaueranforderungen, je kürzer die Strecke, desto größer sind die Kraft- und Schnelligkeitsanforderungen! Für den ersten Teil der Grundregel stellen Straßenrennen, für den zweiten der Bahnsprint den Extremfall dar.

So sollte sich das Konditionstraining des Sprinters erheblich von dem des Etappenfahrers unterscheiden. Immer ist das Ziel jedoch die optimale Wechselbeziehung aller beteiligten Eigenschaften und nicht die maximal mögliche Ausprägung jeder einzelnen Eigenschaft. In den ersten Trainingsjahren sollte allerdings ein möglichst vielseitiges Training durchgeführt werden, da die Schulung einer Eigenschaft gleichzeitig auch die anderen Eigenschaften positiv beeinflußt. Mit zunehmendem Trainingsalter werden Übertragungseffekte immer schwächer, so daß dann ein zielgerichtetes Training der einzelnen konditionellen Grundeigenschaften, wie es im folgenden beschrieben wird, sinnvoll und erforderlich erscheint.

Ausdauer und Ausdauertraining

Ausdauer ist der wichtigste Faktor im Training des Radsportlers. Sie erfüllt drei Aufgaben:

1. Ausdauer ermöglicht es, eine gewählte Geschwindigkeit möglichst lange beizubehalten,
2. Ausdauer vermindert die Geschwindigkeitsverluste, die durch Ermüdung eintreten,
3. Ausdauer bewirkt eine schnelle Erholung des Radsportlers.

Demnach sind die *Ermüdungswiderstandsfähigkeit* und die *Erholungsfähigkeit* die zwei entscheidenden Elemente der Ausdauer. Bei fast jeder Radsportdisziplin kommt es bekanntlich darauf an, eine gegebene Leistung oder Geschwindigkeit über einen möglichst langen Zeitraum aufrechtzuerhalten und in der Lage zu sein, sich anschließend rasch wiederherzustellen.

Bei der körperlichen Ermüdung unterscheidet man die *lokale Ermüdung*, bei der weniger als ein Drittel der Muskelgruppen ermüdet ist, und die *allgemeine Ermüdung*, die mehr als ein Drittel der Gesamtmuskulatur betrifft. Da im Radsport die zweite Form der Ermüdung auftritt, benötigt der Radsportler neben der *lokalen* auch die *allgemeine Muskelausdauer*, und zwar eine allgemeine, dynamische Muskelausdauer in aerober und anaerober Form als Langzeit-, Mittelzeit- und Kurzzeitausdauer. Die beim

Kunstradsport erforderliche statische Ausdauer (z. B. bei Übungen mit Haltecharakter) wird hier nicht berücksichtigt.
Bei einer dynamischen Leistung wie dem Radfahren liegt eine *aerobe* Ausdauerfähigkeit dann vor, wenn die benötigte Sauerstoffmenge zur Verfügung gestellt werden kann. Indem die Sauerstoffaufnahme den Sauerstoffbedarf deckt, kommt es zu einem Gleichgewicht zwischen Energieverbrauch und Energiebereitstellung. Kann nach intensiver Belastung dieses Gleichgewicht nicht mehr hergestellt werden, spricht man von *anaerober* Ausdauerbelastung. Da nicht soviel Sauerstoff bereitgestellt werden kann, wie für die hohe Belastung nötig wäre, kommt es zu einem Ungleichgewicht zwischen Sauerstoffaufnahme und Sauerstoffverbrauch, zur sogenannten *Sauerstoffschuld*. Vor allem bei Schnelligkeitsausdauerleistungen (z. B. Zeitfahren) zwingt die Sauerstoffschuld den Fahrer irgendwann zur Verringerung der Intensität oder zum Abbruch der Belastung.
Unabhängig von der Disziplin basiert die Leistungsfähigkeit des Radsportlers auf der Wechselbeziehung von aeroben und anaeroben Fähigkeiten. Die Entwicklung der aeroben Ausdauer ist jedoch Voraussetzung für die Entwicklung der anaeroben Ausdauer.
Die prozentualen Anteile der aeroben und anaeroben Kapazitäten bei unterschiedlicher Intensitätsdauer bzw. unterschiedlichen Disziplinen sehen im Radsport etwa folgendermaßen aus:

Disziplin	aerob	anaerob
Sprint	10	90
500-m-Zeitfahren	15	85
1000-m-Zeitfahren	20	80
Verfolgung	60	40
Straßenrennen	90−100 [1]	bis 10 [1]

[1] abhängig von der Wettkampfdauer bzw. der Streckenlänge

Aus dieser unterschiedlichen Verteilung aerober und anaerober Fähigkeiten ergeben sich natürlich Konsequenzen für das Training der einzelnen Radsportdisziplinen.
Die Sportwissenschaft unterscheidet Ausdauereigenschaften einerseits in
– Sprintausdauer,
– Schnelligkeitsausdauer,
– Kraftausdauer
sowie andererseits in
– Kurzzeitausdauer,
– Mittelzeitausdauer,
– Langzeitausdauer.

Von den Erscheinungsweisen der Ausdauer wird die *Sprint*ausdauer nur in wenigen Situationen des Radsports verlangt. Bei Sprintwettbewerben auf der Bahn oder bei Sprints im Straßenrennen kommt es darauf an, eine maximale Reizintensität und eine sehr hohe Bewegungsfrequenz möglichst lange aufrechtzuerhalten. Die Sprintausdauer ist nahezu ausschließlich anaerob bestimmt.

Mit Hilfe der *Schnelligkeits*ausdauer kann der Radsportler eine auf kurze Distanzen erreichte hohe Bewegungsgeschwindigkeit und -frequenz ohne Ermüdungserscheinungen aufrechterhalten. Die Reizintensität liegt im submaximalen Bereich, die Energiegewinnung erfolgt überwiegend anaerob. Die Schnelligkeitsausdauer ist meßbar. Gradmesser für die Schnelligkeitsausdauer des 1000-m-Zeitfahrers ist z. B. die Differenz aus 1000-m-Zeit und doppelter 500-m-Zeit.

Die *Kraft*ausdauer hat für den Radsport große Bedeutung, da sie die Fähigkeit beeinflußt, bei hohem Tempo und hoher oder mittlerer Tretfrequenz erhebliche äußere Widerstände (hier große Übersetzungen) lange Zeit zu überwinden. Sie ist vor allem von der Ermüdungswiderstandsfähigkeit der Beinmuskulatur abhängig und wird vorrangig anaerob geleistet.

*Kurzzeit*ausdauer wird bei allen Radsportdisziplinen benötigt, die nicht länger als zwei Minuten dauern. Hier machen sich vor allem anaerobe Fähigkeiten und Einflüsse der Kraft- und Schnelligkeitsausdauer positiv bemerkbar. Leistungen von weniger als 45 Sekunden Dauer werden nicht mehr vorrangig von Ausdauereigenschaften, sondern fast nur von Kraft- und Schnelligkeitseigenschaften bestimmt.

Die Fähigkeit der *Mittelzeit*ausdauer verlangen alle Radsportdisziplinen, die im Wettkampf zwischen zwei und acht Minuten dauern, in erster Linie also die Verfolgungsdisziplinen auf der Bahn. Auch hier sind die Anforderungen an Kraft- und Schnelligkeitsausdauer noch sehr hoch. So besitzen erfolgreiche Verfolger eine durch einen hohen Trainingsumfang erworbene überdurchschnittliche aerobe Ausdauer. Letztere ist Voraussetzung für das intensive und umfangreiche anaerobe Ausdauertraining vieler Bahnfahrer.

*Langzeit*ausdauer (über 8 Minuten) ist bei der überwiegenden Zahl der Radsportwettbewerbe erforderlich. Jedes Straßenrennen gehört zu den Langzeitausdauerdisziplinen, die vor allem aerobe Ausdauerfähigkeiten und ein geringes Maß an Schnelligkeits- und Kraftausdauer verlangen. Im Training von Straßenfahrern ergibt sich demnach ein Verhältnis von maximal 1:9 zugunsten der aeroben Ausdauer.

Die Ausdauer läßt sich ferner in die Grundlagen- oder *allgemeine* Ausdauer und die *spezielle* Ausdauer unterteilen. Obwohl die Verbesserung der speziellen Ausdauer im Leistungssport Vorrang hat, trainieren Radsportler aller Leistungsklassen auch ihre Grundlagenausdauer. Dies geschieht meist durch das Betreiben verwandter Sportarten wie Eisschnellauf, Waldlauf oder Skilanglauf. Dabei kommt es vor allem darauf an, mög-

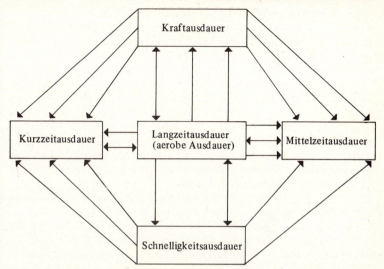

Ausdauereigenschaften und deren gegenseitige Beeinflussung (LETZELTER)

lichst viele Muskelgruppen über einen langen Zeitraum zu belasten; entscheidend ist dabei die Dauer und nicht die Intensität der Tätigkeit. Von dem Training der Grundlagenausdauer erhofft sich der Sportler Wirkungen auf die spezielle Ausdauer. So möchte der Radsportler, der im Winter Skilanglauf trainiert, eine positive Wirkung auf seine Ausdauerfähigkeiten beim Radfahren erzielen. Diese Übertragungen gehen immer von der Grundlagenausdauer aus, die spezielle Ausdauer baut auf der Grundlagenausdauer auf.

Ausdauertraining
Die Ausdauer des Radsportlers ist mit mehreren Methoden trainierbar. Hauptsächlich werden drei Gruppen von Trainingsmethoden angewandt:
– Dauermethoden,
– Intervallmethoden,
– Wettkampf- und Kontrollmethode.

Die *Dauer-* oder *Dauerleistungsmethoden* dienen vor allem der Verbesserung der aeroben Ausdauer. Man unterscheidet die Dauermethode mit kontinuierlicher Intensität (Fahren mit gleichbleibendem Tempo und gleichmäßigem Puls) und die Dauermethode mit variabler (wechselnder) Intensität. Von letzterer gibt es zwei Varianten, die als Wechselmethode und als Fahrtspiel in der Trainingslehre geführt werden.

Bei der *Wechselmethode* wird auf bestimmten Abschnitten das Tempo verschärft (z. B. an Ortsschildern) und somit kurzfristig eine Sauerstoffschuld provoziert. Erst nach völliger Erholung erfolgt der nächste geplante, systematische Intensitätsanstieg. Beim *Fahrtspiel* ergibt sich die wechselnde Geschwindigkeit aus dem Geländeprofil. Es findet überwiegend als Querfeldeintraining im Gelände statt, ohne daß es zu einer Sauerstoffschuld kommen muß.

Bei allen Dauerleistungsmethoden ist neben der Reizdauer die Reizintensität das Kernproblem der Trainingsplanung. Hinsichtlich der beiden genannten Belastungsnormative setzt sich immer mehr die Kombination von großem Umfang und hoher Intensität durch. Das Dauertraining soll mindestens 30 Minuten betrieben werden. Erwachsene Straßenfahrer trainieren jedoch nicht selten fünf bis sechs Stunden.

Relativ wenig beachtet wird in der Trainingspraxis jedoch noch immer die sportwissenschaftliche Erkenntnis, daß auch bei der Dauermethode hohe Intensitäten erforderlich sind, um nennenswerte Erfolge hinsichtlich der Verbesserung der aeroben Fähigkeiten zu erzielen. Demnach sollte der Pulsschlag mindestens 70 Prozent der maximal erreichbaren Frequenz betragen, d. h., daß ein mit einer Pulsfrequenz von weniger als 130 Schlägen pro Minute betriebenes Dauertraining nicht die erwünschte Zunahme des Herzvolumens bewirken wird. Tatsächlich sollte der Puls beim richtig dosierten Ausdauertraining zwischen 140 und 170 Schlägen pro Minute liegen. Diese Intensitätssteigerung führt dazu, daß gleichzeitig quasi als Nebenprodukt die anaerobe Ausdauerkomponente mittrainiert wird.

Bei den *Intervallmethoden* unterscheidet man extensive und intensive Intervallmethoden und die Wiederholungsmethode sowie bezüglich der Zeitbegrenzung die Kurzzeitintervallmethode (Reizdauer 10 bis 20 Sekunden), die Mittelzeitintervallmethode (Reizdauer von 40 Sekunden bis 2 Minuten) und die Langzeitintervallmethode (Reizdauer über 3 Minuten).

Die Intervallmethoden sind prinzipiell bestimmt von der Dauer der Einzelübung (Länge der Strecke), der Dauer und Art der Erholungsintervalle (aktiv/passiv, lohnend), der Intensität (Geschwindigkeit in km/h) und der Anzahl der Wiederholungen. Entsprechend viele Variationsmöglichkeiten ergeben sich.

Im Sinne der progressiven Belastung sollte zuerst eine Ausweitung des Trainingsumfangs, dann eine Verkürzung und/oder Veränderung der Pausengestaltung und erst zuletzt eine Erhöhung der Reizintensität erfolgen. Pausen sind beim Intervalltraining meistens unvollständige Erholungsintervalle. Die Pausenlänge wird durch Pulskontrollen bestimmt. Intensität, Anzahl der Wiederholungen, Pausen- und Streckenlänge sowie die Zielsetzung der unterschiedlichen Intervallmethoden können dem folgenden Schaubild entnommen werden.

Art	Intensität	Wiederholungen	Pausen	Strecken	Ziel
extensiv	60 bis 80 %	10–50	45 bis 150 Sek.	ab 300 m	Verbesserung der aeroben Ausdauer
intensiv	80 bis 90 %	6–12	90 Sek. bis 5 Min.	200 bis 800 m	Verbesserung der Schnelligkeitsausdauer und der anaeroben Ausdauer
Wiederholungsmethode	90 bis 100 %	2–6	5 bis 45 Min.	ab 200 m	Verbesserung der anaeroben Ausdauer als Sprint-, Schnelligkeits- und Kraftausdauer

Bei der *extensiven* Intervallarbeit sollte der Puls nicht über 170 Schläge pro Minute steigen. Die Pause ist beendet, wenn die Pulsfrequenz 120 bis 130 beträgt. Die Intensität ist sehr einfach nach der Formel «Bestzeit plus 25 Prozent» für alle Streckenlängen zu berechnen. Ein Bahnfahrer mit einer 1000-m-Bestzeit von 1:12 Min. muß diese Strecke beim extensiven Intervalltraining also in etwa 1:30 Min. fahren (72 Sek. + 18 Sek.).

Bei der *intensiven* Intervallarbeit wird zwischen den einzelnen Wiederholungen pausiert, bis die Pulsfrequenz bei 100 liegt. Im Hinblick auf die zu fahrenden Strecken hat sich die Form des Pyramidentrainings bewährt, d. h., es werden z. B. 200 m – 300 m – 400 m – 500 m – 400 m – 300 m – 200 m in einer Serie gefahren.

Die *Wiederholungsmethode* findet vor allem im Training der Sprinter und 1000-m-Zeitfahrer Anwendung. Die Tempoarbeit ist hier so hart, daß die Pausen vollständig sein müssen, um den folgenden Lauf noch mit gleich hoher Intensität absolvieren zu können. Die Dauer der wettkampfähnlichen Belastungen bei der Wiederholungsmethode bewegt sich in der Regel etwas über oder unter der Wettkampfdauer. Deshalb wird sie auch ausschließlich beim Training von Bahnfahrern angewandt.

Eine zusätzliche Methode im Ausdauertraining ist die *Wettkampf-* oder *Kontrollmethode*. Sie gehört nicht mehr zur Gruppe der Intervallmethoden, da sie keine Wiederholungen in Serienform beinhaltet, sondern sich statt dessen an den Wettkampfbedingungen orientiert. Das bedeutet, daß hier unter wettkampfspezifischen Bedingungen entweder eine Unterdistanzstrecke (kürzer als die des Wettkampfs) mit höherer Intensität (Geschwindigkeit) als im Wettkampf oder eine Überdistanzstrecke (länger als die des Wettkampfs) mit geringerer Intensität als im Wettkampf zurückgelegt wird. Sie findet ebenso wie die Wiederholungsmethode fast ausschließlich Verwendung im Bahntraining. Bahnfahrer, die nach dieser Methode trainieren, fahren entweder nur einmal, quasi als Kontrolle, ihre Wettkampfstrecke oder teilen diese in kürzere Teilstrecken auf, die mehrfach in Renngeschwindigkeit zurückgelegt werden müssen. Neben den körperlichen Auswirkungen dient diese Methode auch der Willensschulung, da es jedem Bahnfahrer schwerfällt, z. B. dreimal hintereinander die Bahnrunde mit maximalem Tempo zu fahren.

Unabhängig davon, ob ein Sportler im intensiven (160–180 Puls) oder im extensiven (140–160 Puls) Bereich trainiert, Gradmesser für seine Trainingsbelastungen im Ausdauertraining sind immer die Herzfrequenz und die individuelle Ermüdung. Ein Ausdauertraining ohne regelmäßige Pulskontrolle hat sich als wenig wirkungsvoll erwiesen.

Da jede Ausdauermethode unterschiedliche Auswirkungen auf das Herz-Kreislauf-System, den Stoffwechsel und das Nervensystem hat sowie spezielle Wirkungen auf das psychische Verhalten nach sich zieht, sollten alle Radsportler im Training keinesfalls ausschließlich nach einer Methode trainieren, sondern die Trainingsmethoden im Verlauf des Trainingsjahres und auch der Trainingswoche möglichst häufig wechseln. Im Straßenradsport ist die Dauermethode führend, in einigen Bahndisziplinen ergibt sich annähernd ein Gleichgewicht der Methoden, und bei den Sprintern überwiegen in den Sommermonaten die Intervallmethoden. Generell hat sich in allen Radsportdisziplinen inzwischen ein gemischtes Training durchgesetzt.

Kraft und Krafttraining

Die Kraft eines Menschen ist von der seinem Körper zur Verfügung stehenden Muskelmasse abhängig. Sportmedizinische Untersuchungen haben ergeben, daß die von einem Muskel pro Quadratzentimeter physiologischen Querschnitt entwickelte Kraft (*Absolutkraft*) bei allen Menschen gleich groß ist (etwa $4 \, kp/cm^2$); je größer also der Muskelquerschnitt, desto größer auch die Kraft.

Die Trainingslehre unterscheidet verschiedene Ausprägungen der Muskelkraft:
– allgemeine und spezielle Kraft,
  statische und dynamische Kraft,
– relative und absolute Kraft,
– Maximalkraft,
– Schnellkraft,
– Kraftausdauer.

Die Radsportleistung wird entscheidend von der speziellen, dynamischen und relativen Kraft beeinflußt. Die Bedeutung der Maximalkraft, der Schnellkraft und der Kraftausdauer ist abhängig von der Radsportdisziplin. Allgemein kann festgestellt werden, daß für kürzere Distanzen (Bahn) eher die Maximal- und Schnellkraft und für den Straßenradsport die Kraftausdauer die wichtigsten Eigenschaften sind.

Die *spezielle* Kraft des Radsportlers basiert ausschließlich auf der Entwicklung der am technomotorischen Ablauf des Radfahrens beteiligten Muskeln und der motorischen Grundeigenschaft Ausdauer. Die Kraft aller Muskeln (*allgemeine* Kraft) oder Muskelgruppen beeinflußt die Leistungsfähigkeit des Radsportlers weit weniger als die spezielle Kraft.

Die *dynamische* Kraft des Radsportlers entfaltet sich in dem gezielten Bewegungsablauf des Radfahrens, sie ist grundverschieden von der beim Radsport kaum benötigten *statischen* Kraft, die gegen einen festen, fixierten Gegenstand ausgeübt wird. Die Muskelspannung im Radsport ist dem phasenhaften Typ zuzuordnen, der durch dynamische Muskelarbeit, in der Regel bei rhythmischen, zyklischen Bewegungen, die durch einen Wechsel von Spannung und Entspannung gekennzeichnet sind, charakterisiert ist.

Die *absolute* Kraft eines Sportlers wächst erfahrungsgemäß mit seinem Körpergewicht. Nach der physikalischen Kraftgleichung «Kraft = Masse × Beschleunigung» entwickelt ein Sportler mit mehr Körpergewicht auch mehr Kraft. Da beim Radsport jedoch anders als bei den leichtathletischen Würfen die Kraft nicht die vorrangig leistungsbestimmende Grundeigenschaft ist, entscheidet die Relation von Kraft und Körpergewicht. Die Sportwissenschaft bezeichnet die Kraftgröße, die auf ein Kilogramm Körpergewicht entfällt, als *relative* Kraft. Es konnte nachgewiesen werden, daß mit zunehmendem Körpergewicht die relative Kraft abnimmt. So ist auch zu erklären, warum beim Radsport nicht schwergewichtige Athleten mit hohen absoluten Kraftwerten, sondern leichtere Sportler dominieren, die über eine hohe relative Kraft verfügen.

Dennoch benötigen erfolgreiche Radsportler auch *Maximal*kraft als größte Kraft, die die Muskulatur willkürlich zu entwickeln in der Lage ist. Vor allem Sprinter sollten über ein hohes Maß an Maximalkraft verfügen, ohne jedoch eine Maximalkraftzunahme mit einer überproportionalen Gewichtszunahme zu erkaufen, wodurch sich ihre relative Kraft verringern würde.

Die *Schnell*kraft befähigt den Radsportler, Widerstände mit einer hohen Kontraktionsgeschwindigkeit der Muskeln zu überwinden. Am Beispiel des Radsprints lassen sich gut Kraft und Schnelligkeit als Elemente der Schnellkraft aufzeigen. Der Antritt des Sprinters setzt ein hohes Maß an Start- und Explosivkraft voraus. Die Explosivität des Antritts ergibt sich aus der Fähigkeit, eine bestimmte Geschwindigkeit zu Beginn der Muskelkontraktion zu entwickeln und in kürzester Zeit einen größtmöglichen Krafteinsatz zu erzielen. Nach dem Antritt muß der Sprinter in der Lage sein, über einen bestimmten Zeitraum hinweg hochfrequente Muskelkontraktionen aufrechtzuerhalten. Die Schnellkraft bestimmt die Schnelligkeit des Pedalierens als einen sich wiederholenden Bewegungsablauf.

Kraft*ausdauer* ist die Fähigkeit, Kraftleistungen über einen durch die Wettkampfdauer bestimmten Zeitraum aufrechtzuerhalten oder den Abfall des Kraftniveaus möglichst gering zu halten. Bei der Kraftausdauer treffen hohe Kraftleistungen und gutes Ausdauervermögen zusammen. Von besonderem Interesse für Radsportler dürften sportwissenschaftliche Erkenntnisse sein, nach denen ein enger Zusammenhang zwischen Maximalkraft und Kraftausdauer besteht. Demnach sollten Zeitfahrer und Verfolger, die sehr viel Kraftausdauer benötigen, um die Entwicklung einer großen Maximalkraft bemüht sein.

Krafttraining
Da die Steigerung der Kraft sehr trainingsintensiv ist, können Kraftverbesserungen in relativ kurzer Zeit erreicht werden. Untrainierte zeigen eine relativ stärkere Kraftzunahme als Trainierte. Obwohl sich bei Trainierten das Entwicklungstempo verringert, ist im Leistungssport langfristig eine Steigerung der Kraft bis zu 300 Prozent möglich. Solche Leistungsfortschritte ergeben sich jedoch nicht zufällig, sondern nur nach einem gezielten, systematischen Krafttraining. Dabei ist vor allem zu berücksichtigen, daß der Radfahrer nicht nur Beinkraft, sondern auch eine gut ausgebildete Arm-, Oberkörper-, Rumpf- und Rückenmuskulatur benötigt. Wer einmal Profis beim Wiegetritt aus der Nähe beobachten konnte, wird dies nur bestätigen.

Ferner wäre es verkehrt zu glauben, daß Krafttraining nur dem Kraftzuwachs durch Zunahme der Muskelmasse diene. Krafttraining zielt genauso darauf ab, einen Schnelligkeitsgewinn durch Verbesserung der Kontraktionsgeschwindigkeit zu erreichen und die Ausdauerfähigkeit der Muskeln zu verbessern. Ergebnis des Krafttrainings ist also nicht nur das Muskelwachstum, sondern auch die günstige Beeinflussung der biochemischen Vorgänge im Muskel. Der trainierte Muskel verfügt nämlich sowohl über eine bessere Sauerstoffzufuhr als auch über vergrößerte Energiedepots. (Details siehe u. a. bei P. MARKWORTH, Sportmedizin 1, rororo 7049, 1983, S. 63–79)

Zu Beginn des Krafttrainings sollten sich Trainer und Athlet über folgende Grundsätze und methodische Prinzipien im klaren sein:

- Jedes Krafttraining erfolgt nach den Prinzipien der Steigerung: von geringer zu hoher Belastung, vom Einfachen zum Komplizierten;
- ohne Erlernen einer einwandfreien Technik, mit deren Hilfe man die zu benützenden Geräte auch bei maximalen Belastungen beherrschen kann, sollte nicht mit dem Krafttraining begonnen werden;
- vor jedem Krafttraining sollte eine intensive Aufwärmearbeit geleistet werden. Zwischen den einzelnen Kraftübungen müssen die Muskeln immer wieder gelockert und gedehnt werden (z. B. durch Hängen an der Sprossenwand);

Kraft

- technische Fertigkeiten sind immer vor dem Krafttraining zu üben;
- beim Training der verschiedenen Krafteigenschaften sollte folgende Reihenfolge eingehalten werden: Schnellkraft – Maximalkraft – Kraftausdauer;
- der günstigste Zeitraum für den Beginn des Krafttrainings mit Zusatzbelastungen liegt zwischen dem 11. und 13. Lebensjahr. Vorher sollte bereits – allerdings nur mit der eigenen Körpermasse als Belastung – der Muskelapparat des Körpers trainiert werden. Vom 11. bis zum 14. Lebensjahr sollte weiterhin überwiegend mit dem eigenen Körpergewicht als Belastung vor allem ein Schnellkraft- und Kraftausdauertraining (z. B. in Form des Circuittrainings) betrieben werden. Erste Zusatzbelastungen können später Gewichtswesten, Sandsäcke, Medizinbälle, Bänke und Kugeln sein. Mit dem Hanteltraining sollte grundsätzlich erst nach der Pubertät begonnen werden. Dabei ist zu beachten, daß bei Anfängern die Belastungen 30–40 Prozent des Körpergewichts nicht übersteigen sollten. Die daraus folgenden umfangreichen Wiederholungszahlen erleichtern das Erlernen der Technik der Bewegungsausführung. Gerade vom 12. bis 14. Lebensjahr an ergeben sich bei entsprechendem Krafttraining hohe Zuwachsraten der Maximalkraft, der Schnellkraft und auch der Kraftausdauer, da im Anfängerbereich Übertragungseffekte von einer Krafteigenschaft auf andere besonders groß sind.

Trotz aller Einschränkungen ist ein systematisches und regelmäßiges Krafttraining in jungen Jahren Voraussetzung für spätere sportliche Erfolge in fast allen Sportarten. Erfolgreiche Jugendliche zeichnen sich gegenüber Gleichaltrigen durch überdurchschnittliche Kraftwerte aus;
- Krafttrainingsgeräte sind regelmäßig auf ihre Funktionstüchtigkeit zu überprüfen;
- die für den Bewegungsablauf einer Disziplin wichtigen Muskelgruppen sind vornehmlich zu kräftigen. Bei vielen Radsportlern ist es angebracht, die Muskelmasse zu vergrößern. Dies kann durch die zusätzliche Einnahme von Eiweißpräparaten beschleunigt werden. Vor der leichtfertigen Verwendung von Präparaten sei allerdings gewarnt.

Krafttraining kann mit und ohne Gerät erfolgen. Das eigene Körpergewicht ohne Zusatzbelastungen reicht allerdings nur im Anfängerbereich als Trainingsmittel aus. Ein gutes Krafttraining für Fortgeschrittene kann auf vielerlei Geräte mit variablen oder invariablen Zusatzbelastungen nicht verzichten (vgl. Übersicht auf Seite 188).

Am schwierigsten zu erlernen ist der Umgang mit der Scheibenhantel. Ohne das Beherrschen einer einwandfreien Hebetechnik sollte niemand damit trainieren. Beim Hanteltraining ist außerdem folgendes zu beachten:
- Kreislauf und Muskulatur auf die Belastung einstimmen; niemals ohne vorheriges Aufwärmen mit Hanteln arbeiten; auch während des Trainings warmhalten,

Geräte für das Krafttraining	
variable Zusatzbelastungen	invariable Zusatzbelastungen
Scheibenhanteln (Stange mit abnehmbaren Scheiben) Jochhantel (Mainzer Joch, mit abnehmbaren Scheiben) Kurzhanteln Gewichtswesten (bis 15 kg) Mehrzweckgewichte mit Gewicht-, Gummi- oder Federwiderständen	Medizinbälle Sprossenwände Turnkästen kleine Kästen (60 cm × 60 cm × 60 cm)

- feste Schuhe tragen, um Fußschäden vorzubeugen,
- bei Kniebeugen mangelnde Beweglichkeit in den Fußgelenken durch Unterlegen von Holzbrettchen oder Hantelscheiben unter die Fersen ausgleichen (vgl. Fotos S. 189 oben),
- Rücken flach und gestreckt halten, um eine gleichmäßige Druckbelastung der Zwischenwirbelscheiben zu erzielen,
- Kopf hoch, Blick nach vorn, um die Wirbelsäule gestreckt zu halten,
- Aufrichten des Oberkörpers erfolgt im Knie- und Hüftgelenk,
- Hantel stets möglichst dicht am Körper halten,
- im ermüdeten Zustand keine hohen Gewichte verwenden.

Beim allgemeinen Krafttraining von Radsportlern haben sich vor allem folgende Übungen mit der Scheibenhantel bewährt (vgl. Fotos Seite 189/190):
- Tiefkniebeuge
- Umspringen (Wechselsprünge)
- Umsetzen
- Reißen
- Stoßen
- Bankdrücken

Je nach Zielsetzung kann der Radsportler auf verschiedene Trainingsmethoden im Krafttraining zurückgreifen. Um einen Muskel- und Kraftzuwachs zu erzielen, muß er jedoch die Reizschwelle von 30 Prozent der Maximalkraft überschreiten. Nach mehrjährigem Krafttraining benötigt der Athlet eine Reizschwelle von mindestens 70 Prozent, um seine Grundkraft (Maximalkraft) zu verbessern.

Tiefkniebeuge

Umspringen

Umsetzen

Reißen

Stoßen

Bankdrücken

Die Intensität des Krafttrainings kann folgendermaßen gegliedert werden:
30– 50 % gering
50– 70 % leicht
70– 80 % mittel
80– 90 % submaximal
90–100 % maximal

Demnach gelten auch für Radsportler im Krafttraining folgende Belastungsnormative bei unterschiedlichen Trainingsmethoden:

Methode	Reizintensität	Wiederholungen	Pause	Serien	Bewegungstempo	Trainingsziel
Wiederholungsmethode (I)	85– 100 %	1– 5	2–5 Min.	3–5 5–8	zügig/ explosiv	Maximalkraft und Explosivkraft
Wiederholungsmethode (II)	70– 85 %	6–10	2–4 Min.	3–5	zügig/ langsam	Maximalkraft (Hyperthrophie)[1]
Intensive Intervallmethode (III)	50– 75 %	6–10	3–5 Min.	4–6	explosiv	Explosivkraft/Schnellkraft (azyklisch)
Intensive Intervall methode (IV)	30– 50 %	6–10	2–5 Min.	4–6	explosiv	Schnellkraft und Kraftschnelligkeit (azyklisch und zyklisch)
Extensive Intervallmethode (V)	40– 60 %	10–20	30–90 Sek.	3–5	schnell oder sehr schnell	Maximalkraftausdauer und Schnellkraftausdauer
Extensive Intervallmethode (VI)	25– 40 %	über 30	30–60 Sek.	4–6	zügig/ schnell	Kraftausdauer und Ausdauerkraft

[1] Die Sportmedizin unterscheidet Muskelzuwachs infolge einer Zunahme an Masse bei jeder einzelnen Muskelfaser (Hypertrophie) und infolge der Vermehrung der Muskelfasern (Hyperplasie).

LETZELTER modifiziert nach HARRE

Zur Pausenlänge ist ergänzend zu sagen, daß die nächste Übung nicht vor dem Absinken der Pulsfrequenz unter 120 erfolgen sollte und daß bei Ganzkörperübungen (z. B. Reißen) die Pausen größer sein müssen als bei Teilkörperübungen (z. B. Bankdrücken).

Wendet man die Anweisungen der oben abgebildeten Tabelle auf die verschiedenen Krafttrainingsarten an, dann ergeben sich folgende Hinweise für das Maximalkraft-, Schnellkraft- und Kraftausdauertraining.
Das Training der Maximalkraft steht am Ende eines systematischen Aufbaus des allgemeinen Krafttrainings. Bezogen auf den langjährigen Trainingsaufbau erfolgt es verstärkt nach einigen Jahren des überwiegend der Kraftausdauer und der Schnellkraft dienenden Trainings, bezogen auf die Vorbereitungsperiode innerhalb eines Trainingsjahres setzt es erst nach vier bis sechs Wochen des auf Kraftausdauer und Schnellkraft ausgerichteten Aufbautrainings ein. Voraussetzung für jedes spezielle, zielgerichtete Krafttraining ist die Ermittlung der Maximalkraft, ohne die die Reizintensitäten nicht korrekt eingehalten werden können. Das sollte in regelmäßigen Tests wiederholt werden.
Beim *Maximalkraft*training sind Bewegungsreiz und Trainingswirkung auf die Querschnittszunahme der Muskulatur gerichtet. Dazu sind höchste Widerstände erforderlich, die wiederum geringe Wiederholungszahlen pro Serie bewirken. Wenn Sprinter ihre maximalkraftabhängige Explosivkraft verbessern wollen, müssen sie alle Wiederholungen explosiv und mit höchster Bewegungsgeschwindigkeit ausführen. Sobald diese nachläßt, müssen die Wiederholungen oder die Serien abgebrochen werden.

Beim allgemeinen Training der Maximalkraft haben sich vor allem drei Methoden bewährt:
1. die Methode der progressiv ansteigenden Widerstände (Pyramidentraining),
2. die Methode der wiederholten Krafteinsätze,
3. die Methode der maximalen Krafteinsätze.
Das Standardmodell des *Pyramidentrainings* ist in der Abbildung Seite 193 dargestellt.
Ein weiteres Beispiel für einen progressiven Anstieg: 10 × 70 Prozent; 7 × 80 Prozent; 5 × 85 Prozent; 3 × 90 Prozent; 1 × 100 Prozent.
Die Intensitätsangaben beziehen sich immer auf die für die jeweilige Übung geltende Maximallast. Der günstigste Intensitätsbereich liegt beim Pyramidentraining zwischen 70 und 100 Prozent bei einer bis acht und maximal zehn Wiederholungen. Die Pausenlänge zwischen den Serien sollte zwischen drei und sechs Minuten betragen. Jedes Pyramidentraining ist durch eine Zunahme der Belastung bei gleichzeitiger Abnahme der Wiederholungszahlen pro Serie gekennzeichnet. Nach dem Erreichen des Py-

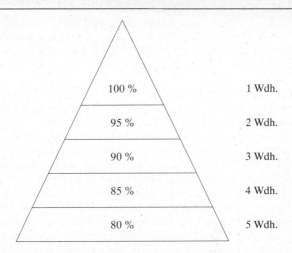

ramidengipfels kann in weiteren Serien zum Ausgangspunkt zurückgekehrt werden. Im Verlauf eines Trainingsabends können mehrere Pyramiden absolviert werden. Das Pyramidentraining sichert dem Radsportler größtmöglichen Kraftgewinn durch höchstmögliche Muskelspannung bei hoher Belastung mit größtmöglicher Muskelkoordination.

Bei Anwendung der Methode der *wiederholten Krafteinsätze* wird vor allem die Maximalkraftausdauer in den Anfangsetappen der Kraftentwicklung trainiert. Abhängig von der Intensität ergeben sich zwei Variationen dieser Methode. Bei 50- bis 60prozentiger Intensität und vielen Wiederholungen wird die Entwicklung der Muskelmasse günstig beeinflußt. Bei einer Intensität von 85–100 Prozent und sechs bis acht Wiederholungen steigt die Maximalkraft schneller und die Zunahme der Muskelmasse ist geringer. Die erste Variante eignet sich besser für Fahrer, deren Muskeln noch wenig ausgeprägt sind, während die zweite Variante Fahrern mit starker Muskelbildung einen zusätzlichen Kraftgewinn ohne weiteres Muskelwachstum sichert.

Für die Kraftentwicklung besonders bedeutsam sind immer die letzten Versuche bzw. Wiederholungen in einer Serie. Durch das wiederholte Heben wird eine submaximale allmählich zu einer maximalen Last. Die daraus resultierende Erschöpfung wird durch eine Pausenlänge von drei bis sechs Minuten ausgeglichen.

Die Methode der *maximalen Krafteinsätze* unterscheidet sich von der zuletzt dargestellten Methode eigentlich nur in der Anzahl der Wiederholungen. Für den Radsport ist sie bedeutsam, weil sie die Entwicklung der relativen Kraft fördert. Das Krafttraining im Intensitätsbereich von 95-100 Prozent und einer bis drei Wiederholungen und ungefähr sechs Serien fördert den Kraftzuwachs ohne wesentliche Erhöhung der Muskelmasse. Dies ist jedoch nur sinnvoll für Athleten, die bereits über eine gute Maximalkraft verfügen.

Alternativ kann auch im Intensitätsbereich von 85-95 Prozent bei drei bis fünf Wiederholungen trainiert werden. Allgemein eignet sich diese Methode gut zur Entwicklung der Explosiv- und Startkraft. Sie folgt im Training in der Regel nach der Methode der wiederholten Krafteinsätze.

Ein spezielles Training der Maximalkraft kann der radfahrende Athlet durchführen, indem er in mittleren (70-88 Zoll) bis hohen Gängen (ab 90 Zoll) mit 80 bis 100 Prozent der maximalen Kraft trainiert. Als trainingswirksam hat sich auch eine Serie von zwei bis acht Sprints von ungefähr 30 Sekunden Dauer erwiesen.

Das *Schnellkraft*training tritt wie das Maximalkrafttraining erst mit der Verbesserung des Trainingszustandes und mit zunehmendem Alter in den Vordergrund. Die dabei gesetzten Trainingsreize verbessern die Kontraktionsgeschwindigkeit der Muskulatur bei äußeren Widerständen. Da Schnellkraft immer eine optimale Bereitschaft voraussetzt und ohne eine ausgeprägte Koordination undenkbar ist, ist Schnellkrafttraining zugleich Koordinationstraining. Um einen Zuwachs an Schnellkraft zu erzielen, müssen kurze Maximalbeanspruchungen schnell aufeinander folgen. Da beim Radfahren schnelle Bewegungen vorherrschen, sollte auch die Höhe der Widerstände im Schnellkrafttraining des Radsportlers möglichst niedrig sein (30-50 Prozent). Alle Übungen werden mit maximaler Geschwindigkeit ausgeführt, die Zahl der Serien ist höher als beim Maximalkrafttraining. Die Erholungspausen zwischen den einzelnen Übungen und Serien sollten vollständig sein.

Für das Schnellkrafttraining eignet sich vor allem die intensive Intervallmethode (vgl. Abbildung S. 191), die auch in Form des Pyramidentrainings angewandt werden kann. Dabei sind jedoch keine ganzen Pyramiden bis zum 100-Prozent-Niveau üblich, sondern sogenannte «Pyramidenstümpfe». Von solchen «Pyramidenstümpfen» können vier bis sechs Serien mit unterschiedlichen Trainingsinhalten absolviert werden. Es sollte aber darauf geachtet werden, die Reizintensität von 50 Prozent nicht zu überschreiten. Nur dann ist gewährleistet, daß die Übungen auch wirklich explosiv ausgeführt werden können.

Die spezielle Schnellkraft des Radsportlers kann durch Fahren mit kleinen (unter 70 Zoll) bis mittleren (70-88 Zoll) Übersetzungen mit möglichst hoher Tretfrequenz (120 bis 150 Umdrehungen pro Minute) trainiert werden. Hier gelten in etwa die gleichen Grundsätze wie beim allgemeinen Schnellkrafttraining, so daß auch vier bis sechs Serien mit Erholungspausen von 5 Minuten erfolgen können.

Allgemeines Schnellkrafttraining qualifizierter Bahnfahrer nach der Methode der progressiven und regressiven Belastung

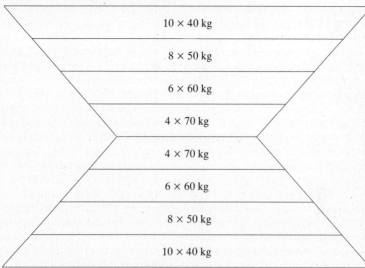

Trainingsinhalt: Umsetzen mit der Scheibenhantel

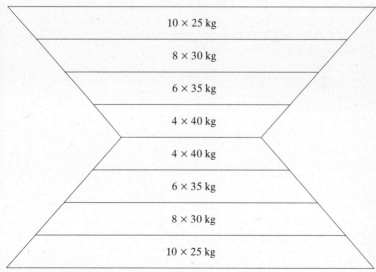

Trainingsinhalt: (halbe) Kniebeuge mit der Scheibenhantel

Beim *Kraftausdauer*training ist die Reizsetzung auf den Stoffwechsel und die Energiebereitstellung im Muskel gerichtet. Ein Zuwachs an Kraftausdauer entsteht bei relativ niedrigen Belastungen (ca. 30–50 Prozent der Maximalkraft) mit häufigen Wiederholungen mit einer mittleren Geschwindigkeit. Im Gegensatz zum Maximalkraft- oder Schnellkrafttraining bleiben die Erholungspausen unvollständig. Die Betonung liegt auf dem Trainingsumfang. Besonders beim Anfängertraining sollten eine geringe Belastung mit einem größeren Umfang kombiniert werden. Dennoch sind beim Kraftausdauertraining höhere Widerstände nötig, als sie im Wettkampf zu überwinden sind. Deshalb sollte die spezielle Kraftausdauer des Radsportlers durch 30- bis 50minütiges Fahren mit höheren Gängen als im Wettkampf trainiert werden. Radsportroutiniers praktizieren kaum noch ein allgemeines Kraftausdauertraining, statt dessen überwiegt im Bereich des Hochleistungssports immer mehr ein disziplinbezogenes Kraftausdauertraining.

Für Anfänger und Fortgeschrittene hat sich in der Vorbereitungsperiode ein allgemeines Kraftausdauertraining nach der extensiven Intervallmethode am Mehrzweckgerät bewährt. Dabei trainieren die Sportler an mehreren Stationen des Mehrzweckgerätes jeweils 20 bis 30 Sekunden lang. Nach den schnell ausgeführten Übungen pausieren sie ebenfalls 20 bis 30 Sekunden, so daß sich drei Intensitätsstufen ergeben können:

Intensitätsstufe I: 20 Sekunden Belastung, 30 Sekunden Pause
Intensitätsstufe II: 25 Sekunden Belastung, 25 Sekunden Pause
Intensitätsstufe III: 30 Sekunden Belastung, 20 Sekunden Pause

Nach jedem kompletten Durchgang (6–8 Stationen) wird eine Pause von etwa 5 Minuten gemacht. Normalerweise werden zwei bis vier Durchgänge absolviert.

Übungsfolge am Mehrzweckgerät
Übung I: Schulterdrücken aus der Kniebeuge

Übung II: Armdrücken aus dem Sitz

Übung III: Beindrücken aus dem Sitz

Übung IV: Vorbeuge aus der Rückenlage

Übung V: Beinheben aus der Rückenlage

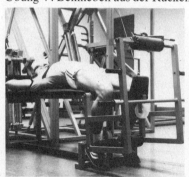

Kraft

Übung VI: Armdrücken aus der Rückenlage

Übung VII: Beinanziehen aus der Bauchlage

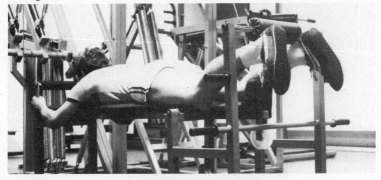
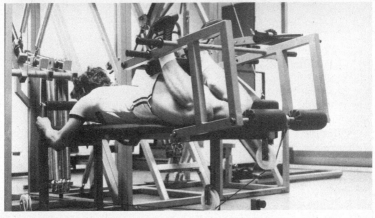

Übung VIII: Beinheben aus dem Hängen

Schnelligkeit und Schnelligkeitstraining
Die Schnelligkeit des Radsportlers ist direkt von seiner Kraft abhängig. Wenn ein Radfahrer seine Maximalgeschwindigkeit erreichen will, muß er in der Lage sein, große äußere Kräfte zu entwickeln, d. h. große Gänge zu bewegen. Das zeigt sich sehr deutlich beim Endspurt von Profi-Straßenrennen, wo die Fahrer oftmals Übersetzungen um 53/12 bewältigen. Es besteht folglich ein enger Zusammenhang zwischen den konditionellen Eigenschaften Kraft und Schnelligkeit.
Die Bewegungsgeschwindigkeit ist von der Größe der äußeren Widerstände abhängig. Je größer die äußeren Widerstände (Übersetzungen) werden, desto langsamer wird die Bewegungsgeschwindigkeit. Bei geringen äußeren Widerständen wird die Bewegungsgeschwindigkeit durch die Schnelligkeit der Nervenprozesse begrenzt, bei hohen äußeren Widerständen durch die Kraft. Da Schnelligkeit von allen konditionellen Eigenschaften am meisten anlagebedingt ist, sind Leistungsverbesserungen im Bereich der Maximalgeschwindigkeit durch Training bescheiden. Viel einfacher ist es dagegen, das Kraftvermögen zu erhöhen.
Für den Radsportler ist Schnelligkeit die konditionelle Eigenschaft, die ihn befähigt, schnell zu reagieren und die zyklische (sich wiederholende) Be-

wegung des Radfahrens bei unterschiedlichen Widerständen (Übersetzungen) mit höchster Bewegungsgeschwindigkeit auszuführen. Schnelligkeit setzt sich aus vier Faktoren zusammen:
– Reaktionszeit (Zeit, die vom Geben eines Signals bis zum Beginn einer willkürlichen Bewegung vergeht),
– Geschwindigkeit der Bewegung (Schnelligkeit des Pedalierens),
– Häufigkeit der Bewegung pro Zeiteinheit (Bewegungsfrequenz),
– erzielte Fortbewegungsgeschwindigkeit.

Die ersten drei Faktoren sind nachweislich relativ unabhängig voneinander.

Da die Bewegungen des Radfahrens zu den zyklischen Bewegungen gehören, ist die Schnelligkeit der Bewegungsabläufe beim Radfahren immer das Produkt aus Übersetzung und Trittfrequenz (Bewegungsfrequenz). Das Optimum dieses Produkts nennt man auch die Grundschnelligkeit des Radsportlers. Sie ist das Ergebnis der maximalen Bewegungsgeschwindigkeit und der Maximalkraft.

Die zyklische Schnelligkeit bei Fortbewegungen, die bei Null beginnen (z. B. Start zum 1000-m-Zeitfahren oder zum Verfolgungsrennen), besteht aus:
– der Reaktionszeit am Start,
– der (Bewegungs-)Beschleunigung auf den ersten Metern,
– der Grundschnelligkeit und
– der Schnelligkeitsausdauer.

Die Fortbewegungsschnelligkeit des Sprinters hängt von vier dementsprechenden «Sprinteigenschaften» ab:
– Reaktionszeit,
– Sprintkraft (Fähigkeit, möglichst hoch und möglichst lange zu beschleunigen),
– Sprintschnelligkeit (Fähigkeit, eine möglichst hohe Maximalgeschwindigkeit zu erreichen),
– Sprintausdauer (Fähigkeit, die maximale Geschwindigkeit möglichst lange beizubehalten und den Geschwindigkeitsabfall verringern zu können).

Die entscheidende Fähigkeit des Sprinters ist seine Sprintkraft. Sprintkraft und Sprintschnelligkeit bedingen sich.

Schnelligkeitstraining
Grundsätzlich gilt, daß Schnelligkeit nur durch Schnelligkeit zu trainieren ist. Das Schnelligkeitstraining sollte immer am Anfang des Konditionstrainings stehen. Für das Training der einzelnen Schnelligkeitsfaktoren gelten folgende Grundsätze.

Die Schulung der einfachen Reaktion, wie sie vor allem beim Bahnradsport verlangt wird, erfolgt primär durch wiederholtes, möglichst schnelles Rea-

gieren, beispielsweise auf Pfiff. Diese Methode ist vor allem bei Anfängern erfolgversprechend. Bei routinierten Fahrern gehen von Sprintläufen gegen andere Fahrer größere Trainingserfolge aus. In jedem Fall sind Übungen zur Verbesserung der Konzentration nutzbringend.
Da Menschen, die Zeitintervalle (Zehntel- oder Hundertstelsekunden) genau wahrnehmen können, sich durch eine hohe Reaktionsschnelligkeit auszeichnen sollen, kann auch die *sensorische* Methode zur Reaktionsschulung verwandt werden. In einem ersten Lernschritt kann der Radsportler die Startbeschleunigung bis zu einer bestimmten Marke auf ein Signal hin maximal schnell ausführen. Nach jedem Versuch wird dem Fahrer die benötigte Zeit mitgeteilt. Später muß der Fahrer selbst die seiner Meinung nach benötigte Zeit angeben, und sie wird mit der tatsächlich benötigten Zeit verglichen. Zum Abschluß dieser Methode versucht der Fahrer, die Strecke in vorher festgelegten Zeiten zurückzulegen.
Bevor die maximale Bewegungsgeschwindigkeit trainiert werden kann, muß der Sportler in der Lage sein, die Bewegungsfrequenz zu steigern. Im Radsport hat sich zur Schnelligkeitsverbesserung vor allem das Training mit kleinen Übersetzungen (unter 70 Zoll) und mit möglichst hoher Tretfrequenz bewährt. Kleine Gänge lassen sich von jedem mit maximaler Geschwindigkeit bewegen, wobei die Bewegung so einfach ist, daß sich der Sportler ganz auf die Ausführungsgeschwindigkeit konzentrieren kann. Außerdem bildet sich durch häufiges Fahren mit kleinen Übersetzungen eine für den Radsportler günstige Muskelstruktur aus. Fortgeschrittene steigern die Tretgeschwindigkeit bis zu 150 Umdrehungen pro Minute.
Um zu vermeiden, daß der Sportler ab einer bestimmten Geschwindigkeit stagniert («Geschwindigkeitsbarriere»), müssen die Übungsformen häufig verändert werden. Dies kann durch die Benutzung eines starren Gangs mit kleiner Übersetzung geschehen, was zu einer erhöhten Bewegungsgeschwindigkeit und gleichzeitig zu einer verbesserten Bewegungsausführung führt. Eine andere Möglichkeit zur Überwindung der Geschwindigkeitsbarriere ist das Bergabfahren, wobei höhere Bewegungsgeschwindigkeiten als im flachen Terrain zu erzielen sind. Ein ähnlicher Effekt läßt sich durch das Fahren hinter einem Schrittmacher (Motorrad) erreichen. Generell tragen alle Übungen unter erleichterten Bedingungen zur Überwindung von Geschwindigkeitsbarrieren bei.
Da alle Schnelligkeitsdisziplinen in einem bestimmten Maß von der Schnelligkeitsausdauer abhängig sind (wer hat noch nicht einen 1000-m-Fahrer in der letzten Runde «sterben» gesehen?), gehört zum Schnelligkeitstraining auch die Verbesserung der Schnelligkeitsausdauer. Letztere ist weitaus besser trainierbar als die von vielen anlagebedingten Faktoren (Viskosität der Muskeln, anthropometrische Merkmale) abhängige Grundschnelligkeit.
Für jedes Schnelligkeitstraining gelten die allgemeinen Belastungsmerkmale. Die Reizhöhe beim Schnelligkeitstraining ist immer maximal, sie

liegt grundsätzlich über 95 Prozent. Der Trainierende ist stets bestrebt, das best- und schnellstmögliche Bewegungsergebnis zu erzielen. Die Hauptform des Schnelligkeitstrainings ist deshalb die Wiederholungsmethode (vgl. S. 183), zur Schulung der Schnelligkeitsausdauer ist auch die Methode der intensiven Intervallarbeit (vgl. S. 182 f) anzuwenden.

Der Wiederholungsmethode entsprechend ist auch die Reizdichte zu gestalten. Die Erholungsintervalle sind relativ groß. Die Pausenlängen betragen 3 bis 12 Minuten, vor der Wiederholung der Belastung hat sich ein aktives ‹Wiedereinfühlen› in den Bewegungsablauf bewährt. Es bietet sich also eine Kombination aus einem der vollständigen Wiederherstellung dienenden passiven und einem in die Bewegung wieder einführenden aktiven Pausenteil an. Für die gesamte Pausenlänge gilt der Grundsatz: so lange wie nötig und so kurz wie möglich.

Die Belastungsdauer soll nach Erreichen der Höchstgeschwindigkeit 1 bis 3 Sekunden betragen. Auf jeden Fall muß sie so ausgewählt sein, daß sich die Geschwindigkeit über die ganze Zeit optimal halten läßt. Die Phase der Beschleunigung ist also von der Belastungsdauer ausgenommen. Für die Entwicklung der Schnelligkeit ist einzig und allein die Zeitspanne der maximalen Bewegungsgeschwindigkeit relevant.

Beim Gesamtumfang, der von der Wiederholungszahl und der Dauer jeder Einzelbelastung bestimmt wird, ist vor allem drauf zu achten, daß nur so viele Wiederholungen ausgeführt werden, wie ohne Geschwindigkeitsreduktion verwirklicht werden können. Üblich ist die serienmäßige Anordnung einer Reihe von Sprints, die «fliegend» ausgeführt werden. Der entscheidende Trainingseffekt geht von den 50 Meter oder 3 Sekunden aus, in denen die höchstmögliche Geschwindigkeit entwickelt wird.

Die genaue Anzahl der Wiederholungen, der Serien und die Länge der Pausen können hier nicht allgemeinverbindlich angegeben werden. Sie sind abhängig vom Trainingszustand und Trainingsalter des Radsportlers sowie von den Anforderungen an die Schnelligkeit in den verschiedenen Radsportdisziplinen. So wird ein Sprinter das Schnelligkeitstraining weitaus häufiger betreiben als ein Straßenfahrer, der Schnelligkeit nur für Spurts benötigt, oder gar ein Querfeldeinfahrer, der maximale Bewegungsgeschwindigkeiten auf dem Fahrrad so gut wie nie erreicht. Ein Verfolger wiederum wird sich mehr auf die Ausprägung der Schnelligkeitsausdauer konzentrieren, da im Verlaufe seines Wettbewerbs nie die maximal mögliche Geschwindigkeit verlangt wird. Statt dessen wird er wie der 1000-m-Zeitfahrer ein besonderes Augenmerk auf die Entwicklung der Anfangs- oder Beschleunigungskraft legen.

Beweglichkeit und Beweglichkeitstraining
Beweglichkeit ist die motorische Grundeigenschaft, die die Leistung des Radsportlers am wenigsten beeinflußt. Dennoch darf sie im Training keinesfalls vernachlässigt werden. Beweglichkeit ist die Fähigkeit der Gelenke, ihre Bewegungsmöglichkeiten nach allen Seiten hin optimal ausnutzen zu können. Sichtbarer Ausdruck der Beweglichkeit ist es, willkürliche Bewegungen mit einer großen Schwingungsweite (Bewegungsamplitude) in bestimmten Gelenken auszuführen. Dies wird häufig auch als Gelenkigkeit, Biegsamkeit, Geschmeidigkeit oder Flexibilität bezeichnet.
Der Radsport verlangt kaum eine spezielle Beweglichkeit wie das Turnen oder der Hürdenlauf, aber ein hohes Maß an allgemeiner Beweglichkeit. Es ist völlig ausreichend, wenn die Beweglichkeit des radfahrenden Athleten optimal entwickelt wird, und zwar so, daß eine ungehinderte Bewegungsausführung auf dem Fahrrad in jeder Situation garantiert wird. Jeder Radsportler sollte fähig sein, die wichtigsten Gelenksysteme (Schultergelenk, Fußgelenk, Hüftgelenk und Wirbelsäule) über das als «normal» bezeichnete Maß hinaus bewegen zu können.
Eine gute allgemeine Beweglichkeit hilft gleichzeitig mit, Verletzungen zu vermeiden, Kraft, Ausdauer und Schnelligkeit voll zu entfalten, bei wechselnden Wettkampfbedingungen eine bessere Bewegungsqualität beibehalten zu können, bestimmte Bewegungsausführungen schneller und leichter zu erlernen sowie technisch saubere und damit ökonomische Bewegungsabläufe zu garantieren. Die Beweglichkeitsschulung ist also ein unverzichtbarer Bestandteil des Radsporttrainings. Dabei muß jedoch das richtige Verhältnis zu den anderen Eigenschaften berücksichtigt werden. Übermäßiges Krafttraining engt die Beweglichkeit ein, übertriebenes Beweglichkeitstraining – vor allem übermäßige Dehnungen – beeinträchtigt die Schnellkraft bzw. die allgemeine Muskelkräftigung.

Beweglichkeitstraining
Ein Beweglichkeitstraining wird vom aktiven Radsportler zusätzlich zum sonstigen Training in Form einer Früh- bzw. Morgengymnastik (unter den Bedingungen der Ermüdung ist Beweglichkeitstraining kaum wirksam) täglich durchgeführt. Die Erfüllung dieser «Hausaufgabe» gehört zum Pflichtprogramm im Radsporttraining.
Im folgenden eine kleine Übungsauswahl für eine sinnvolle Morgengymnastik (vgl. Fotos Seite 205 bis 207) und ein Beweglichkeitstraining (vgl. Fotos Seite 208 bis 213).

Bei jedem Beweglichkeitstraining sind folgende methodische Hinweise zu beachten:
- Die Übungen sollten vielfältig sein und die Bewegungsamplitude über das im Wettkampf erforderliche Maß hinaus vergrößern (z. B. Dehn-

übungen bis in den Grenzbereich der Beweglichkeit, um einen Leistungsfortschritt zu erzielen);
- die maximale Bewegungsamplitude wird langsam erreicht und schrittweise erhöht (Üben im Grenzbereich);
- ein Teil der Gymnastik dient als Ausgleichsgymnastik der im Wettkampf weniger beanspruchten Muskulatur (besonders wichtig für ‹ältere› Sportler);
- um den durch häufiges Radfahren verursachten Verspannungen der Muskulatur im Lendenwirbelbereich und Rückenschmerzen vorzubeugen, kommt der Gymnastik für Bauch und Rücken eine besondere Bedeutung zu;
- Beweglichkeitsübungen werden durch Lockerungs- und Entspannungsübungen ergänzt;
- Beweglichkeitsübungen werden am besten nach dem Ausdauertraining im Hauptteil einer Trainingseinheit eingeplant;
- zur Erhaltung der Beweglichkeit reicht ein verminderter Trainingsumfang aus. Bei Trainingsunterbrechungen geht Beweglichkeit schnell verloren.

Kräftiges Ein- und Ausatmen

Kopf abwechseln in den Nacken und auf die Brust legen

Lockeres Schulter-
und Oberarmkreisen

Dehnen der Brust-
und Schultermuskulatur

Lockeres Unterschenkelkreisen

Dehnen im Grätschstand

Beweglichkeit

Achterkreisen des linken und rechten Beins
Linken Fuß an die rechte Hand führen und umgekehrt

Oberkörper nach vorn beugen; die Hände fassen an die Fersen

Lockeres Rumpfkreisen

Hüftdehnen seitwärts

«Holzhacken»

Abschließend soll ein Gymnastikprogramm vorgestellt werden, das sich im Grundlagen- und Aufbautraining jugendlicher Radsportler bewährt hat. Es handelt sich ursprünglich um eine Konditionsgymnastik für Hürdenläufer und Sprinter, die bereits 1965 vom amerikanischen Olympiasieger im 110-m-Hürdenlauf, Willie Davenport, in Deutschland bekanntgemacht wurde. Diese Gymnastik dient neben der Beweglichkeitsschulung wegen der Häufigkeit der Wiederholungen und der fast pausenlos aufeinanderfolgenden Durchführung der einzelnen Übungsteile gleichzeitig auch der Schnelligkeits- und Muskelausdauer. Die enormen Anforderungen an Muskeln und Kreislauf führen zu einer hervorragenden muskulären Durchbildung, die die Anfälligkeit gegen Muskelverletzungen stark vermindert.

Die Übungen werden in folgender Reihenfolge durchgeführt, dabei kann die Anzahl der Wiederholungen je nach Leistungsfähigkeit und Trainingszustand variiert werden:

Übung 1: Sprung in die Grätschstellung mit Zusammenführen der Arme über dem Kopf und zurück («Hampelmann»); 80 Wiederholungen.

Übung 2: Rechte Hand zum linken Fuß und umgekehrt; jede Seite 10 Wiederholungen.

Übung 3: Aufrichten, Beugen und Zurücklegen des Oberkörpers; 40 bis 60 Wiederholungen.

Übung 4: Nach dem Beugen und nach dem Strecken wird jedesmal mit der leicht geschlossenen Hand ein kräftiger Schlag auf die Magengegend ausgeführt; 30 Wiederholungen.

Übung 5: Wie Übung 1; 80 Wiederholungen.

Übung 6: Hürdensitz, rechts und links dehnen; jede Seite bis 40 Wiederholungen.

Übung 1

Übung 2

Beweglichkeit

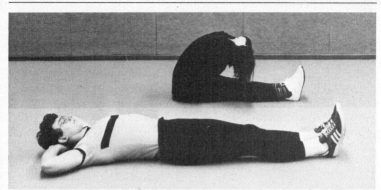

Übung 3

Übung 4 (a)

Übung 4 (b)

Übung 6

Übung 7: Radfahren, langsam beginnen bis Höchsttempo; 1–2 Minuten.
Übung 8: Ausgangsstellung (8/1), Rumpfbeuge vorwärts (8/2), anschließend Kniebeuge (8/3); jeder Übungsteil 40mal.
Übung 9: Liegestütz; 10 Serien und je 4 sehr schnelle Wiederholungen; kurze Ruhepause in Ausgangsstellung, Brust am Boden.
Übung 10: Wie Übung 1, jedoch 40 bis 60 Wiederholungen, je nach Ermüdungserscheinung.
Übung 11: Ausgangsstellung aufgestützte Arme, 1 Bein angewinkelt, dann Wechselschritt; jedes Bein 40 Wiederholungen.
Übung 12: Intensives Dehnen, Ellbogen bis in Bodennähe, nach je 4 Wiederholungen (= 1 Serie) kurzes Aufrichten zur Ausgangsstellung; nach 10 Serien werden nochmals 10 Serien mit noch weiter gegrätschten Beinen durchgeführt.

Übung 7

Übung 8

Beweglichkeit

Übung 9

Übung 11

Übung 12

Übung 13: Kräftig nach beiden Seiten ziehen; jede Seite 10 Wiederholungen.
Übung 14: Aus der Kerze rechtes und linkes Bein abwechselnd heben; jedes Bein 20 bis 30 Wiederholungen.
Übung 15: «Schaukelstuhl» vor und zurück (= 1 Übungsgang); 10–15mal wiederholen.
Übung 16: Wie Übung 3, 40 Wiederholungen.
Übung 17: Wie Übung 1, jedoch 40 bis 60 Wiederholungen.
Übung 18: Mit geschlossenen Beinen aus der Ausgangsstellung Zurückschlagen der Beine, von der Mitte jeweils nach rechts und links mit Auftippen der Fußspitzen, dann wieder zurück in die Ausgangsstellung; 10 Wiederholungen.

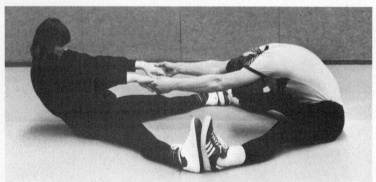

Übung 13

Übung 14

Beweglichkeit

Übung 15

Übung 18 (a)

(b)

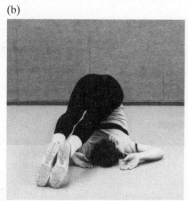

(c)

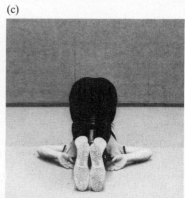

Trainingsplanung

Zu den wichtigsten Aufgaben eines Trainers gehört neben der Gestaltung und Durchführung die Planung des Trainings. Der *Trainingsplan* ist eine systematische Anordnung von Einzelmaßnahmen und Elementen des Trainings zum Erreichen eines Trainingszieles. Als Ergebnis der Trainingsplanung ist der Trainingsplan lediglich ein theoretischer Vorentwurf eines längerfristigen Trainingsprozesses. Planung und Verwirklichung des Trainings dürfen keineswegs gleichgesetzt werden.
Ein allgemeiner Trainingsplan ist kein «Kochbuch». Er bietet noch nicht einmal die Gewähr, daß er überhaupt praktisch durchführbar sein wird. Vielmehr muß er einerseits jeweils individuell den Entwicklungs- und Leistungsstand des einzelnen Sportlers sowie dessen soziale Verhältnisse (Schule, Beruf, Familie, Freundeskreis) mitberücksichtigen, andererseits darf nicht erwartet werden, daß er ohne Korrekturen verwirklicht werden kann. Im Verlauf jedes Trainings ergeben sich nämlich Umstände (Wetter, Krankheit, Berufs- und Schulprobleme, Verletzung usw.), die eine Veränderung oder Erweiterung erforderlich machen.
Das alles ist nur möglich, wenn es zu ständigen Rückmeldungen zwischen Sportler und Trainer kommt. Die Trainingsplanung ist also kein einmaliges Ereignis, sondern ein ständiger Prozeß, der in Zusammenhang mit den Erfahrungen der Trainingspraxis zu sehen ist. Dem Aktiven gibt er nicht nur Informationen, sondern auch Identifikationsmöglichkeiten mit dem Training und Motivationsanreize.

Die *Trainingsplanung* sollte in einzelnen Arbeitsschritten erfolgen:
1. Um der ungeprüften Übernahme eines erarbeiteten Planes zu entgehen, ist als erster Schritt der Trainingsplanung eine sogenannte *Istzustandsanalyse* zu erstellen. Damit soll der gegenwärtige Trainingszustand eines Sportlers möglichst genau bestimmt werden, damit man nicht von falschen Voraussetzungen ausgeht. Ohne genaue Analyse des Istzustandes wird der vorherzusagende Sollzustand niemals genau bzw. optimal getroffen werden. Zur Istzustandsanalyse gehören vor allem die Feststellung des Gesundheitszustandes, der Einstellung, des konditionellen Zustandes, des technischen und taktischen Niveaus, der zur Verfügung stehenden Trainingszeit, der beruflichen und schulischen Belastung, der vorhandenen Trainingsvoraussetzungen (Halle, Kraftraum, Geräte, Übungsleiter usw.), der Ernährungsmöglichkeiten und der sportmedizinischen Betreuung eines Sportlers. Im Radsport sollten deshalb wie in allen anderen Individualsportarten ausschließlich Trainingspläne gemäß dem *Prinzip der Individualität* ausgearbeitet werden. Mit Gruppentrainingsplänen werden sich die angestrebten Ziele selten erreichen lassen!

2. In einem zweiten Schritt werden übergeordnete *Ziele* (Jahresziele) und diesen untergeordnete *Teilziele* festgelegt. Ziele sind meist dann richtig formuliert, wenn sie auch überprüfbar sind. Sie sind keine Fakten, sondern eher Wünsche, Vorstellungen und Prognosen. Jede Trainingsplanung sollte zielorientiert betrieben werden, d. h. nicht von vorhandenen Inhalten, sondern von formulierten Zielen ausgehen. Eine solche von den Zielen bestimmte Trainingsplanung wird ihre Teilziele auf die verschiedenen Zeitpunkte des Trainingsjahres und auf die verschiedenen Leistungskomponenten (Ausdauer, Kraft, Schnelligkeit, Beweglichkeit) und deren Erscheinungsweisen beziehen.
3. Das dritte Aufgabenfeld der Trainingsplanung ist die *Periodisierung* und *Terminierung* des Trainings. Da die Periodisierung des Trainings eingehend im Abschnitt über die Trainingsprinzipien behandelt wird, soll hier der Hinweis genügen, daß zur Terminierung selbstverständlich auch konkrete Termine der Leistungskontrollen (im Winter mindestens alle zwei Monate, im Sommer monatlich) sowie der Verfahren zur Diagnose der Leistung und der Trainingseffektivität gehören.
4. Schließlich umfaßt die Trainingsplanung auch die inhaltliche *Gestaltung* und *Belastungsdosierung* des Trainings. Darunter fallen Angaben zu Trainingsmethoden und -inhalten ebenso wie die Festlegung des neuen Verhältnisses von allgemeiner und spezieller sowie konditioneller, technischer und taktischer Ausbildung.

Auf den Seiten 217 bis 222 sind einige Beispiele für *Trainingspläne* von Radsportlern wiedergegeben.
Sie stellen den Versuch dar, die theoretischen Erkenntnisse der Trainingslehre und der Sportwissenschaft in praktische Empfehlungen zur Gestaltung der verschiedenen Trainingsabschnitte umzusetzen. Dabei ist zu beachten, daß diese Ausarbeitungen lediglich der Orientierung im Hinblick auf die konkrete Trainingsgestaltung dienen, keineswegs jedoch als verbindlich anzusehen sind. Da Training immer ein individueller Vorgang ist, der niemals genau imitiert werden darf und kann, muß jeder Radsportler unter Berücksichtigung seiner speziellen Gegebenheiten und sportlichen Voraussetzungen einen eigenen Trainingsplan erstellen. Daß dies immer in Absprache oder unter Anleitung eines Trainers geschehen sollte, dürfte selbstverständlich sein.
Die Trainingspläne beginnen mit dem Abdruck eines individuellen Jahrestrainingsplans eines der Juniorenleistungsklasse angehörenden Bahnfahrers (Verfolger). Er gibt den geplanten Ablauf des sechsten Trainingsjahres dieses Athleten wieder. Die Trainingsumfänge sind angegeben, Aussagen zur Trainingsintensität werden ebenfalls gemacht. In ähnlicher Weise lassen sich Jahresplanungen für alle Leistungsklassen und Radsportdisziplinen in Tabellenform übersichtlich entwerfen.

Es folgen einige Trainingspläne für die Vorbereitungs- und Wettkampfperiode für unterschiedliche Leistungsklassen. Hier ist zu berücksichtigen, daß die Trainingsvorschläge von den unteren zu den höheren Leistungsklassen hinführen. Anfänger und Schüler unterscheiden sich hinsichtlich Umfang und Intensität erheblich von Fortgeschrittenen und Jugendlichen und dürfen erst recht nicht den Trainingsanforderungen von Leistungssportlern ausgesetzt werden. Erst wer etwa zwei Jahre in Anlehnung an die Pläne für die Schülerklasse A trainiert hat, sollte sein Training in den nächsten beiden Trainingsjahren so weit forcieren, daß er die Fortgeschrittenenstufe verlassen und mit dem intensiven Leistungstraining beginnen kann. Das Training der der Schülerklasse entwachsenen Jugendlichen entspricht etwa dem dritten und vierten Trainingsjahr eines aktiven Radsportlers. Das sehr harte Anforderungen stellende Leistungstraining setzt neben einem entsprechenden Grundlagentraining auch genügend Zeit, Radsportbegeisterung und Willenskraft voraus.

Auf Pläne zur Gestaltung der Übergangsperiode wurde bewußt verzichtet. Dazu sollten die Aussagen im Abschnitt «Periodisierung» (S. 161ff) genügen. Das gleiche gilt für den Bereich des Hochleistungstrainings. Hier müssen die Trainingsbelastungen so individuell abgestimmt werden, daß die Aussagen kaum noch verallgemeinerbar wären. Radsportler der internationalen Spitzenklasse trainieren heute nach den jeweils neuesten Erkenntnissen der Sportmedizin und der Trainingswissenschaft, bevor diese Eingang in die öffentlich zugängliche Literatur gefunden haben. Allen anderen Radsportbesessenen geben die folgenden Trainingspläne in Verbindung mit den übrigen Ausführungen des Trainingskapitels Anregungen für die Entwicklung und Gestaltung ihres individuellen Jahrestrainings.

Beispiel eines Jahrestrainingsplans (Bahnfahrer, Juniorenleistungsklasse)

Monat	Monats-km gesamt	Renn-km	Tr.-km	Training in Stunden	Tr.-Ein-heiten	Tr.-km-Durch-schnitt	Zahl der Wett-kämpfe	Intensität 1	Intensität 2	Intensität 3	Intensität 4	Halle Ein-heiten	Halle Std.	Ausgl.-Sport TE	Ausgl.-Sport Std.
November	400	–	400	18	8	50	–	–	–	–	8	13	18	4	3
Dezember	700	–	700	30	15	47	–	–	–	–	15	12	16	–	–
Januar	600	–	600	25	12	50	–	–	–	4	8	8	14	–	–
Februar	1200	–	1200	43	18	67	–	–	–	6	12	7	12,5	–	–
März	1900	–	1900	66	23	83	–	–	–	10	13	4	6	–	–
April	2400	100	2300	78	26	89	2	4	4	6	12	–	–	–	–
Mai	1900	500	1400	45	20	70	7	4	4	6	6	–	–	–	–
Juni	1400	400[1]	1000	30	20	50	8	4	4	6	6	–	–	–	–
Juli	1300	300[1]	1000	30	20	50	8	4	4	6	6	–	–	–	–
August	1400	400[1]	1000	30	20	50	8	4	4	6	6	–	–	–	–
September	1200	400	800	25	16	50	9	–	4	4	8	–	–	–	–
Oktober	100	–	100	4	4	25	–	–	–	–	4	–	–	8	8
gesamt	14 500	2100	12 400	424	202	61,4	42	20	24	54	104	44	66,5	16	14

Intensität 1 = Intensives Intervalltraining
Intensität 2 = Extensives Intervalltraining
Intensität 3 = Dauermethode (variable Intensität)
Intensität 4 = Dauermethode (kontinuierliche Intensität)

1 Die geringe Anzahl von Renn-km in diesen Monaten und das allgemein ungleiche Verhältnis von Trainingskilometern zu Renn-km ergibt sich aus der hohen Zahl von Bahnwettkämpfen über relativ kurze Distanzen. Bei einem Straßenfahrer sieht das Verhältnis ganz anders aus.

Trainingsplan für Schülerklasse A bzw. Radsportanfänger
Vorbereitungsperiode (November bis April)

Tag/Ort	Übungsschwerpunkte	Zeit	Trainingsbeispiel
1. Tag Straße	aerobe Ausdauer	2 Std.	40 km Radfahren starrer Gang (60 Zoll) Trittfrequenz 90–120 Umdrehungen/Min.
2. Tag Halle	aerobe Ausdauer anaerobe Ausdauer Schnelligkeit Kraft Beweglichkeit	15 Min. 15 Min. 30 Min. 15 Min. 15 Min. 30 Min.	Spiel Gymnastik zur Lockerung und Beweglichkeit Circuittraining Reaktionsspiele und Übungen zur Schnelligkeitsentwicklung Krafttraining (Übungen mit dem eigenen Körper) Spiel (z. B. Fußball)
3. Tag Straße	aerobe Ausdauer	2 Std.	ca 40 km Radfahren starrer Gang (bis 60 Zoll) Trittfrequenz 90–120 Umdrehungen/Min.
4. Tag Wald	aerobe Ausdauer	1 Std.	10 km Waldlauf oder 15 km Skilanglauf oder Querfeldeinfahren

Trainingsplan für Schülerklasse A bzw. Radsportanfänger
Wettkampfperiode (Mai bis September)

Tag/Ort	Übungsschwerpunkte	Zeit	Trainingsbeispiel
1. Tag Straße	aerobe Ausdauer	1,5 Std.	ca. 40 km Radfahren Übersetzung max. 73,9 Zoll Trittfrequenz 90–120 Umdrehungen/Min.
2. Tag Straße	aerobe Ausdauer	2,5 Std.	ca. 70 km Radfahren Übersetzung und Trittfrequenz wie 1. Tag
3. Tag Straße	aerobe Ausdauer	2 Std.	ca. 50 km Radfahren Übersetzung und Trittfrequenz wie 1. Tag
4. Tag Straße	Wettkampf		

Trainingsplan für Jugendklasse bzw. Fortgeschrittene oder Touristiker
Vorbereitungsperiode (November bis April)

Tag/Ort	Übungsschwerpunkte	Zeit	Trainingsbeispiel
1. Tag Straße	aerobe Ausdauer	1 bis 3 Std.	25–80 km Radfahren starrer Gang (max. 63 Zoll) (bis März) hohe Trittfrequenz
2. Tag Halle (bis März)	aerobe Ausdauer anaerobe Ausdauer Kraft Schnelligkeit Beweglichkeit	15 Min. 30 Min. 15 Min. 30 Min. 30 Min.	Warmlaufen (am besten draußen) Konditionsgymnastik (vgl. S. 208 ff) Reaktionsspiele und Übungen zur Schnelligkeitsentwicklung Hanteltraining zur Verbesserung der Schnell- und der Maximalkraft (vgl. S. 187 ff) Spiel (z. B. Basketball)
Straße (ab April)	aerobe Ausdauer anaerobe Ausdauer	3 Std.	ca. 80 km Radfahren mit Spurteinlagen z. B. an Ortsschildern
3. Tag Straße	aerobe Ausdauer	1 bis 3 Std.	25 bis 80 km Radfahren (Umfang und Intensität von Nov. bis April steigern)
4. Tag Kraftraum (bis Februar)	Kraftausdauer	30 Min.	Arbeit an der Kraftmaschine (vgl. S. 197 ff)
Straße (ab März)	aerobe Ausdauer	2 bis 3 Std.	50 bis 80 km Radfahren bis März starrer Gang ruhiges Tempo
5. Tag Wald (bis Januar)	aerobe Ausdauer	1 Std.	12 km Waldlauf (bis Dez.) oder Skilanglauf (bis Dez.) oder 20 km Querfeldeinfahren
Straße (ab Februar)	aerobe Ausdauer anaerobe Ausdauer		50 bis 80 km Radfahren bis März starrer Gang mit 6–10 Tempoverschärfungen (ca. 1 km 75 %)

**Trainingsplan für Jugendklasse bzw. Fortgeschrittene oder Touristiker
Wettkampfperiode (Mai bis September)**

Tag/Ort	Übungsschwerpunkte	Zeit	Trainingsbeispiel
1. Tag Straße	aerobe Ausdauer	1 Std.	ca. 30 km Radfahren ruhiges Tempo
2. Tag Straße	aerobe Ausdauer anaerobe Ausdauer	2 Std.	ca. 60 km Radfahren mit Tempowechseln
3. Tag Straße	aerobe Ausdauer	3 Std.	ca. 80 km Radfahren mittleres Tempo
4. Tag Straße	aerobe Ausdauer anaerobe Ausdauer	1 Std.	ca. 30 km Radfahren mit einigen kurzen Antritten
5. Tag Straße	Wettkampf		

**Trainingsplan für Juniorenklasse bzw. Leistungsklasse (Bahn)
Vorbereitungsperiode (November bis April)**

Tag/Ort	Übungsschwerpunkte	Zeit	Trainingsbeispiel
1. Tag Straße	aerobe Ausdauer	1 Std. bis 3 Std.	25–80 km Radfahren mit starrem Gang (max. 66,7 Zoll bis März) hohe Trittfrequenz
2. Tag Halle (bis März)	aerobe Ausdauer anaerobe Ausdauer Kraft Schnelligkeit Beweglichkeit	15 Min. 15 Min. 60 Min. 30 Min.	Warmlaufen (am besten draußen vor der Halle) Gymnastik zur Lockerung und Dehnung Hanteltraining Kniebeugen, Stoßen, Reißen nach dem Pyramidenprinzip (vgl. S. 187 ff und S. 192 ff) Spiel (z. B. Volleyball)
Straße (ab April)	aerobe Ausdauer anaerobe Ausdauer	1 Std. bis 3 Std.	25–80 km Radfahren wie 1. Tag, jedoch mit Tempoverschärfungen
3. Tag Straße	aerobe Ausdauer	1 Std. bis 4 Std.	25–120 km Radfahren mittleres Tempo ansonsten wie 1. Tag

Trainingspläne

Tag/Ort	Übungsschwerpunkte	Zeit	Trainingsbeispiel
4. Tag Kraftraum (bis März)	Kraftausdauer	30 Min.	Arbeit an der Kraftmaschine nach dem Circuittrainingsprinzip (vgl. S. 196 ff)
Straße (an April)	aerobe Ausdauer anaerobe Ausdauer	1 Std. bis 2 Std.	25−60 km Radfahren mit Spurteinlagen vor Ortsschildern sowie einigen kurzen Antritten
5. Tag Halle (bis Februar)	aerobe Ausdauer Kraft Schnelligkeit Beweglichkeit anaerobe Ausdauer	10 Min. 20 Min. 15 Min. 30 Min. 15 Min.	Aufwärmen Konditionsgymnastik (vgl. S. 208 ff) Reaktions- und Schnelligkeitsübungen spezielle Übungen zur Entwicklung der Bein-, Arm- und Rückenmuskulatur Spiel (z. B. Basketball)
Straße (ab März)	aerobe Ausdauer anaerobe Ausdauer	2 Std. bis 3 Std.	50−90 km Radfahren mit 6−10 Tempoverschärfungen (ca. 1 km mit 75%)
6. Tag Wald (bis Februar)	aerobe Ausdauer	1 Std.	10−15 km Waldlauf oder Skilanglauf oder 20 km Querfeldeinfahren
Straße (ab März)	aerobe Ausdauer	2,5 Std. bis 3,5 Std.	70−100 km Radfahren mittleres Tempo

Trainingsplan für Juniorenklasse bzw. Leistungsklasse (Bahn)
Wettkampfperiode (Mai bis September)

Tag/Ort	Übungsschwerpunkte	Zeit	Trainingsbeispiel
1. Tag Straße	aerobe Ausdauer	1 Std.	ca. 30 km Radfahren ruhiges Tempo
2. Tag Bahn	aerobe Ausdauer anaerobe Ausdauer Schnelligkeits-ausdauer	20 Min. 30 Min. 10 Min.	Warmfahren 10 × 1000 m mit 75% extensive Intervallarbeit: Ausfahren
3. Tag Straße	aerobe Ausdauer anaerobe Ausdauer	1,5 Std. bis 2,5 Std.	ca. 40–70 km Radfahren mit Spurteinlagen vor Ortsschildern sowie einigen harten Antritten
4. Tag Bahn	aerobe Ausdauer anaerobe Ausdauer Schnelligkeit	20 Min. 45 Min. 60 Min. 10 Min.	Warmfahren Verfolger: intensive Intervallarbeit nach dem Pyramidensystem 300 m – 400 m – 500 m – 600 m – 500 m – 400 m – 300 m mit aktiver Pause Sprinter und 1000-m-Fahrer: Intervallarbeit nach der Wiederholungsmethode 200 m – 300 m – 400 m – 500 m – 400 m – 300 m – 200 m mit passiver Pause Ausfahren
5. Tag Straße	aerobe Ausdauer	2 Std. bis 3 Std.	69–90 km Radfahren mit mittlerem Tempo
6. Tag Straße/Bahn	Wettkampf oder Leistungskontrolle		

Das Kapitel «Training» wurde von Dr. Klaus Schütz verfaßt.

Zu Technik und Taktik

Die Anforderungen im Rennen lassen sich für Radsportler folgendermaßen unterteilen:
- technische Anforderungen
- technisch-taktische Anforderungen
- taktische Anforderungen

Technische Anforderungen

Die technischen Fertigkeiten sollten schon in der frühesten Jugend des Rennfahrers entwickelt werden. Deshalb ist es wichtig, daß man bereits von Anfang an auf bestimmte Dinge achtet, wie auf die Stellung von Sattel und Lenker und die Körperhaltung des Sportlers. Dies wird zweifellos dazu beitragen, daß der Anfänger zu einer guten Radfahrtechnik kommt. Wenn der Wachstums- und Reifungsprozeß des Radrennfahrers erst vorangeschritten ist, läßt sich an der inzwischen entwickelten Technik, und damit am Fahrstil, kaum noch etwas ändern.
Der Erfolg des Radsportlers hängt nicht zuletzt von der Qualität seiner Technik ab; denn eine schlechte Technik führt früher zu Ermüdung als ein «runder Tritt». Die optimale Ausnutzung der im Training erworbenen konditionellen Fähigkeiten setzt also eine gute technische Ausbildung voraus.
Die wichtigsten *technischen* Fertigkeiten sind:
- der «runde Tritt» oder das Pedalieren,
- die Sitzposition,
- die Bergfahrpositionen,
- das Kurvenfahren,
- das Überwinden von Hindernissen.

Der runde Tritt

Der wirklich «runde Tritt», bei dem als idealer Tretvorgang Druck und Zug während des gesamten Tretablaufs gleichmäßig und immer senkrecht zur Tretkurbel ausgeübt werden, ist das Ergebnis jahrelangen Übens. Er geht auch nach einer kurzen Trainingspause (z. B. während der Übergangsperiode) sehr schnell wieder verloren, so daß ihn auch routinierte Fahrer immer wieder neu einüben müssen. Dies geschieht am besten durch das Zurücklegen von vielen Kilometern mit kleinen Übersetzungen (z. B. 42/18 oder 42/19) oder das Starrlauftraining, dem Fahren ohne Freilauf.

Das richtige Pedalieren ist deshalb so schwer, weil es gemäß physikalischer Gesetzmäßigkeiten darauf ankommt, die auf einen Hebelarm (hier: die Tretkurbel) einwirkenden Kräfte möglichst senkrecht zu diesem Hebelarm zu entfalten. Auf diese Weise geht am wenigsten Kraft verloren. Wer dies nicht beachtet, wird an vielen Punkten des Tretvorgangs Kraft verschenken, indem er eine ungleichmäßige Kraftentfaltung erreicht (siehe Abb. unten).

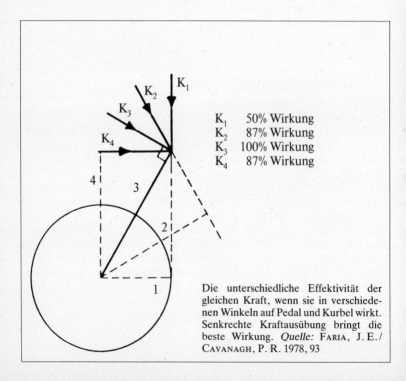

K_1 50% Wirkung
K_2 87% Wirkung
K_3 100% Wirkung
K_4 87% Wirkung

Die unterschiedliche Effektivität der gleichen Kraft, wenn sie in verschiedenen Winkeln auf Pedal und Kurbel wirkt. Senkrechte Kraftausübung bringt die beste Wirkung. *Quelle:* FARIA, J. E./CAVANAGH, P. R. 1978, 93

Der runde Tritt

Der gesamte Tretvorgang, d. h. eine Kurbelumdrehung, kann grob in vier Abschnitte unterteilt werden:
- *Schub*, wo Kraft nach *vorn* ausgeübt wird;
- *Druck*, wo Kraft nach *unten* ausgeübt wird, dies ist der effektivste Teil des Tretvorgangs;
- *Zug*, wo Kraft nach *hinten* ausgeübt wird;
- *Ruhe*, wo ein leichter Zug nach *oben* ausgeübt wird (Fuß zieht am Pedalhaken). Gemeint ist hier natürlich eine relative Ruhe und kein vollständig passiver Zustand der Muskulatur.

Jeder dieser Bewegungsabschnitte wird durch denjenigen, in dem sich gerade das andere Bein befindet, unterstützt. So ergeben die sich ‹gegenüberliegenden› Abschnitte die gesamte Kraftwirkung beim Tritt; folgende Bewegungsabschnitte laufen gleichzeitig ab:
- Schub rechts / Zug links
- Druck rechts / Ruhe links
- Zug rechts / Schub links
- Ruhe rechts / Druck links

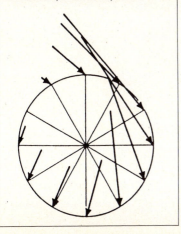

Größe und Richtung der Kraft, die während eines Tretvorgangs vom rechten Bein auf das rechte Pedal wirkt. (Geradeausfahrt, 90 Kurbelumdrehungen pro Min.) Die Größe der Kraftwirkung wird durch die unterschiedliche Länge der Pfeile dargestellt. *Quelle:* FARIA, J. E./ CAVANAGH, P. R. 1978, 91

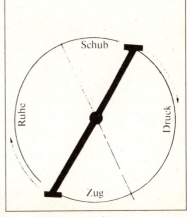

Druckverteilung auf die Pedale während des Tretvorgangs rechts

Als Trainingsform zum Erlernen und Festigen des «runden Tritts» hat sich das *Starrlauftraining* bewährt. Dabei entwickelt sich das Gefühl für einen kontinuierlichen runden Bewegungsablauf; denn durch das Fehlen des Freilaufs gibt es kein Stocken in der Bewegung, so daß sich die Nerv-Muskel-Systeme gut an die geforderte Aufgabe anpassen.

Eine ergänzende Übungsform ist, abwechselnd mit dem linken oder rechten Bein allein (mit Freilauf) jeweils einige hundert Meter zu treten. Dabei können besonders Zug und Ruhe ‹erfühlt› werden; entscheidend bleibt aber die Koordination der Bewegungen beider Beine.

Die Haltung der Beine beim Fahren ist ebenfalls wichtig. Als Grundregel wird angenommen, daß die Beine sich parallel zum Rahmen bewegen sollen, zu starkes nach außen Knicken der Knie führt zu unökonomischer kraftraubender Fahrweise und behindert den «runden Tritt». Der Radsportler sollte seine Beine also immer zwischen seinen Armen bewegen, wodurch sich auch der Windwiderstand merklich verringert.

Sitzposition

Die für jeden Radfahrer richtige Sitzposition auf dem Fahrrad wird mit Hilfe der auf den Seiten 55 ff bereits beschriebenen Maßnahmen ermittelt. Damit ist jedoch über die von den vielfältigen Wettkampfbedingungen ab-

Richtige Sitzposition auf dem Fahrrad

Sitzposition

Der Sattel ist zu hoch, dadurch wird der übermäßig gekrümmte Rücken dem Rennfahrer schon bald zu schaffen machen. Außerdem bekommt er Krämpfe in den Beinen.

Der Sattel ist zu niedrig, dadurch sind die Knie gebeugt. Meist führt das zu Schmerzen in den Kniekehlen.

hängige Sitzposition im Rennen noch zu wenig gesagt. Die Rennbedingungen erfordern nämlich eine Sitzposition, die sowohl möglichst aerodynamisch ist als auch gewährleistet, daß die inneren Organe nicht in ihrer Arbeit behindert werden.

Im normalen Straßenrennen wird der Lenker an den Bremsgriffen oder an den Lenkerenden gehalten. Der Oberkörper ist nicht betont tief gebeugt, die Arme werden noch relativ locker gehalten, wobei die Ellbogen leicht nach außen gewinkelt werden. Der Kopf wird so weit aufgerichtet, daß man die Gegner und die Straßenverhältnisse beobachten kann.

Sechs Rennfahrern ist es gelungen abzufahren, und sie wollen mit aller Gewalt dem Zugriff des zurückliegenden Feldes entkommen.

Sitzposition

Hier wird offenbar eine Staffel gebildet. Am günstigsten ist es, im Windschatten zu fahren.

Bei Einzelfahrten (Zeitfahren, Ausreißversuche, Verfolgungsjagden usw.), bei der Führungsarbeit im Mannschaftsfahren, in einer Staffel oder Ausreißergruppe sowie bei starkem Gegenwind sollte die Haltung des Radrennfahrers noch aerodynamischer sein. Die Hände fassen dann den Lenker möglichst weit unten oder in den Lenkerbögen. Die Unterarme verlaufen fast parallel zum Erdboden, der Oberkörper wird ebenfalls so weit gebeugt, daß er fast parallel zur Fahrbahn liegt. Der Kopf wird weiter nach unten genommen, so daß der Fahrer gerade noch einige Meter der vor ihm liegenden Fahrbahn überblicken kann.

Bergfahrpositionen
Da beim Bergauffahren andere Gesetze gelten als beim Fahren in der Ebene, muß auch eine völlig andere Position auf dem Fahrrad eingenommen werden. Beim Bergauffahren sind die Geschwindigkeit und der Luftwiderstand gering, so daß der Fahrer nicht auf eine aerodynamisch günstige Haltung achten muß, sondern eine Position einnehmen kann, mit der er große Kraftausdauerleistungen vollbringen kann.
- Der *Wiegetritt* kommt bei sehr steilen Passagen, bei Attacken am Berg und bei allen anderen schnellen Antritten zur Anwendung. Er setzt eine volle athletische Reife des Sportlers voraus, da er auch die Arm-, Oberkörper-, Rumpf- und Rückenmuskulatur beansprucht. Beim Wiegetritt soll vor allem das Körpergewicht optimal ausgenutzt werden. Es wird zu diesem Zweck jeweils auf das gestreckte Bein verlagert. Gleichzeitig

Wiegetritt (*Quelle:* Tour 2/1980, S. 21)

wird mit Armen und Rumpf ein Zug am Lenker ausgeübt. Dadurch wird das Fahrrad jeweils nach der entgegengesetzten Seite gekippt, der Rumpf bleibt senkrecht. Da der Lenker beim Wiegetritt an den Bremsgriffen oder unten am Lenkerbügel gefaßt wird, kann der Radsportler, wenn er das Gewicht auf das linke Bein verlagert, mit der linken Hand den Lenker nach oben ziehen und mit der rechten nach unten drücken. Dadurch wird das gesamte Rennrad nach rechts gekippt.

Besondere Aufmerksamkeit gilt der richtigen Position des Körperschwerpunkts. Liegt der Körperschwerpunkt zu weit vorn, kann das Hinterrad durchrutschen; Fahrer, die ihren Körperschwerpunkt zu weit nach hinten verlagern, können ihre Arm-, Oberkörper- und Rumpfmuskulatur nicht optimal einsetzen.

- Die Position mit der *oberen Lenkergriffhaltung* wird bei sehr langen und nicht steilen Steigungen angewendet. Dabei sitzt der Fahrer relativ weit hinten im Sattel, die Haltung ist aufrecht, und die Hände fassen am Bügel neben dem Vorbau. Unter Benutzung eines kleinen Gangs bemüht sich der Fahrer um einen harmonischen Rhythmus. Der Tretvorgang

Bergfahrpositionen

Obere Lenkergriffhaltung

kann dadurch optimiert werden, daß man die Fußspitze beim Überwinden des oberen toten Punktes anhebt.
- Die Bergfahrposition mit *Bremsgriffhaltung* gewährleistet bei mittleren Steigungen einen kraftvollen Tritt in sitzender Haltung unter gutem Ein-

Bremsgriffhaltung

satz der Arm-, Rumpf- und Beinmuskulatur. In dieser Position ist ein unbehindertes Atmen durch die wenig gebeugte Haltung des Oberkörpers gesichert.
- Beim *Bergabfahren* muß infolge der hohen Geschwindigkeit ein enormer Luftwiderstand überwunden werden. Deshalb muß der Radrennfahrer beim Abfahren eine möglichst aerodynamische Haltung einnehmen. Er beugt den Oberkörper weit nach vorn, nimmt die Ellbogen nach innen und den Kopf in den Nacken, stellt Füße und Tretkurbeln waagerecht und drückt die Knie an den Rahmen.

Bert Oosterbosch beherrscht die Kunst des Hinunterfahrens.
Tief gebeugt rast er bergab.

Kurvenfahren

Die Technik des Kurvenfahrens sollte jeder Radrennfahrer einwandfrei beherrschen. Falsches Kurvenfahren erhöht die Sturzgefahr und vermindert die Siegchancen. Wer zu schnell oder mit einer falschen Tretkurbelstellung durch eine Kurve fährt, kann leicht stürzen, wenn die Fliehkräfte, die das Rad immer geradeaus ziehen, ihn aus der Kurve tragen oder das kurveninnere Pedal den Boden berührt. Wer zu stark oder zum falschen Zeitpunkt in der Kurve bremst, verliert unter Umständen soviel an Geschwindigkeit, daß er den anderen Fahrern gegenüber in einen Rückstand gerät.

Um jede Kurve mit optimaler Geschwindigkeit durchfahren zu können, muß der Rennfahrer folgendes beachten:

- Das *Abbremsen* sollte grundsätzlich *vor* einer Kurve erfolgen. Bei nasser Fahrbahn ist entsprechend früher zu bremsen; denn die Straße ist glatt und der Bremsweg länger. Ein verspäteter Bremsversuch in der Kurve selbst kann gefährlich werden.
- Um den vom Kurvenradius, von der Fahrgeschwindigkeit und vom Gesamtgewicht von Sportler und Rennrad abhängigen Fliehkräften entgegenzuwirken, muß man mit Körper und Rennmaschine eine *Schräglage* in der Kurve einnehmen. Dabei bleibt das Knie des kurveninneren, angezogenen Beines am Rahmen, gleichzeitig wird die Schulter etwas tiefer gesenkt. Die Hände bleiben unten am Lenkerbügel. Wenn man außerdem auf dem Sattel nach hinten rutscht, wird das Hinterrad stärker bela-

stet, was sich positiv auf die Kurvenstabilität auswirkt. Sollte es zu einer instabilen Lage kommen, kann durch Auswinkeln des kurveninneren Knies die Balance wiedergewonnen werden.
- Beim Durchfahren einer Kurve sollte man darauf achten, daß der Kurvenradius möglichst groß ist, d. h. die gesamte Fahrbahnbreite ausnutzen. Ansonsten kann es geschehen, daß die mit kleiner werdendem Kurvenradius zunehmenden Fliehkräfte den Radsportler aus der Kurve tragen.
- Das kurveninnere Pedal steht in der höchsten Stellung, in Linkskurven das linke, in Rechtskurven das rechte Pedal.
- Es ist in jedem Fall sicherer, Kurven an der Spitze des Feldes zu durchfahren als mitten im dichtesten Gedränge. Wenn man trotzdem die Kurve im Feld durchfahren muß, ist es sicherer, an der inneren Kurvenseite zu bleiben, an der man nicht durch einen abrutschenden Fahrer zu Fall gebracht werden kann.
- Schließlich beanspruchen Kurven auch das Material in besonderem Maße. Eine Gefahr kann von nicht gut geklebten Reifen ausgehen, die sich beim Wirksamwerden sehr großer Fliehkräfte von den Felgen lösen können, was unweigerlich einen Sturz zur Folge hätte.

Ganz konzentriert gehen die Rennfahrer mit hochgezogenem linkem Pedal in die Kurve. Wäre das Pedal auf der Innenseite der Kurve nicht oben, dann könnte es auf der Straßendecke schleifen. Die Folgen kann man sich leicht ausmalen.

Überwinden von Hindernissen
Der perfekte Radfahrer sollte auch das richtige Überwinden von plötzlich auftauchenden Hindernissen wie Schienen, Steinen, Schlaglöchern usw. beherrschen. Im Idealfall werden solche Hindernisse durch Überspringen mit dem Fahrrad überquert, ansonsten kann man einfache Hindernisse wie breite Gräben und Straßenbahnschienen am besten schräg überfahren.
Der Sprung mit dem Rennrad wird folgendermaßen ausgeführt: Die Tretkurbeln werden in eine waagerechte Stellung gebracht, dabei hebt sich der Fahrer aus dem Sattel, bis seine Beine gestreckt sind. Kurz vor dem Hindernis wird das Rad mit den Händen am Lenker und mit den auf den Pedalen befestigten Füßen hochgerissen, nachdem man vorher etwas in die Knie gegangen ist. Je energischer man die Bewegung ausführt, desto höher und weiter kann man springen.
Geübte Querfeldeinfahrer können Sprünge von ein bis zwei Meter ausführen und dabei mit ihrem Rad 25 bis 30 cm vom Erdboden abheben. Dies setzt jedoch viel Training, eine absolut feste Fixierung der Füße auf den Pedalen und eine sichere, feste und gerade Haltung des Lenkers voraus. Ohne sichere Beherrschung des Lenkers kann man beim Aufsetzen durch ein Verkanten des Vorderrades die Maschine verreißen und stürzen oder zumindest die Reifen beschädigen. Gleichzeitig sollte man bei der Landung nicht zu plötzlich in den Sattel zurückkehren, um nicht die Felgen zu beschädigen.

Technisch-taktische Anforderungen

Die beschriebenen technischen Fertigkeiten werden ergänzt durch die technisch-taktischen Fähigkeiten des Radsportlers. Zu diesen gehören hauptsächlich:
– das Windschattenfahren (Hinterradfahren)
– das Staffelfahren und das Ablösen in der Gruppe
– das Ablösen beim Zweier-Mannschaftsfahren
– die richtige Übersetzung
– der Stehversuch

Windschattenfahren
Je näher ein Rennfahrer am Hinterrad seines Konkurrenten fährt, desto weniger macht ihm der Gegenwind zu schaffen. Im Windschatten eines anderen kann er seine eigenen Kräfte sparen. Geübte Fahrer halten meist nicht mehr als fünf bis zehn Zentimeter Abstand zum Hinterrad des Vordermannes. Die günstigste Position am Hinterrad ist von der Windrichtung abhängig. Bei Seitenwind von links fährt man schräg rechts hinter dem

Konkurrenten, bei Seitenwind von rechts auf der anderen Seite. Bei Gegenwind sollte man direkt hinter dem Vordermann fahren. Geschieht das Windschattenfahrern abwechselnd in einer Gruppe, so entsteht eine *Staffel*.

Staffelfahren und Ablösen in der Gruppe
In einer gut funktionierenden Staffel kann ein hohes Tempo gefahren werden. Da sich die Fahrer in einer Staffel im kreisförmigen Wechsel in der Führungsarbeit ablösen, kann eine Staffel schneller fahren als ein einzelner Fahrer.
Das perfekte Ablösen in der Gruppe gehört zu den Grundlagen der Fahrtechnik. Fahrer, die gezwungenermaßen (Mannschaftsrennen) oder zufällig in einer Gruppe fahren, sollten sich in einem kontinuierlichen Ablöserhythmus in der Führung abwechseln. Je nach Windstärke beträgt die Führungsstrecke etwa 150–250 m. Um den Luftwiderstand für die gesamte Gruppe so gering wie möglich zu halten, nimmt der jeweils führende Fahrer eine aerodynamisch günstige Fahrposition ein. Beim Ablösen läßt sich der führende Fahrer zurückfallen und vom zweiten Fahrer überholen. Dabei verläßt der Führende die Fahrtlinie um etwa einen halben Meter und sucht am Ende der Gruppe sofort den größten Windschatten.

Staffelfahren und Ablösen

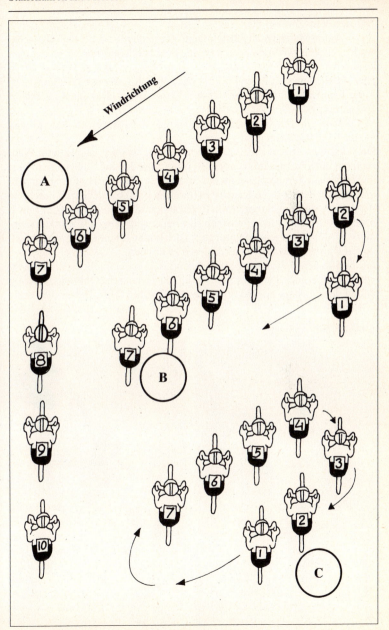

Ablösen beim Zweier-Mannschaftsfahren
Das Zweier-Mannschaftsfahren kann für jeden Radsportler zur technisch-taktischen Grundschule werden. Eine Schlüsselsituation ist das Ablösen.
Hier stehen dem versierten Fahrer zwei Ablöseformen zur Verfügung:
- die *Standard-Ablösung*, bei der der Partner an der Hose angefaßt und ins Rennen geschoben wird, und
- die *Schleudergriff-Ablösung*, bei der sich die Partner an den Händen fassen und sich gegenseitig ziehen.

Die Ausgangssituation beim Zweier-Mannschaftsfahren ist folgende: Während der eine Partner im Rennen ist, erholt sich der andere bei einer Fahrt im langsamen Tempo oberhalb der Steherlinie. Zur Vorbereitung der Ablösung muß der nicht im Rennen befindliche Fahrer sein Tempo beschleunigen, z. B. durch Abkippen vom Bahnrand, und sich in etwa auf der Fahrtlinie des Abzulösenden einordnen. Da beliebig oft abgelöst werden kann, muß sich der pausierende Fahrer stets nach hinten orientieren, um rechtzeitig auf Richtungsänderungen reagieren zu können.

Bei der Standard-Ablösung greift der im Rennen befindliche Fahrer kurz vor Erreichen des Partners mit der linken Hand zum Oberlenker direkt neben den Vorbau. Sobald er neben dem Partner fährt, löst er die rechte

Schleudergriff-Ablösung

Amateure lösen einander mit Hilfe des Ablöseknüppels ab, der im Rückenteil der Rennhose steckt. Die Gebrüder Donike aus Düren auf der Bahn, die sie in vielen Amateur-Sechstagerennen als Sieger verließen.

Hand vom Lenker und faßt damit den Ablöser, rollt weiter vorbei, so daß sein rechter Arm nach hinten fast gestreckt ist, und schiebt den Partner mit einer kräftigen Zug- und Schubbewegung ins Rennen.
Bei der Schleudergriff-Ablösung hält der Abzulösende seine linke offene Hand schräg nach hinten. Der Ablösende ergreift die Hand seines Partners und zieht sich daran kräftig nach vorn.
Da der Ablösende meist noch mit viel Schwung am Partner vorbeirollt, ist eine entsprechend gut ausgebildete Arm- und Rumpfmuskulatur Voraussetzung für eine perfekte Ablösung. Dazu gehört auch, daß der oben Fahrende Eigensteuerungen unterläßt, bis er im Rennen ist. Verfrühte Steuerversuche können beide Partner gefährden.

Richtige Übersetzung

Ein Rennfahrer, der seine Schaltung überlegt einsetzt, wird in der Lage sein, die Wahl der Übersetzungen den unterschiedlichen Gegebenheiten und Situationen optimal anzupassen. Für ihn dient die Schaltung der Anpassung des eigenen Leistungsvermögens an das Renngeschehen und die äußeren Bedingungen. Geländeeigenschaften (z. B. Berge), Straßenverhältnisse (z. B. Kopfsteinpflaster) und Windverhältnisse sowie taktische Situationen (Ausreißversuche, Endspurt usw.) beeinflussen die Wahl der Übersetzung. Wer die Technik des rechtzeitigen Schaltens perfekt beherrscht, wird seinen Konkurrenten auch in taktischer Hinsicht überlegen sein, da er in der Lage ist, seine taktischen Fähigkeiten schnell praktisch umzusetzen.

Große Übersetzungen (ab 90 Zoll), die mit hohem Krafteinsatz und relativ niedriger Trittgeschwindigkeit gefahren werden, kommen überwiegend bei Zeitfahren auf Bahn und Straße zum Einsatz. Voraussetzung für die Verwendung einer derartigen Übersetzung ist einerseits ein jahrelanges Training, andererseits aber auch ein ebenes Gelände.

Mittlere Übersetzungen (70 bis 88 Zoll) fordern einen mittleren Krafteinsatz und eine mittlere Trittfrequenz. Sie eignen sich sowohl für das Training als auch für den Wettkampf. So fahren die Sechstageprofis schon lange konstant 88 Zoll, ein Gang, der sich im Winterbahngeschehen bestens bewährt hat. Das permanente Fahren mit großen Übersetzungen wäre erfahrungsgemäß auch schädlich für Knie und Achillessehnen der Akteure.

Kleine Übersetzungen (unter 70 Zoll) fördern den Erwerb einer hohen Trittgeschwindigkeit und werden vor allem beim Bergauffahren, in Phasen der aktiven Erholung, in der Vorbereitungsperiode (in Verbindung mit dem Starrlauf) und zum Training der Schnelligkeit eingesetzt. Bei einer gleichen Übersetzung von z. B. 92 Zoll benutzt man die Kombination mit der größeren Zähnezahl (51/15) für Rennen, die mit überwiegend gleicher Geschwindigkeit gefahren werden, und die Kombination mit der kleineren Anzahl von Zähnen (48/14) für Wettbewerbe, bei denen es auf die Spurtschnelligkeit und einen schnellen Geschwindigkeitswechsel ankommt. In der Tat verwenden Verfolger eher die Kombination 51/15 und Sprinter die Kombination 48/14.

Stehversuch

Das Stehen mit dem Rad kommt ausschließlich beim Sprint auf der Radrennbahn vor. Stehversuche sind allerdings erst erlaubt, wenn der für die Führung ausgeloste Fahrer die erste Runde in der Führungsposition beendet hat. Will er nun nicht mehr weiter führen und sein Gegner weigert sich ebenfalls, die Führung zu übernehmen, kann es zu einem Stehversuch kommen. Damit will jeder den anderen zwingen, die Führung zu übernehmen. Ohne Konzentration, Körperbeherrschung und eine einwandfreie Technik kann ein Fahrer diese Taktik jedoch gar nicht einsetzen. Außerdem bedarf es einer gewissen Nervenstärke, wenn man mitten im Wettkampf einen Stillstand riskieren will. Ein Sturz beim Stehversuch würde eine Niederlage im Sprinterlauf bedeuten, und ein Weiterfahren infolge mangelhafter Technik wäre gleichfalls nachteilig.

Da niemand sein Rad mit einer einfachen Gewichtsverlagerung zum Stehen bekommt, setzt ein Stehversuch etwa folgenden Bewegungsablauf voraus:

Zur Einleitung bedarf es einer Tempodrosselung bis zum Schrittempo

Stehversuch

Um vor Überraschungsangriffen sicher zu sein, sollte der Stehversuch möglichst am oberen Bahnrand erfolgen. Auf den letzten Metern vor dem eigentlichen Stehen ist die Fahrt etwas nach unten in Richtung Innenkante der Bahn gerichtet, so daß das Rad eine Schrägstellung zur Bahn einnimmt. Wenn sich die rechte Kurbel im oberen Viertel aufwärtsbewegt, wird das Vorderrad mit einer kleinen Rechtsdrehung des Lenkers quergestellt. Sobald dies passiert ist, wird die bereits sehr langsame Fahrt völlig abgestoppt, so daß der Fahrer auf der Stelle steht. Die Tretkurbeln sind jetzt fast in waagerechter Stellung. Die rechte Tretkurbel steht etwas höher, so daß im Falle eines plötzlichen Antritts die gesamten Tretkräfte wirksam werden können.

Der Fahrer kann längere Zeit das Gleichgewicht halten, wenn er mit dem vorderen (rechten) oder mit dem hinteren (linken) Bein Druck auf die Pedale ausübt. Dieses Pendeln vor und zurück mit den Kurbeln wird auch *Kontern* genannt. Wenn das Hinterrad nicht deutlich über dem Vorderrad steht, ist der Druck auf das Vorderrad zu gering und der Stand dementsprechend instabil.

Taktische Anforderungen

Die taktischen Fähigkeiten runden das Können des Radsportlers letztlich ab. Taktische Tips und Tricks können zwar vom Trainer weitergegeben werden, doch ihre richtige Anwendung ist das Ergebnis langer und vielfältiger individueller Rennerfahrung.

Taktische Grundregeln
Die Besonderheit des Radrennsports besteht darin, daß es sich um eine Individualsportart handelt, die aber gleichzeitig in den meisten Fällen im Mannschaftsverband ausgetragen wird. So bestimmt z. B. beim Zeitfahren die individuelle Taktik und bei vielen Straßenrennen die Mannschaftstaktik das Renngeschehen.
Für den Laien bleibt Taktik meistens eine abstrakte Realität. Der berühmte niederländische Rennfahrer Piet Moeskops sagte über den Taktiker einmal: «Der beste Taktiker ist der Fahrer, der die Absichten seines Gegners am klarsten vorauserkennt.»
Immer, wenn ein Radrennfahrer versucht, mit allen verfügbaren Mitteln ein möglichst gutes Resultat zu erzielen, wird er sich auch taktisch klug verhalten wollen. Dazu braucht er Cleverness, Kondition, Technik, unter Umständen auch einen guten Mannschaftsführer und vieles mehr. Im Verlauf des Renngeschehens wird er immer wieder seine Chancen neu betrachten, berechnen und abwägen. Dabei muß er sowohl die am Renntag vorherrschenden Bedingungen als auch seine eigenen physischen und psychischen Möglichkeiten berücksichtigen. Das Befolgen der vorher für den speziellen Wettbewerb gemeinsam mit dem Trainer konzipierten Taktik im Zusammenwirken mit einer Spitzenkondition kann den Rennfahrer zum Sieger werden lassen oder ihm wenigstens zu einer guten Plazierung verhelfen.
Die taktischen Anforderungen an den Radrennfahrer sind sehr vielfältig. Es gibt eine Unsumme von taktischen Regeln im Radrennsport. Hier eine Auswahl der wichtigsten Grundregeln:

- *Mache dich bereits vorher mit der Rennstrecke vertraut!*
  Studiere das Streckenprofil!
  Fahre die Strecke nach Möglichkeit vorher einmal ab und merke dir die strategisch günstigen Punkte!
  Stelle die Übersetzungen gemäß dem Streckenprofil zusammen!
  Bei einem Kriterium oder einem Rundstreckenrennen ist dies alles nicht sonderlich problematisch. Schwieriger wird es, wenn es sich um ein Etappenrennen oder einen Wettbewerb von Stadt zu Stadt handelt. Erfahrene Rennfahrer fahren in so einem Fall doch lieber die Strecke ab, um

Taktische Grundregeln

sie zu prüfen oder sich wichtige Einzelheiten zu merken. Dabei kümmern sie sich vor allem um die als schwierig bekannten Streckenabschnitte. Wenn sie dann später dort fahren, können sie sich darauf einstellen.

- *Fahre dich vor jedem Rennen stets gründlich warm!*
  Je kürzer das Rennen ist, desto länger muß man sich vor dem Start warmfahren. Dies ist selbst bei heißem Wetter wichtig. Fahrer, die sich gut eingefahren haben, verdauen einen Blitzstart bedeutend besser und sind weniger anfällig gegen Muskelverletzungen.

- *Teile deine Kräfte gut ein!*
  Fahre nicht allein vor dem Feld her, die unnütz verbrauchte Kraft fehlt dir am Schluß!
  Iß bei längeren Rennen regelmäßig, aber nicht unmittelbar vor Steigungen oder an der Spitze einer Gruppe!

Auf der Strecke Paris–Roubaix, in der «Hölle des Nordens», verwenden manche Fahrer hölzerne Felgen. Das kann auch einmal schiefgehen. Dieser Pechvogel wartet ungeduldig auf seinen Mannschaftsbetreuer und auf den Materialwagen.

Wenn nötig, schließe dich sofort einer Staffel an und warte nicht, bis du aus einer endlosen Einerkolonne abgehängt wirst!
Schalte rechtzeitig vor Steigungen, Hindernissen, scharfen Kurven und Baustellen!
Leiste in Fluchtgruppen deinen Führungsanteil wie alle anderen, aber verausgabe dich nicht so, daß du bei der ersten Tempoverschärfung abgehängt wirst!
Dennoch kommt es immer wieder vor, daß ein Rennfahrer in einer Führungsgruppe keinen Meter Führungsarbeit leistet und sich dann im Spurt den Sieg erkämpft. Solch ein Sportler wird zu Recht als Schmarotzer oder ‹Schlaucher› bezeichnet, der sich den Sieg auf Kosten seiner Kameraden geholt hat. Sein Verhalten muß eher als unsportlich denn als taktisch gut bezeichnet werden. Außerdem gibt es nur wenige ‹Schlaucher›, die es zu einem großen Radrennfahrer gebracht hätten.

- *Fahre immer im ersten Drittel des Feldes!*
  Nur wenn man vorne und nicht in den hinteren Regionen des Feldes fährt, kann man die Entwicklung des Rennens verfolgen und auf Angriffe reagieren. Wer vorne fährt, kann die Straße am besten überblicken und genau beobachten, wie sich die anderen Teilnehmer verhalten. Außerdem besitzt er eine bessere Ausgangslage für eigene Angriffsversuche und läuft weniger Gefahr, in Massenstürze verwickelt zu werden.

- *Beachte im Finale folgende taktische Grundregeln:*
  Inspiziere vorher genau die Zielstrecke!
  Fahre zum Schluß am Hinterrad eines schnellen Sprinters!
  Überhole die Gegner immer auf der dem Wind abgekehrten Seite!
  Fahre bis zum Zielstrich voll durch, höre keinen Meter zu früh auf zu sprinten!
  In der nervösen und angespannten Situation am Schluß eines Radrennens ist in der Regel der Angreifer im Vorteil. Da jetzt der kleinste Fehler den Sieg kosten kann, belauern sich die Favoriten meist derartig, daß sich einem unverhofft angreifenden Außenseiter oftmals eine Siegchance bietet.

- *Schätze deine Gegner und ihre Fähigkeiten richtig ein!*
  An Hand der Starterliste sollte man sich vor jedem Rennen über die Zahl und die Stärke der zu erwartenden Gegner informieren. Erst dann kann man in den verschiedenen Rennphasen die Aktionen anderer Teilnehmer richtig einschätzen. Zur besseren Orientierung in wichtigen Rennen kann man sich die Startnummern der Favoriten, sofern man sie nicht persönlich kennt, aufs Handgelenk schreiben.

Taktische Grundregeln 245

- *Wähle stets einen günstigen Zeitpunkt für Attacken!*
Greife nie von der Spitze des Feldes aus an!
Organisiere Angriffe mit ‹Gleichgesinnten› und wähle dazu eine günstige Stelle!

Geeignete Stellen für Attacken sind Steigungen und Abfahrten, scharfe Kurven, nach denen man eventuell Rückenwind hat, Straßenverengungen, vorher ausgekundschaftete Baustellen, Verpflegungsstellen usw.
Um zu attackieren, nimmt man Abstand und kommt mit Schwung von hinten. Die Wahl des richtigen Augenblicks für einen Ausreißversuch ist eine Kunst für sich. So gibt es z. B. bei Kriterien viele Prämien- und Wertungssprints, um die verbissen gekämpft wird. Viele Rennfahrer erschöpfen sich bei so einem Sprint und müssen einen kurzen Augenblick lang verschnaufen. In diesem Moment kann ein gewiefter Taktiker die Gelegenheit wahrnehmen und den übrigen Teilnehmern davonfahren. Auch bei den Versorgungsstellen, an denen bei Etappenrennen die Verpflegungsbeutel gereicht werden, bieten sich für den guten Taktiker Gelegenheiten zuzuschlagen. Während sich seine Konkurrenten in aller Ruhe versorgen, kann er sie bereits um einige hundert Meter distanziert haben. Natürlich kann er später in Schwierigkeiten kommen, wenn er keine Verpflegung genommen hat. Dann muß er möglicherweise wegen des berüchtigten ‹Hungerastes› seinen Fluchtversuch aufgeben.

- *Lerne im Training und Wettkampf deine eigenen Stärken und Schwächen genau kennen!*

Nur wer seine eigene Leistungsfähigkeit richtig einschätzen kann, ist davor sicher, seiner eigenen Taktik zum Opfer zu fallen. Dazu gehört zweifellos auch die richtige Beurteilung der eigenen Tagesform und des eigenen Trainingszustandes. Hier ist es auch wieder Aufgabe des Trainers, dem Athleten bei dem Erlernen der Selbsteinschätzung zu helfen.

- *Etappenrennen und wichtige Eintagesrennen werden selten ohne Mannschaftstaktik gewonnen!*
Der einzelne Fahrer muß sich der Mannschaftstaktik unterordnen!

Eine zuvor mit den Kameraden und dem Teamleiter besprochene Taktik ist unentbehrlich, wenn man bei großen Straßenrennen erfolgreich sein will. Die Angriffe der eigenen Mannschaft müssen strategisch verteilt werden, so daß man die Konkurrenz unaufhörlich mit ‹Nadelstichen› ermüden kann. Damit wird der Weg für die aussichtsreichsten Fahrer der eigenen Mannschaft freigemacht, so daß sie mit einem entscheidenden Solo oder im unwiderstehlichen Schlußsprint zuschlagen können. Jeder Wettbewerb verläuft jedoch anders und es sind auch andere Rennfahrer, die auf den entscheidenden Augenblick warten. Aber in jedem Finale halten sich die aussichtsreichsten Sprinter bis zuletzt im Windschatten auf. Die Mannschaftskameraden sorgen dafür, daß das Tempo zum Schluß so hoch wie möglich bleibt, um so ein unerwünschtes Abfahren der Konkurrenz zu verhindern und den Sieg für die eigene Mannschaft vorzubereiten.

Die Straße wird für das Finale freigemacht, indem die Kameraden ihren Sprinterfavoriten durch das dahinrasende Feld lotsen. Dabei heißt es höllisch aufpassen; denn andere aussichtsreiche Kandidaten könnten sich ebenfalls ans Hinterrad hängen, so daß auch sie zum Sprint ‹geführt› würden. Um dies zu verhindern, wird häufig mit Haken und Ösen bzw. mit Armen und Ellbogen gekämpft. Schließlich bringt ein Sieger aus der eigenen Mannschaft auch gleichzeitig Prämien für die Helfer.

Rolle des Mannschaftsbetreuers

Ohne jede Übertreibung läßt sich sagen, daß ein guter Mannschaftsbetreuer für die Radsportmannschaft unentbehrlich ist. Er ist im wahrsten Sinne des Wortes ein «Hansdampf in allen Gassen», ein Psychologe, der sich durch Führungseigenschaften auszeichnet. Daneben verfügt er, meist in Verbindung mit langer praktischer Erfahrung, über einen untrüglichen Instinkt, der ihn vorhersehen läßt, wann und wo Erfolge erzielt werden können.

Was sind nun die Aufgaben des Mannschaftsbetreuers? Hier eine, wenngleich unvollständige Aufzählung seiner Pflichten:

- er trägt dem Sponsor gegenüber die Verantwortung für die Mannschaft und für die Abrechnungen, die folgendes beinhalten:
Gehälter und Kostenvergütungen für Rennfahrer, Mechaniker und Betreuer; Versicherungen, Reise- und Aufenthaltskosten, sofern diese nicht von den Organisatoren des Wettbewerbs vergütet werden, Prämien für die Fahrer, persönliche Kontakte, das Trainingslager, Material, Kleidung und Begleitfahrzeuge für die Mannschaft;
- er schließt die Verträge mit den Fahrern ab und stellt seine Formation so zusammen, daß sie möglichst stark ist. Ihm obliegt auch die unangenehme Aufgabe, Rennfahrer zu entlassen, z. B. nach Ablauf einer bestimmten Vertragsperiode oder auch zwischenzeitlich, sofern es dazu einen Anlaß gibt;
- für die persönlichen Probleme seiner Fahrer hat er ein offenes Ohr, aber er sorgt auch für die Disziplin in seiner Mannschaft;
- er stellt das Wettbewerbsprogramm für die Saison zusammen und bestimmt die Formationen, die sich an den zahlreichen Wettbewerben beteiligen. Dies alles unter Berücksichtigung des ihm zur Verfügung stehenden Budgets;
- er kümmert sich vor allem auch um die jungen, soeben erst Profi gewordenen Rennfahrer, die sich ihre Sporen als Berufsfahrer noch verdienen müssen;

- er muß die Wettbewerbsreglements gründlich kennen, außerdem muß er über die Verhaltensregeln in der Karawane hinter dem Feld Bescheid wissen.

Der professionelle Mannschaftsbetreuer spielt eine wichtige, wenn nicht gar die entscheidende Rolle dabei, daß die Fahrer die beabsichtigte Taktik verstehen. Während des Wettbewerbs ist er der Regisseur, und die erfahrensten Rennfahrer dienen ihm dabei als Regie-Assistenten. Den Verlauf des Rennens verfolgt er im Begleitwagen über Funk, und der Lautsprecher unterrichtet ihn ständig über alles Wichtige, wobei auch Reifenpannen und Ausreißversuche durchgegeben werden. Der Mannschaftsbetreuer kann auf diese Weise unverzüglich eingreifen, assistieren oder etwas unternehmen, was im Interesse seiner Fahrer ist. Beim Zusammenstellen seiner Mannschaft wird der Mannschaftsbetreuer versuchen, Fahrer mit vielerlei unterschiedlichen Fertigkeiten zu finden. Um während der aufreibenden Saison große Leistungen zu vollbringen, muß die Mannschaft stark sein und auch ausgesprochene Spezialisten unter den Fahrern haben:
– Rennfahrer, die besonders gute Sprinter sind;
– Rennfahrer, die bei den großen eintägigen Wettbewerben eingesetzt werden können;
– Rennfahrer, die auf Zeitfahren spezialisiert sind;
– Rennfahrer, die starke Bergfahrer sind und bei kleinen und großen Etappenwettbewerben um Plazierungen fahren können.

Einheit der Mannschaft
Zu den schwierigsten Aufgaben des Mannschaftsbetreuers gehört es, seine Mannschaft zu einer geschlossenen Einheit zusammenzuschmieden. Radrennfahrer sind im allgemeinen Individualisten, und deshalb fällt es manchen recht schwer, sich in eine Mannschaft einzufügen. Aber die Praxis beweist immer wieder, daß die Einheit der Mannschaft zum Erfolg verhelfen kann. Der Mannschaftsbetreuer bestimmt, mit oder ohne Diskussion mit seinen Fahrern, wer auf einer bestimmten Strecke die Führung übernimmt, für wen aus der Mannschaft die Chancen geopfert werden müssen, kurz gesagt, zu wessen Gunsten gearbeitet werden muß; das alles, um den Sieg dann schließlich im eigenen Kreis feiern zu können.
Dabei spielt der sportliche Wert des Erfolgs zwar auch eine große Rolle, aber bei den Profis geht es nun mal in erster Linie um Geld, das verdient werden muß. Das verstehen auch die Rennfahrer, die innerhalb der Mannschaft als «Wasserträger» bezeichnet werden, nur allzu gut. Sie sind in ihrer Leistungsfähigkeit zuweilen beschränkt, aber im Zusammenspiel der Mannschaft haben diese Männer einen unschätzbaren Wert.
Sie schuften für ihre Spitzenfahrer, sie halten sie aus dem Wind, versorgen sie mit Essen und Trinken und beobachten für die Mannschaft, ob irgendwo

ein Konkurrent ausreißt. Dabei wird auch oft ein Wasserträger als Bewacher mitgeschickt. Auch bei einer Panne unterwegs ist ein guter Wasserträger einfach unbezahlbar. Er stellt ein Laufrad zur Verfügung, weil der Mann an der Spitze eine Reifenpanne hatte, bleibt dadurch zurück und muß, meist auf sich allein gestellt, versuchen, wieder zum Feld aufzuschließen. Wenn der Spitzenmann aus irgendwelchen Gründen zurückgeblieben ist, dann sorgen die Wasserträger mit vereinten Kräften dafür, daß er wieder ins Feld gelangt.

Spitzenfahrer und Wasserträger sind innerhalb der Mannschaft aufeinander angewiesen. Außenstehende unterschätzen dabei die Arbeit der Wasserträger meist, aber diese sind wertvoller, als es die Zuschauer ahnen können.

Combine

Der Begriff *Combine* ist ein spezieller Ausdruck im Radrennsport. Damit bezeichnet man eine zeitlich befristete Zusammenarbeit mit dem Ziel, die Chancen der übrigen Teilnehmer oder Mannschaften zunichte zu machen. Verliert ein Rennfahrer oder eine Mannschaft einen Wettbewerb, dann wird das oft auf eine Combine zurückgeführt. Es kann vorkommen, daß Fahrer bei einem Wettbewerb infolge ihrer gemeinsamen Interessen die gemeinsamen Gegner behindern, um ihnen den Sieg unmöglich zu machen. Den Reglements der UCI zufolge ist dies verboten. Das Wettkampfgericht muß deshalb besonders sorgfältig darauf achten. Die Wettbewerbe müssen einwandfrei verlaufen, Combinen haben darin ebensowenig zu suchen wie Rennfahrer, die ihrem Gegner gegen Bezahlung einen Sieg überlassen.

Innerhalb des Feldes denkt man darüber leider anders. Man ist der Meinung, daß Combinen nicht unbedingt unsportlich seien. So ist die Combine so alt wie der Radrennsport selbst.

Mit all diesen technischen und taktischen Überlegungen ist aber eines noch nicht erfaßt: Belastung und Stress des Wettkampfs. Zur Veranschaulichung der physischen und psychischen Belastungen, denen Radrennfahrer sich aussetzen und die von Außenstehenden kaum wahrgenommen werden, folgt ein Erlebnisbericht des holländischen Rennfahrers Peter Winnen, der auf die Frage nach dem «Durchhalten» beschrieb, wie er bei der Tour de France 1981 den gefürchteten Anstieg nach Alpe d'Huez hinauffuhr:

«Ich bin vorgestoßen und habe van Impe, Alban und Hinault, der sich gerade wieder gefangen hatte, abgehängt. Ich fühl mich so stark wie ein Bär. Ich freue mich darüber, daß mein Körper die Anstrengungen so spielend bewältigt. Schmerzen merke ich nicht mehr.
Noch ungefähr vier Kilometer bis zum Zielstrich. Ich fahre nicht mehr so leicht. Die Schmerzen in den Beinen und Armen, im Rücken und in den Lungen werden allmählich zu einer schweren Belastung. Noch ungefähr drei Kilometer. Plötzlich erfaßt mich eine panische Angst. Die Kraft weicht aus meinem Körper. Ich blicke nach hinten, nach oben. Ich komme mir vor wie ein hohles Faß. Allerlei merkwürdige Gedanken und Erinnerungen tanzen mir im Kopf herum. Jetzt weiß ich es mit Sicherheit: ich bin dabei kaputtzugehen.
Jetzt bin ich einen Kilometer weiter. Ich bin überzeugt, daß es aus ist. Wieder schaue ich mich um. ‹Verdammt noch mal, sind sie noch immer nicht da?› denke ich. Die Ortstafel ‹Alpe d'Huez›. Ich friere. Ich fühle mich weich wie ein Pudding. Wieder eine Kurve. Wo, zum Teufel, bleibt nur das rote Dreieck? Eigentlich will ich überhaupt nicht weiterfahren, aber trotzdem tue ich's. Walter Godefroot, mein Mannschaftsbetreuer, gibt meinen Vorsprung durch: ‹noch 25 Sekunden›. Ich glaube ihm nicht. Ich denke: Das sagt er doch bloß, um mir Mut zu machen.
Im Dorf ist es nicht mehr ganz so steil. Die Straßen sind breit. Der Wind ist kalt. Ich sehe mich um. Nichts. Also gewinne ich? In mir fühle ich eine unendliche Leere. Ich sehe den Zielstrich und fahre an den Anzeigetafeln vorbei: 200 Meter – 150 Meter – 100 Meter – 50 Meter – 25 Meter. Und dann überfahre ich den Zielstrich. Ich muß mich schief hängen lassen, sonst kann ich den Arm nicht heben. Ganz unten in mir scheint jemand aufzujauchzen. Aber ich weiß, daß ich kaputt bin.»

Medizinische Aspekte

Körper

Stoffwechsel
Für den Radrennfahrer, der beim Fahren eine schwere körperliche Arbeit verrichtet, ist sein Stoffwechsel von ausschlaggebender Bedeutung. Je mehr er sich beim Fahren anstrengt, desto schneller muß sein Stoffwechsel vonstatten gehen, damit er die gewünschten Leistungen vollbringen kann. Unser Körper hat, bildlich gesprochen, eine Reihe von ‹Passierstellen›, die dafür sorgen, daß der Stoffwechsel richtig und optimal funktionieren kann. Es handelt sich dabei um:
- die Lungen: sie sorgen beim Einatmen für die Sauerstoffzufuhr und beim Ausatmen für die Ableitung des Kohlendioxyds;
- die Nieren: sie regeln den Wasserhaushalt und den Salzgehalt des Körpers;
- die Leber: sie ist das Organ, das die Eiweiß- und Zuckerzufuhr des Körpers regelt;
- die Haut: sie regelt die Körpertemperatur und läßt mit dem Schweiß Abfallstoffe aus dem Körper austreten.

Der Blutkreislauf sorgt gemeinsam mit den vier obengenannten ‹Passierstellen› für die ständige Erneuerung der extrazellulären Stoffe unseres Körpers.

Zentralnervensystem
Unser tägliches Handeln wird durch das Zentralnervensystem gesteuert. Ohne dessen Mithilfe könnten wir auch nicht radfahren. Seine Funktion beruht auf drei Grundpfeilern:
- der *Reizbarkeit*, auch Rezeption (= Aufnahme) genannt;

- der *Reizverarbeitung* im Zentralnervensystem, wobei die Reizleitungen (die Nerven) und die Reizübertragung eine Rolle spielen;
- dem *Bewegungseffekt*.

Das Zentralnervensystem, das ebenso wie unser Körper aus Zellen aufgebaut ist, besteht aus:
- dem *Großhirn*, das unterteilt ist in eine *motorische* (= bewegungsbeeinflussende) Rinde und eine *sensorische* Rinde, die Wahrnehmung und Bewegungssteuerung regelt;

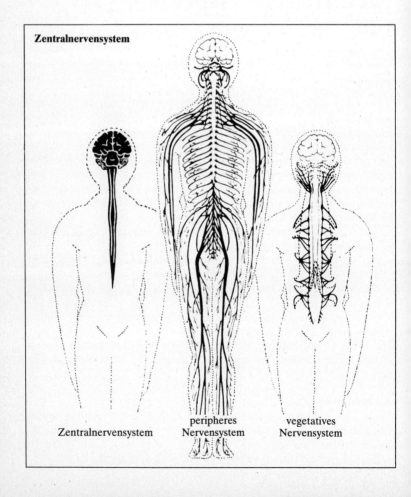

Zentralnervensystem | peripheres Nervensystem | vegetatives Nervensystem

- dem *Kleinhirn*, das vornehmlich die Koordination unserer Bewegungen regelt;
- dem *verlängerten Rückenmark*, dem Sitz des vegetativen Nervensystems, das für die Funktion unserer Organe sorgt;
- dem *Rückenmark*, in dem die Nervenbahnen zum Hirn und von diesem zurück verlaufen.

Herz
Das menschliche Herz hat in etwa die Größe einer Faust und enthält vier Hohlräume:
- die linke Herzkammer,
- die rechte Herzkammer,
- die linke Vorkammer,
- die rechte Vorkammer.

Sitzt jemand mit einem normalen Herzen entspannt auf einem Stuhl, dann liegt seine Pulsfrequenz zwischen 70 und 80 Schlägen in der Minute. Ein

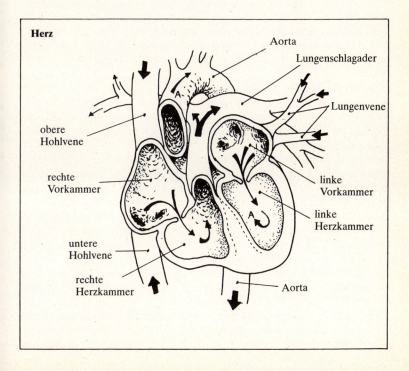

Leistungssportler wie ein Radrennfahrer hat ein größeres Herz, das man auch als *Sportherz* bezeichnet. Dieses größere Herz pumpt je Herzschlag viel mehr Blut in die Adern; deshalb braucht es nicht so schnell zu schlagen wie das kleinere (normale) Herz. Der Sportler hat also eine niedrigere Herzfrequenz.

Bei einem erwachsenen Mann mit etwa 80 kg Körpergewicht liegt das Volumen des in einer Minute gepumpten Blutes zwischen 550 und 1100 ml; bei einer Frau mit dem gleichen Gewicht sind dies zwischen 450 und 910 ml.

Lunge
Dieses Organ, das aus einer linken und einer rechten Hälfte besteht, befindet sich ebenfalls im Brustkorb und wird durch die Rippen geschützt. Die Lungen bestehen aus Lungenbläschen, die von kleinen Blutgefäßen umgeben sind, und sie sorgen dafür, daß ständig sauerstoffreiche Luft eingesaugt wird. Die ausgeatmete Luft enthält dagegen weniger Sauerstoff, da ein Teil davon in Kohlendioxyd umgewandelt wurde. Dieses Kohlendioxyd entsteht durch den Verbrennungsprozeß, der sich in unserem Körper fortwährend abspielt.

Der gesamte Luftinhalt der Lungen eines untrainierten Menschen beträgt etwa 3 bis 4 Liter, während es bei einem trainierten Sportler etwa 5 bis 6,5 Liter sind. Man spricht hier vom *Lungenvolumen*. Während einer ruhigen Atmung werden pro Ein- und Ausatmung etwa 0,5 Liter Luft umgesetzt.

Sauerstoffaufnahme
Man bezeichnet das Umsetzen unserer Nahrung in Energie, wenn der Verbrennungsprozeß mit Beteiligung von Sauerstoff geschieht, als *aeroben Stoffwechsel*. Außer im Sprint geschieht der Energieumsatz des Radsportlers fast immer aerob.

Je mehr Nahrungsstoffe und Sauerstoff der Radrennfahrer zu einer derartigen Verbrennung zur Verfügung hat, desto mehr Energie kann er zur sportlichen Leistung entwickeln. In der Sportmedizin und Leistungsphysiologie spricht man dann von einem hohen aeroben Leistungsvermögen.

Sitzt man ohne jegliche körperliche Aktivität auf einem Stuhl, nimmt der Körper zwischen 250 und 300 ml Sauerstoff pro Minute auf. Das ändert sich, wenn derselbe untrainierte Mensch aktiv wird. Seine maximale Sauerstoffaufnahme steigert sich dann auf etwa 3000 bis 4000 ml pro Minute. Hätte dieselbe Person dagegen ein trainiertes Herz und würde sich einer körperlichen Anstrengung unterziehen, dann wäre die Sauerstoffaufnahme erheblich größer, nämlich etwa 5000 bis 6000 ml pro Minute.

Diese maximale Sauerstoffaufnahme geht einher mit einem gutfunktionierenden Sauerstofftransport, der eine Folge des größeren Herzvolumens ist. Zur Bestimmung der maximalen Sauerstoffaufnahme kann man sich mancher Hilfsmittel und Tests bedienen; sehr bekannt ist der «Astrandsche Fahrradtest». Dabei sitzt der Radrennfahrer auf einer Art von Heimtrainer mit nur einem Laufrad und tritt sechs Minuten lang in die Pedale. Anschließend wird die Herzschlagfrequenz gemessen, und man kann die maximale Sauerstoffaufnahme auf Grund von Tabellenwerten annähernd bestimmen.

Muskulatur (vgl. Abbildungen auf Seite 256/257)
Natürlich spielen die Muskeln beim Radfahren eine entscheidende Rolle. Sie sind der Motor unseres Handelns bei allen unseren körperlichen Aktivitäten.
Ein Muskel besteht aus langgestreckten Zellen, die beim Kontrahieren, d. h. beim Zusammenziehen, chemische Energie in mechanische Energie (= Arbeit) umwandeln. Das Zusammenziehen erfolgt auf Grund von Impulsen aus dem Nervensystem.
Es gibt zwei Arten von Muskeln:
– quergestreifte Muskelgewebe und
– glatte Muskelgewebe.
Unter einem Mikroskop lassen sich bei den quergestreiften Muskelgeweben, den sogenannten *Skelettmuskeln*, Querstreifen erkennen. Die gesamte Willkürmotorik besteht aus dieser Muskelart. Kontraktionselemente, die aus Eiweißfäden bestehen, sorgen dafür, daß die Muskeln zusammengezogen werden. Auf diese Weise entsteht eine Bewegung. Die quergestreifte Muskulatur unterliegt der bewußten Kontrolle, gehorcht also unserem Willen.
Die glatte Muskulatur hat keine Funktion für die Bewegungen des Menschen, sie dient vielmehr der Regulierung der Hohlorgane (innere Organe außer dem Herz) und ist nicht bewußt steuerbar.

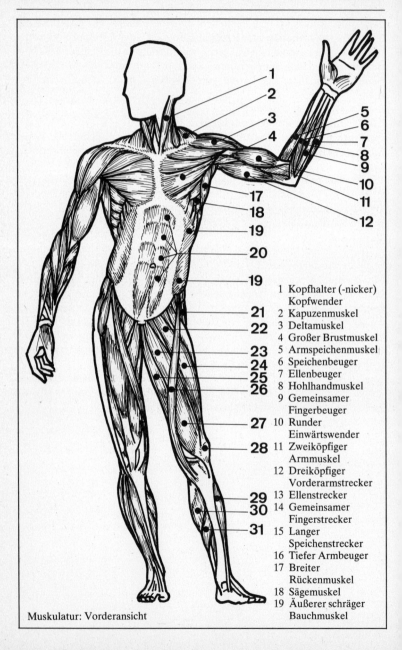

Muskulatur: Vorderansicht

1 Kopfhalter (-nicker) Kopfwender
2 Kapuzenmuskel
3 Deltamuskel
4 Großer Brustmuskel
5 Armspeichenmuskel
6 Speichenbeuger
7 Ellenbeuger
8 Hohlhandmuskel
9 Gemeinsamer Fingerbeuger
10 Runder Einwärtswender
11 Zweiköpfiger Armmuskel
12 Dreiköpfiger Vorderarmstrecker
13 Ellenstrecker
14 Gemeinsamer Fingerstrecker
15 Langer Speichenstrecker
16 Tiefer Armbeuger
17 Breiter Rückenmuskel
18 Sägemuskel
19 Äußerer schräger Bauchmuskel

Muskulatur

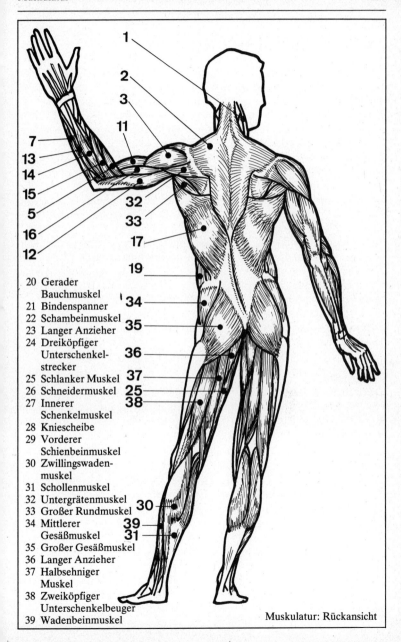

20 Gerader Bauchmuskel
21 Bindenspanner
22 Schambeinmuskel
23 Langer Anzieher
24 Dreiköpfiger Unterschenkelstrecker
25 Schlanker Muskel
26 Schneidermuskel
27 Innerer Schenkelmuskel
28 Kniescheibe
29 Vorderer Schienbeinmuskel
30 Zwillingswadenmuskel
31 Schollenmuskel
32 Untergrätenmuskel
33 Großer Rundmuskel
34 Mittlerer Gesäßmuskel
35 Großer Gesäßmuskel
36 Langer Anzieher
37 Halbsehniger Muskel
38 Zweiköpfiger Unterschenkelbeuger
39 Wadenbeinmuskel

Muskulatur: Rückansicht

Ernährung

Die richtige Ernährung dient dem Aufbau und der Erhaltung des lebenden Organismus. Die Bestandteile der Nahrung liefern dem Körper die Energie, die er für die Entfaltung von Kraft und Wärme braucht.
Die optimale Kondition des Radsportlers ist auch von der richtigen Ernährung abhängig; denn ohne die entsprechende Energieversorgung wäre er nicht imstande, große körperliche Leistungen zu vollbringen. Je besser sich der Sportler nach wissenschaftlichen Gesichtspunkten ernährt, desto größer ist seine Aussicht, eine Spitzenkondition zu erreichen, die er braucht, wenn er in seinem Sport Erfolg haben will.
Die Bestandteile unserer Nahrung werden folgendermaßen unterteilt: Nährstoffe, Wirkstoffe und Ballaststoffe. Die Nährstoffe beinhalten die Bau- und Brennstoffe.
Brennstoffe sind Fette, Kohlenhydrate und Eiweiße; sie liefern dem Körper die nötige Energie zur Erhaltung der Körperfunktionen.
Baustoffe sind Eiweiße, Mineralstoffe und Wasser; sie dienen dem Aufbau und der Erhaltung der Körpersubstanz.
Wirkstoffe sind Vitamine, Mineralstoffe und Spurenelemente; sie regeln die Körperfunktionen.
Ballaststoffe sind die unverdaulichen Bestandteile der Nahrung, z. B. Zellulose; sie regen die Darmtätigkeit und Verdauung an.

Brennstoffe

Dazu gehören Kohlenhydrate, Fette und Eiweißstoffe. In unserem Körper werden diese Nahrungsstoffe durch Stoffwechselvorgänge zu Wasser und Kohlendioxyd abgebaut; dabei wird Energie frei. Nur bei Mangel an Fetten und Kohlenhydraten wird Eiweiß zur Energiegewinnung herangezogen.

Kohlenhydrate

Dieser Brennstoff wird nach seiner Molekülgröße eingeteilt. Die kleinsten Bausteine der Kohlenhydrate werden als *einfache Zucker* (Monosaccharide) bezeichnet, sie kommen hauptsächlich in Traubenzucker, Milch und Obst vor.
Einfachzucker werden sofort nach dem Konsum vom Blut aufgenommen, sie stehen auf ihrem Weg über Leber und Muskeln schon sehr bald zur schnellen Energiegewinnung zur Verfügung.
Alle übrigen, höheren Kohlenhydrate müssen zuerst zu Einfachzuckern abgebaut werden, daher dauert das Umsetzen in Energie bei ihnen erheblich länger, als dies bei den Einfachzuckern der Fall ist.
Kohlenhydrate sind in allen pflanzlichen Nahrungsmitteln enthalten, man

findet sie in allen Zuckerarten, Getreide, Brot, Obst, Gemüse, Nüssen, Milch und Milchprodukten sowie Spuren in tierischen Lebensmitteln.
Der Einfachzucker, auch *Glucose* genannt, wird als *Glycogen* in den Muskeln gespeichert und dient als Energiedepot. Durch Training läßt sich der Glycogengehalt in den Muskelzellen wesentlich vergrößern.
Bei großen sportlichen Belastungen hat sich gezeigt, daß kohlenhydratreiche Kost sehr sinnvoll ist, weil zu ihrer Umwandlung in Energie relativ wenig Sauerstoff benötigt wird. Dies kommt der aeroben Ausdauer des Radsportlers sehr zugute. Auf jeden Fall empfiehlt es sich, während des Rennens noch einmal ‹aufzutanken›; dabei sollte man aber nicht nur abwechslungsreiche, sondern auch natürliche Kost zu sich nehmen.

Fette
Nahrungsmittel, die viel Fett enthalten, sind vor allem tierische und pflanzliche Fette, fetter Käse, fette Fleisch- und Wurstwaren, Schokolade und Nüsse. Diese Nahrungsmittel liefern zwar viel Energie, haben den Kohlenhydraten gegenüber jedoch den Nachteil, daß sie viel länger brauchen, ehe sie in die erforderliche Energie umgesetzt werden. Außerdem brauchen Fette bei der Umsetzung in Energie ungefähr 10 Prozent mehr Sauerstoff, als dies bei den Kohlenhydraten der Fall ist, so daß sie als Brennstoff eine geringere Rentabilität haben und die aerobe Ausdauer des Radsportlers stärker in Anspruch nehmen.

Baustoffe

Eiweißstoffe
Eiweißstoffe müssen hauptsächlich als Baustoffe und nicht als Brennstoffe angesehen werden. Eiweiß besteht aus vier Elementen: Kohlenstoff, Wasserstoff, Sauerstoff und Stickstoff. Diese vier Elemente bilden das Eiweiß, das man auch als *Protein* bezeichnet.
Eiweißstoffe sind aus durchschnittlich zwanzig verschiedenen *Aminosäuren* in unterschiedlicher Reihenfolge und Menge aufgebaut. Daraus erklärt sich auch die Vielfalt der Eiweißstoffe.
Nach dem Abbau der Eiweißstoffe zu Aminosäuren gelangen diese ins Blut. Von dort werden die Aminosäuren zu den Zellen transportiert und als körpereigenes Eiweiß eingelagert.
Ein biologisch hochwertiges Eiweiß ist das Hühnereiweiß mit der biologischen Wertigkeit von 94 Prozent, die Wertigkeit des Milcheiweißes beträgt 86 Prozent, und auch das Rindfleisch gilt mit einem Wert von 76 Prozent noch als eiweißreich (die biologische Wertigkeit entspricht der Anzahl von Gramm Körpereiweiß, die durch 100 Gramm Nahrungsmitteleiweiß aufgebaut werden kann). Tierische Nahrungseiweißstoffe haben im allgemeinen eine höhere biologische Wertigkeit als pflanzliche Eiweißstoffe. Bei reiner

Pflanzenkost muß deshalb auf eine bestimmte Zusammensetzung des Nahrungseiweißes geachtet werden.

Wenn der Körper großen Anstrengungen ausgesetzt ist, also auch beim Radrennsport, muß auch der Anteil der Eiweißstoffe vergrößert werden; einerseits weil der Aufbau von Muskelgewebe Eiweißstoffe erfordert und andererseits weil während der erhöhten Muskelaktivität mehr Eiweiße erforderlich sind.

Bei einem Ausdauersport, wie es der Radrennsport ist, kann der Eiweißbedarf sich von 0,8 Gramm auf 1,5 bis 2,5 Gramm je Kilogramm Körpergewicht steigern. Meist entspricht dies etwa 15 Prozent der gesamten in Kcal (Kilokalorien) gemessenen Energiemenge.

Ein Mann mit 70 kg Körpergewicht hat einen durchschnittlichen Energiebedarf von etwa 2250 Kcal am Tag. Ein Radfahrer mit 70 kg Gewicht, der eine Stunde lang mit einer Geschwindigkeit von 30 km/h fährt, braucht zu den normalen 2250 Kcal noch weitere 600 Kcal. Der Gesamtenergiebedarf sollte sich folgendermaßen zusammensetzen:

10–15 % Eiweiß
25–30 % Fett
55–60 % Kohlenhydrate.

Die Nahrung eines Radfahrers, der täglich eine Stunde lang fährt und 3000 Kcal verbraucht, sollte etwa folgendes enthalten:
30 % von 3000 Kcal = 900 Kcal Fett = ± 100 Gramm Fett
13 % von 3000 Kcal = 390 Kcal Eiweiß = ± 100 Gramm Eiweiß
57 % von 3000 Kcal = 1710 Kcal Kohlenhydrate = ± 430 Gramm Kohlenhydrate (1 Gramm Eiweiß = 4 Kcal; 1 Gramm Fett = 9 Kcal; 1 Gramm Kohlenhydrate = 4 Kcal)

Die Aufteilung von 100 g Eiweiß, 100 g Fett und 430 g Kohlenhydraten, basierend auf einem täglichen Nahrungsbedarf von 3000 Kcal

	Eiweiß	Fett	Kohlenhydrate
8 Schnitten Brot (240 g) (Vollkorn- und Roggenbrot)	19	6	106
8 × magere Margarine (40 g)	–	16	–
5 Scheiben Käse oder nicht allzu fette Fleischwaren (75 g)	14	15	1
3 × süßer Brotaufstrich (45 g)	–	–	32
4 Gläser halbfette Milch oder ähnliches Milchprodukt	21	9	28

	Eiweiß	Fett	Kohlen-hydrate
4 Tassen Tee oder Kaffee mit Zucker und evtl. Milch oder Sahne	–	–	32
150 g nicht zu fettes Fleisch	29	27	–
250 g Gemüse	4	–	10
8 gekochte Kartoffeln mit einem Gewicht von 400 g	8	–	76
Tunke oder nicht zu fette Soße	–	17	–
3 Stück Obst von insgesamt 450 g	2	–	45
4 Gläser Saft von insgesamt 600 g	–	–	70
2 Stück Gebäck zu je 50 g	3	10	30
	100 g	100 g	430 g

Wasser
Der Körper eines Radrennfahrers mit 65 kg Gewicht besteht etwa aus folgenden Stoffen:

	kg	prozentualer Gewichtsanteil
Eiweiß	11	17
Kohlenhydrate	1	1,5
Fette	9	13,8
Wasser	40	61,6
Mineralien	4	6,1
	65 kg	100 %

Unser Körper besteht also zu einem großen Teil aus Wasser. Wichtige Organe enthalten sehr viel Wasser:
Gehirn   75 %
Leber   71 %
Muskelgewebe   70 %
Haut   58 %
Knochen   28 %
Fettgewebe   23 %
Wasser als wesentlicher Bestandteil unseres Körpers dient auch als Transportmittel für Blut, Urin und Schweiß.
Man darf die Flüssigkeitsmenge, die im Körper unter allen Umständen vorhanden sein muß, nicht unterschätzen. Legt man ein Körpergewicht von 75

Kilogramm zugrunde, das etwa 45 Liter Flüssigkeit beinhaltet, dann entspricht ein Gewichtsverlust von 2 Prozent einem Flüssigkeitsverlust von etwa 1,5 Liter. Untersuchungen zeigten, daß sich dann bereits ein Leistungsrückgang von etwa 20 Prozent bemerkbar macht. Bei einem Flüssigkeitsverlust von 4,5 Prozent, das entspricht etwa 6 Prozent des Körpergewichts, droht bereits die Gefahr körperlicher Schädigung. Ein Mangel von 12 Prozent, also von 9 Litern, hat tödliche Folgen.
Im Durchschnitt braucht der Mensch täglich etwa 2 bis 2,5 Liter Wasser. Diese Menge nehmen wir mit dem täglichen Essen und Trinken zu uns. Durch Verbrennung erhält der Körper ungefähr 0,3 Liter zusätzlich.
Die Verbrennung der Nahrung liefert folgende Wassermengen:
100 g Eiweißstoffe   41 ml
100 g Kohlenhydrate   60 ml
100 g Fette   107 ml.

● Wärmeregulierung
Bei erhöhter körperlicher Anstrengung, also auch beim Radfahren, steigt die Körpertemperatur. Der Verbrennungsvorgang in unserem Körper entwickelt Energie in Form von Wärme.
Unser Wasserhaushalt schützt den Körper vor Überhitzung, und die Körpertemperatur darf während der sportlichen Betätigung maximal zwischen 38 und 40 Grad Celsius liegen.
Die Flüssigkeit gelangt in Form von Schweiß durch die Poren der Haut an die Oberfläche des Körpers. Die Haut sorgt nun für die erforderliche Abkühlung. Dabei treten die Schweißdrüsen in Funktion, deren Zahl man auf etwa zwei Millionen schätzt. Allerdings verdunstet nicht aller Schweiß, bei großer Anstrengung tropft er von der Haut ab, womit sich der Kühleffekt verringert.

● Das Trinken
Während eines Radrennens kann sich der Kalorienverbrauch bis auf 1250 Kcal pro Stunde steigern. Diese Menge entspricht bereits der Hälfte eines durchschnittlichen Tagesumsatzes an Kalorien.
Verliert man auch nur einen Liter Flüssigkeit, sinkt die Leistungsfähigkeit schon erheblich. Ein Radrennfahrer verliert bei seinen großen Anstrengungen bis zu 1,5 Liter in der Stunde.
Der Flüssigkeitsverlust verursacht ein Durstgefühl, und es wäre gewiß nicht vernünftig, diesen Durstreiz zu negieren. Schon ehe das Durstempfinden sich bemerkbar macht, muß getrunken werden; denn es dauert noch eine Weile, ehe der Durst nachläßt, weil die Flüssigkeit noch eine Zeitlang im Magen bleibt. Der Aufenthalt der Flüssigkeit im Magen kann beeinflußt werden, wenn man ein *Isotone*-Getränk zu sich nimmt. Dies ist eine Flüssigkeit mit Zucker in etwa gleicher Konzentration wie bei der Körperflüssig-

keit. Noch besser ist es, wenn man beim Trinken auch die Stoffe berücksichtigt, die im Schweiß vorhanden sind. Zusammen mit dem Schweiß gehen nämlich verschiedenartige Mineralien und Vitamin C verloren.
Bei der Zusammenstellung des durstlöschenden Getränks darf man bestimmte Mineralien wie Natrium, Kalium, Kalzium und Magnesium nicht vergessen; diese müssen rechtzeitig ergänzt werden.
Ein ideales Getränk gegen den Durst muß also
- so schnell wie möglich wirken und sollte eine isotonische Konzentration enthalten. Übrigens hat diese Flüssigkeit den Nebeneffekt, daß man nicht zuviel davon trinkt, weil der Durstreiz rascher zurückgeht;
- zu einem Teil die Mineralien und Vitamine enthalten, die bei Anstrengungen mit dem Schweiß aus dem Körper austreten;
- einen Anteil leichtverdaulicher Kohlenhydrate enthalten, die Energie liefern können.

Inzwischen bieten mehrere Hersteller von Sportlernahrung für Radrennsportler ideale Getränkepräparate in Tabletten- oder Pulverform an. Diese optimalen Durstlöscher sollten jedoch nicht zu kalt getrunken werden.

Wirkstoffe
Nicht nur Wasser, Eiweißstoffe, Fette und Kohlenhydrate sind bei unserer Ernährung unentbehrlich. Weitere Stoffe spielen ebenfalls eine wesentliche Rolle: die Mineralstoffe, Spurenelemente und Vitamine.
In unserem Körper finden sich etwa zwanzig Stoffe, die unter den Begriff Wirkstoffe fallen. Ihr Gewichtsanteil liegt bei drei Kilogramm. Einige dieser Wirkstoffe sind in bestimmten Körperstellen gespeichert.
Bekannte Mineralstoffe sind *Kalium* und *Magnesium*, die bei der Funktion der Muskeln, Nerven und des Herzens eine wichtige Rolle spielen. *Kalzium* ist nicht nur für die Muskeln, sondern auch für das Nervensystem von großer Bedeutung. *Eisen* ist für den Sauerstofftransport wichtig; Eisenmangel führt zur Blutarmut, was sich in frühzeitigem Ermüden äußert.
Natrium regelt den Wasserhaushalt; Mangel an Natrium, das wir in großen Mengen mit dem Kochsalz aufnehmen, führt zu Flüssigkeitsverlust. Die Folgen sind trockener Mund, Appetitlosigkeit, Muskelkrampf und niedriger Blutdruck.
Wenn wir die Leistungen erhalten oder gar verbessern wollen, müssen wir auch dafür sorgen, daß diese Stoffe dem Körper immer in ausreichender Menge zugeführt werden.

Vitamine
Es gibt sehr viele Vitamine, und sie finden sich in unterschiedlichen Mengen in unserer Nahrung. Man unterscheidet Vitamine, die in Fett lösbar sind, wie die Vitamine A, D, E und K, und andere, die in Wasser lösbar sind, wie die Vitamine B und C.

- **Fettlösliche Vitamine**

Vitamin A, Retinol, ist für ein gutes Sehvermögen sehr wichtig. Außerdem unterstützt es das Wachstum und die Wiederherstellung der Hautzellen und der Schleimhautzellen. Vitamin A kommt in Milch und Milchprodukten vor, ferner in Margarine, Eigelb, Leber, Lebertran, Obst und Gemüse.
In unserer Leber ist ständig ein kleiner Vorrat von 90 bis 150 mg Vitamin A vorhanden, so daß es nicht so leicht zu einem Mangel kommen kann. Aber da bei sportlichen Leistungen von fettem Essen abgeraten wird, ist die Zufuhr von Vitamin A zuweilen zu gering. Ein Zuviel dieses Vitamins ist aber auch nicht gut, weil dadurch Appetitlosigkeit und Haarausfall verursacht werden können.

Vitamin D, Cholecalciferol, ist für das Wachstum und die Stabilisation der Knochen unentbehrlich. Es steigert die Kalziumresorption aus dem Darm (Aufnahme von Kalzium aus der Nahrung). Vitamin D kommt in Margarine und Butter vor, in Lebertran, Sardinen, Hering, Eigelb und Schweineleber.

Vitamin E, Tocoferol, kommt in Gemüse, Hafer, Gerste, Salatöl und Margarine vor. Mangel an Vitamin E führt zu einem erhöhten Sauerstoffverbrauch in den Skelettmuskeln und im Herzmuskel. Außerdem dürfte der Mangel an Vitamin E eine Schwächung der Muskeln verursachen.
Pflanzliche Fette, die Linolsäure enthalten, sorgen für die Zufuhr von Vitamin E.

Vitamin K, Fytomenadion, hat einen Einfluß auf die Blutgerinnung, ist aber für den Spitzensport nicht sehr wichtig. Es kommt in bestimmten Lebensmitteln vor wie Salat, Spinat und Kohl.

- **Wasserlösliche Vitamine**

Vitamin B_1, Thiamin, ist ein Stoff, der beim Freisetzen von Energie im Muskelgewebe eine Rolle spielt. Ein Mangel an Vitamin B_1 bewirkt, daß zu wenig Sauerstoff im Blut transportiert wird. Vitamin B_1 kommt in Vollkornbrot, Hülsenfrüchten, Schweinefleisch, Herz, Leber und Hefe vor.
Bei der Verbrennung von Kohlenhydraten steigt der Bedarf an Vitamin B_1. Im menschlichen Körper befinden sich ungefähr 25 mg Vitamin B_1, ein sehr geringer Vorrat; deshalb ist ständiger Nachschub erforderlich. Ein Mangel kann zur Muskelschwächung führen.

Vitamin B_2, Riboflavin, ist bei der Sauerstoffversorgung der Zellen und der Verbrennung behilflich. Mangel kann zu Haut- und Schleimhautschäden und Wachstumsstörungen führen. Vitamin B_2 kommt in Leber, Milch, Käse, Eiern, Gemüse und Grahambrot vor.

Vitamin B_3, Niacin, spielt bei der Gewebeatmung eine Rolle. Die normale Eiweißzufuhr beugt einem Mangel an Vitamin B_3 vor. Es kommt im Fleisch, im Getreide und in Hülsenfrüchten vor. Der Mangel kann ebenfalls Hauterkrankungen verursachen.

Wirkstoffe

Vitamin B$_6$, Pyridoxin, bewirkt unter anderem die Umsetzung von Aminosäuren aus der Nahrung in eine bestimmte Aminosäure in den Körperzellen für den Eiweiß-Stoffwechsel. Es findet sich in Schweinefleisch, Hefe, Fisch, Kartoffeln, Leber und Grahambrot.
Vitamin B$_{12}$, Cyanocobalamin, befindet sich in allen Körperzellen und wirkt der Blutarmut entgegen. Man nimmt es ausschließlich mit tierischen Nahrungsmitteln zu sich, also mit Fleisch, Käse, Eiern und Milch.
Vitamin C, Ascorbinsäure, festigt das Bindegewebe. Zugleich hat Vitamin C einen positiven Effekt auf die Heilung von Wunden und schützt den Körper vor Infektionen.
Ein Mangel an Vitamin C würde zur Blutarmut führen. Würde dem Körper das Vitamin C über lange Zeit vorenthalten, könnte das zu Skorbut führen, einer Krankheit, unter der die Seeleute in früheren Jahrhunderten sehr zu leiden hatten. Skorbut äußert sich in kleinen Blutungen, Zahnausfall und Schwellungen des Zahnfleisches.
Beim Schwitzen verliert der Körper im Durchschnitt 50 mg Vitamin C je Liter Schweiß.
Vitamin C kommt in Obst, Gemüse und in Kartoffeln vor.

Unsere übliche und abwechslungsreiche tägliche Nahrung enthält ausreichende Mengen an Vitaminen und Mineralien. Aber bei langwierigen anstrengenden Radtouren, wie Etappenrennen, wobei die Ernährung meist recht einseitig ist, sollte man dem Körper durch ein Multivitaminpräparat zusätzliche Vitamine zuführen.
Viele jugendliche Anfänger im Radsport glauben, daß solche Präparate wahre Wundermittel seien, denen die Profis ihre Erfolge verdanken. Dies stimmt jedoch nicht. Aber wenn ein Radrennfahrer sehr lange Strecken bewältigen muß, erweist sich ein solches Präparat als notwendige Ergänzung zur Nahrung, weil die Anstrengungen sich über viele Stunden erstrecken. Solche Anstrengungen kosten viel Energie, also Kalorien, und um die erforderliche Menge davon zu erhalten, müßte der Sportler dreimal frühstücken, dreimal zu Mittag und dreimal zu Abend essen. Aber dazu hat er keine Zeit, und somit ergänzt er die fehlenden Vitamine einfach durch Präparate.

Verletzungen und Beschwerden

Es gibt eine ganze Reihe von typischen Verletzungen und Beschwerden, die den Radsportlern regelmäßig zu schaffen machen.

Sinusitis (Entzündung der Nasennebenhöhlen)
Die Nase ist für den Radrennfahrer ein äußerst wichtiges Organ. Auf der ganzen Strecke wird ständig gespuckt und geschneuzt, die Nase läuft, und dabei ist die Gefahr einer Sinusitis besonders groß. Durch einen Schnupfen können die Nasenschleimhäute anschwellen, und damit besteht die Gefahr, daß die Verbindung der Nasenhöhle zur Nebenhöhle sich schließt.

Rückenschmerzen
Der Radrennfahrer sitzt in gekrümmter Haltung auf dem Fahrrad. Das führt zu einer starken Belastung der Rückenmuskulatur, vor allem des breiten Rückenmuskels und des großen Lendenmuskels. Die Belastung der Muskeln verursacht vor allem im Frühjahr oft Rückenschmerzen, zum Teil dadurch, daß der Körper nicht hinlänglich trainiert ist. Der Muskulatur fehlt es an Geschmeidigkeit, die durch fleißiges Training aber schon bald wiedererlangt werden kann. Für Abhilfe kann man auch sorgen, indem man den Sattel um ein oder zwei Zentimeter tiefer oder den Lenker etwas höher stellt; auch Streckübungen sind nützlich. Auf jeden Fall sollte man mit kleiner Übersetzung fahren und auf einer harten Matratze schlafen.

Schmerzende Sitzfläche
Schmerzen entstehen oft durch Reibung der Haut auf dem Sattel, aber häufiger noch durch den Druck, der auf die unteren Muskelschichten ausgeübt wird. Es können leicht Furunkel entstehen, weil der Schweiß in die durch Reibung empfindlich gewordene Haut einmassiert wird. Hier kann man vorbeugen, indem man eine gute Salbe verwendet, besonderen Wert auf Hygiene legt und auf einem Sattel fährt, der die richtige Härte hat.

Knieverletzung
Das ‹Hinault-Knie› ist im Radsport zu einem Begriff geworden. Hinault hatte sich eine Verletzung zugezogen, und man nahm als Ursache an, daß er immer mit einer zu hohen Übersetzung gefahren war. Kniebeschwerden sind in den meisten Fällen auf das Fahren mit übertrieben großen Übersetzungen zurückzuführen (z. B. 54/12). Dadurch wird die Muskulatur an den Kniegelenken überlastet, und die empfindlichen Schleimbeutel können sich dann entzünden. Vor allem am Ansatz des vierköpfigen Oberschenkelmuskels kann dies leicht geschehen. Absolute Ruhe kann zu einer raschen Genesung führen; auch leichtes Radfahren mit kleinen Übersetzungen, die weniger Anstrengung erfordern, trägt dazu bei.

Verletzung der Achillessehne

Dies ist die Sehne, die den Wadenmuskel mit dem Fersenbein verbindet. Ebenso wie das Kniegelenk ist auch die Achillessehne gegen jegliche Überanstrengung beim Radfahren sehr empfindlich. Vorbeugen kann man, wenn man nicht mit einer zu hohen Übersetzung fährt und sich bei kühlem Wetter warm kleidet. So sind die Achillessehnen nicht so sehr gefährdet. Auch sollte man keine zu niedrigen Schuhe tragen, die die Achillessehnen nur wenig schützen.

Hautabschürfungen

Wenn ein Radrennfahrer in einen Sturz verwickelt wird, sind Hautabschürfungen im allgemeinen noch die harmlosesten Verletzungen. Sie sollten aber baldmöglichst mit Wasser und Seife ausgewaschen werden, worauf sie mit einem speziellen Spray, der die Funktion einer Ersatzhaut hat, bespritzt werden.

Hautabschürfungen sind schmerzhaft und verursachen für eine Weile das Gefühl, als sei die Haut straff gespannt, aber sonst sind sie harmlos. Außerdem heilen sie schnell. Dennoch sollte man sie nicht als Nebensache abtun; denn wenn ein Fahrer beim Sturz über die Straße geschleudert wird, dann dringt auch Straßenschmutz in die Kratzwunden ein, was Wundstarrkrampf (Tetanus) zur Folge haben kann. Dagegen ist heutzutage fast jeder geimpft. Bei Hautverletzungen, die innerhalb von zwei Jahren nach der letzten Tetanus-Impfung auftreten, genügt eine gründliche Reinigung, wie sie auch sonst üblich ist, eine erneute Impfung erübrigt sich. Sind seit der letzten Tetanus-Impfung mehr als zwei Jahre verstrichen, dann muß ein Arzt oder die Ambulanz-Station eines Krankenhauses aufgesucht werden.

Verstauchungen

Ein stürzender Radfahrer versucht einen Sturz immer mit den Armen abzufangen. Dabei kommt es häufig zu Brüchen oder Verstauchungen der Handgelenke. Auch an den Knien und an den Fußgelenken gibt es oft Verstauchungen.

Bei einem Knochenbruch gibt es nur ein Gebot: sofort einen Arzt hinzuziehen oder den Verletzten in ein Krankenhaus transportieren.

Handelt es sich dagegen um eine Verstauchung, dann liegt eine Beschädigung der Gelenkkapseln und der Gelenkbänder vor. Für Abhilfe sorgt Kühlung oder Behandlung mit einer Heilsalbe.

Schlüsselbeinbruch

Bei Stürzen kann es zu Schlüsselbeinbrüchen kommen. Wie bei allen Knochenbrüchen ist der Genesungsprozeß sehr langwierig, er dauert bis zu fünf Wochen.

Bei den Berufsfahrern hat sich die Operation als ‹Heilungsmethode› verbreitet. Jedoch ist grundsätzlich davon abzuraten, den natürlichen Heilungsprozeß durch operative Eingriffe ‹unnatürlich› zu beschleunigen, nur um nicht in Trainingsrückstand zu geraten oder Rennen zu versäumen.

Verletzungsvorbeugung
Wenn der Rennfahrer sich gründlich pflegt, kann das auch zur Verletzungsvorbeugung beitragen. Hier ein paar Beispiele:
- durch eine warme Rückenbedeckung, die richtige Haltung auf dem Fahrrad und durch ein paar Übungen für die Rückenmuskulatur zur rechten Zeit kann man vielerlei Rückenbeschwerden vorbeugen;
- im Frühjahr, vor allem bei kühlem Wetter, muß der Fahrer warme Socken und eine lange Hose tragen. Dadurch kann er Verletzungen der Achillessehne und des Knies (zwei für den Rennfahrer besonders wichtige Körperteile) vorbeugen;
- nach einer intensiven Trainingsarbeit ist ausreichende Ruhe unbedingt erforderlich. Um dem Übertraining vorzubeugen, muß der Sportler auch geistig Abstand vom Radsport nehmen, sich ablenken;
- nach dem Training oder einem Wettbewerb wird der Trainingsanzug leider oft als überflüssig angesehen. Zieht man ihn gleich danach an, kann man vielen Unannehmlichkeiten vorbeugen;
- beim Massieren darf der Rücken nicht vergessen werden;
- nach einer Anstrengung sollte man nicht gleich eiskalte Getränke zu sich nehmen. Dadurch können Entzündungen in den oberen Atemwegen entstehen; außerdem kann man leicht Durchfall bekommen.

Doping

Der Begriff «Doping» ist vom englischen Wort «dope» abgeleitet, das bedeutet Aufputschmittel. Doping hat einen negativen Klang, und das gewiß nicht nur im Radsport. Auch bei anderen Sportarten wird immer wieder von Doping gesprochen. Allzu häufig und zu Unrecht denkt man beim Hören des Wortes Doping nur an den Radsport.
Leider hat die Erfahrung gelehrt, daß Aufputschmittel bzw. Drogen immer wieder verwendet werden. Auch im Radsport scheint dagegen kein Kraut gewachsen zu sein. Nicht einmal in Belgien, wo man die Verwendung und auch den bloßen Besitz stimulierender Mittel unter Strafe gestellt hat.
Der BDR führt bei einer angemessenen Zahl von Veranstaltungen Dopingkontrollen durch. Bei nationalen Veranstaltungen wird eine Dopingkommission eingerichtet, die aus einem Arzt als Leiter der Dopingkontrollen, einem BDR-Kommissär oder einem vom BDR-Fachausschuß benannten Beauftragten besteht.

Die Auswahl der Sportler erfolgt nach der Plazierung (meist die 2 oder 4 Erstplazierten) und durch Losentscheid. Der Losentscheid muß mindestens eine Stunde vor Rennschluß vollzogen sein. Außerdem werden noch jeweils zwei Ersatzleute durch Los bestimmt. Die zur Dopingkontrolle bestimmten bzw. ausgelosten Sportler werden durch einen Beauftragten der Dopingkommission mündlich (persönlich oder durch Lautsprecherdurchsage) oder schriftlich (Formular, Anzeigetafel und dergleichen) zur Dopingkontrolle aufgefordert. Die Fahrer haben sich dann unter allen Umständen zur Dopingkontrolle zu melden.

Was ist Doping nun eigentlich? Die nachfolgende Beschreibung dürfte den Begriff am ehesten verdeutlichen können: «Doping ist der künstliche Versuch, die körperliche Leistungsfähigkeit durch Einnahme stimulierender Mittel zu steigern.»

In der BDR-Sportordnung steht in § 156 folgendes:

«Eine Steigerung der körperlichen Leistungsfähigkeit durch Aufputschmittel bzw. Drogen, welche von der Wissenschaft als gesundheitsschädlich bezeichnet werden, ist verboten, weil sich der betreffende Wettbewerber damit erstens in unfairer Weise einen Vorteil gegenüber seinen Gegnern zu verschaffen versucht, zweitens es dem Grundgedanken des Sports entgegengerichtet ist und drittens schwere körperliche und seelische Schäden entstehen können.»

Dr. Gerard Daniels schreibt in seinem Buch «Für Trainer von Radrennfahrern» über das erste Auftauchen von Doping:

«Im Radrennsport gab es die ersten Hinweise auf Doping bereits beim ersten New Yorker Sechstagerennen im Jahre 1899: die Franzosen schluckten Koffein, die Belgier Zucker mit Äther, die Sprinter nichts weniger als Nitroglyzerin. Im Jahre 1896 wurde der erste Todesfall im Zusammenhang mit Doping konstatiert, und zwar beim Klassiker Bordeaux–Paris über sechshundert Kilometer, wo der Engländer Linton nach der Einnahme eines Getränks mit Trimethyl (= Amphetamin), das sein Manager ihm verabreicht hatte, starb.»

Heutzutage versucht man, die Verwendung verbotener Stimulanzien durch Kontrollen zu verhindern. Aber ehe es soweit war, hatte man zahlreiche Tote unter den Radrennfahrern zu beklagen, wie Tommy Simpson, Roger de Wilde, Valentin Uriona und Huub Heiligers.

Im folgenden einige Zitate zum Thema Doping aus dem Buch «Dossier Doping» von Karel van Assche:

«Meines Wissens haben alleine in Frankreich wenigstens tausend junge Sportler ihre übermäßigen Dopingpraktiken mit dem Leben bezahlen müssen » (Professor Cailly-Bert).

«Ich selbst habe im Jahre 1953 die erste praktische Erfahrung mit dem Doping gemacht: Ich nahm während eines bekannten Wettbewerbs in Flandern zwei Centramine und wurde daraufhin Zweiter. Beim Rennen Paris–Valenciennes nahm ich wiederum zwei und wurde Sieger! Die Sache wurde immer schlimmer. Im Jahre 1961 schluckte ich sogar Arsen, und während der belgischen Meisterschaft versuchte ich's mit einer Morphin-Spritze» (Martin van Genengden, Rennfahrer).

«Der erste, von dem ich wußte, daß er ‹schluckte›, und der es auch vor anderen nicht verheimlichte, war der unvergleichliche Campionissimo Fausto Coppi. Aber zu jener Zeit schrie man deswegen nicht gleich Zeter und Mordio. Sämtliche großen Meister, die nach ihm kamen, haben Aufputschmittel verwendet» (Rick van Steenbergen, Weltmeister).

Einer der tragischsten Dopingfälle in der Geschichte des Radrennsportes war Tom Simpsons Todesfahrt am Mont Ventoux am 13. Juni 1967 während der 54. Tour de France. Darüber schreibt Karel van Assche:

«‹Put me on my bike›, stammelt er, und die fanatischen Narren der englischen Mannschaft heben Tom Simpson, der in diesem Moment schon eher tot als lebendig ist, wieder aufs Rad. Sein Gesicht gleicht jetzt einer Totenmaske, es ist vom Schmerz verzerrt, aus dem Mund quillt Schaum. Wenige Meter weiter schwankt er wie ein Betrunkener über die Strecke. Die Zuschauer fürchten, daß er direkt auf den gähnenden Abgrund zufährt, aber sie halten ihn nicht auf.
Kurz darauf rutscht Tom wieder vom Fahrrad herab, und der englische Mechaniker eilt herbei. Nicht etwa um zu helfen, sondern um Simpson erneut auf den Sattel zu heben. Sein belgischer Kollege Fernand Tuijtens mischt sich ein: ‹Laß ihn in Ruhe, oder willst du ihn etwa ermorden?› Tuijtens faßt Tom unter die Arme und legt ihn vorsichtig am Straßenrand nieder.
Ein unbekannter Zuschauer kniet neben dem sterbenden Rennfahrer nieder und versucht, neues Leben in die ausgetrockneten Lungen zu pumpen. Leider ist sein guter Wille wohl größer als seine Erfahrung in der Mund-zu-Mund-Beatmung. Später übermittelt Felix Levitan die Hiobsbotschaft, daß Tom Simpson tot ist. Im Renntrikot des Toten finden die Gesetzeshüter drei Tuben, zwei leere und eine halbvolle. Darin war Onidrin gewesen, ein Amphetamin-Präparat.»

Doping kann tödliche Folgen haben, es ist also äußerst gefährlich. Harm Kuipers und Wim Snellenberg schreiben in ihrem Buch «Verletzungsvorsorge» über Doping das folgende:

«Die Einnahme amphetamin-artiger Stoffe führt nicht zu größeren Leistungen, aber sie birgt Risiken. Vielen Sportlern ist nicht bekannt, daß man im Laboratorium die Leistungsfähigkeit von Radfahrern nach der Einnahme von amphetamin-artigen Stoffen gemessen hat, und dabei gingen die erbrachten Leistungen sogar zurück.
Da diese Stoffe aber eine Selbstüberschätzung herbeiführen, so daß die Fahrer sinnlose Risiken eingehen, wird die Verletzungsgefahr erhöht. Und da sich schließlich unter dem Einfluß dieser Mittel auch noch die Wärmeabgabe des Körpers verschlechtert, ist die Verwendung bei warmem Klima bedenklich, da sie das Leben des Sportlers gefährden kann.»

Noch einmal Harm Kuipers in einem Interview für die niederländische Radsportzeitschrift «Wieler Revue»:

«Mit Spritzen, Pillen und ähnlichem Kram erbringt man gewiß keine größeren Leistungen. Ich bin davon überzeugt, daß ein Wettbewerb mit Amphetaminen nicht zu gewinnen ist. Amphetamin bremst den Appetit und behindert die körperliche Erholung, und gerade das sind ja Faktoren, die für einen Bahnfahrer von vitaler Bedeutung sind.»

Stimulanzien verbessern also die Leistung selbst keineswegs. Sie erzeugen aber das Gefühl einer Euphorie (Hochstimmung), wie das Empfinden, Flügel zu haben und die ganze Strecke der Tour de France an einem einzigen Tag zurücklegen zu können. Dieses euphorische Gefühl ist zugleich die Ursache dafür, daß stimulierende Mittel bis zur psychischen und körperlichen Abhängigkeit führen können.

Die Diskussion über Doping und ärztliche Kontrolle ist noch lange nicht beendet. In medizinischer und sportlicher Hinsicht bleibt es für viele Ärzte und Radrennfahrer ein großes Problem festzustellen, ob ein Produkt, das auf der Liste der verbotenen Stimulanzien steht, als Medikament oder als Aufputschmittel angesehen wird. Wann hört eine Chemikalie auf, noch als Medikament zu gelten, und von welchem Moment an ist dasselbe Produkt als Stimulans, also als Doping anzusehen?

Ein Radrennfahrer, der seinen Sport zum Beruf gemacht hat, muß sich sehr davor hüten, Medikamente zu schlucken, die bei der Dopingkontrolle gegen seinen Willen positiv reagieren könnten.

Wenn ein Radrennfahrer krank wird und mit einem Medikament behandelt wird, das in der Liste der verbotenen Aufputschmittel steht, darf er sich einstweilen nicht an Wettbewerben beteiligen, weil der verbotene Stoff in seinem Urin nachgewiesen werden könnte, auch wenn der Fahrer sich längst wieder fit fühlt.

Verbotene Produkte

Die Radsport-Organisationen, die dem Dachverband UCI angeschlossen sind, erhalten jedes Jahr im Dezember eine Liste der verbotenen Stimulanzien.

Diese Liste wird von der Ärztekommission der UCI zusammengestellt, und die Verwendung auch nur eines dieser Produkte führt unwiderruflich zur Bestrafung, zur Streichung aus dem Ergebnis, zur Disqualifikation und zu einer spürbaren Geldstrafe.

Die jüngste Liste der UCI, wie sie im «Règlement Controle Médical» veröffentlicht wurde, gibt 40 verbotene stimulierende Mittel an (vgl. Tabelle Seite 272). Es steht den nationalen Radsport-Organisationen überdies frei, diese Liste für ihre Wettbewerbe zu erweitern.

In der folgenden Liste mit den verbotenen Produkten stoßen wir auf einige, die uns bekannt vorkommen:
– Amphetamin,
– Ephedrin,
– Anabole Steroidhormone,
– Corticosteron.

Liste verbotener stimulierender Mittel

1. Amphetamin
2. Methylamphetamin
3. Dimethylamphetamin
4. Benzphetamin
5. Ethylamphetamin
6. Fenfluramin
7. Norfenfluramin
8. Furfurylamphetamin
9. Furfurylmethylamphetamin
10. Metoxyphenamin
11. Phentermin
12. Mephentermin
13. Chlorphentermin
14. Propylhexedrin
15. Alfetamin
16. Cyclopentamin
17. Methylphenidat
18. Pipradol
19. Phacetoperan
20. Pipethanat
21. Phenmetrazin
22. Phendimetrazin
23. Diethylproprion
24. Prolintan
25. Pyrovaleron
26. Fencamfamin
27. Tranylcypramin
28. Pemolin
29. Cypenamin
30. Strychnin
31. Ephedrin und Derivate
32. Heptaminol
33. Amiphenazol
34. Bemegrid
35. Leptazol (Pentetrazol)
36. Nikethamid
37. Synthetische anabole Steroidhormone (Anabolika)
38. Corticosteroide
39. Crotetamid
40. Cropropamid

Amphetamin
Dies ist ein Mittel in Pillen- und Flüssigform, das das Gefühl von Hunger, Schläfrigkeit und Ermüdung nicht nur unterdrückt, sondern es überdies vertreibt. In der Medizin verwendet man Amphetamin bei der Bekämpfung der Epilepsie und auch, um Patienten aus der Narkose aufzuwecken.

Ephedrin
Auch Ephedrin gibt es in flüssiger Form. Man kann denjenigen, der es nimmt, daran erkennen, daß die Pupillen seiner Augen sich weiten. Der Stoff Ephedrin aktiviert den Körper und unterdrückt Ermüdungserscheinungen. Er kommt auch in Nasentropfen und Hustensäften zur Verwendung. Außerdem dient Ephedrin als Erleichterungsmittel gegen Asthma.

Anabolika
Stoffe, die man auch mit dem Sammelnamen *Anabolika* bezeichnet und die im menschlichen Körper produziert werden. Anabolika ähneln sehr den Hormonen, die im menschlichen Körper vorkommen, wie das männliche Geschlechtshormon Testosteron. Diese Mittel wurden ursprünglich zur Krebsbekämpfung entwickelt, man setzt sie auch ein, wenn der Körper nicht genug Blut produziert.
Wenn der Radrennfahrer Anabolika verwendet, dann hat das eine Vergrö-

ßerung der Muskelbündel des Athleten zur Folge. Anabolika fördern nämlich infolge eines verstärkten Eiweißaufbaus das Zellenwachstum, insbesondere in den Muskelgeweben.
Es sei darauf hingewiesen, daß man Anabol-Präparate bis zu vier Wochen nach Einnahme noch im Urin feststellen kann.

Corticosteron
Ebenfalls ein häufig genannter Stoff ist das Corticosteron, das von der Rinde der Nebenniere (Cortex) produziert wird. Auch hier handelt es sich um im Radrennsport verbotene Stimulanzien, die bei längerem Gebrauch unangenehme Nebenwirkungen zeigen. Zum Beispiel Schwächung der Muskulatur und der Sehnen, Förderung von Zuckerkrankheit und erhöhten Blutdruck. Radrennfahrer, die das Mittel einnahmen, fühlten sich erleichtert und waren überzeugt, Schwächemomente leichter überwinden zu können.

Dopingkontrolle
Die Organisatoren eines Radsportwettbewerbs, bei dem eine Dopingkontrolle vorgeschrieben ist, müssen dazu zwei Räume und eine Toilette zur Verfügung stellen. Im ersten Raum werden die Urinproben in Gegenwart des Rennfahrers behandelt. Der zweite Raum ist ein Wartezimmer für die übrigen Fahrer, die dort auf ihren Aufruf warten.
Bei Wettbewerben für Berufsfahrer, die im internationalen UCI-Kalender aufgeführt sind, werden die drei erstplazierten Rennfahrer kontrolliert, außerdem wenigstens zwei weitere Fahrer, die entweder durch Losentscheid oder aber durch den UCI-Kommissär bestimmt werden.
Die übrigen Wettbewerbe für Berufsfahrer unterliegen den gleichen Kontrollmaßnahmen wie alle anderen Radsport-Kategorien. Bei diesen Wettbewerben wird erst nach Beginn des Rennens bekanntgegeben, welche Fahrer sich nach Beendigung zur Kontrolle melden müssen. Bei Nichterscheinen wird keine Begründung akzeptiert. Wer nicht erscheint, wird ebenso bestraft, als sei das Kontrollergebnis positiv gewesen.

Urinprobe
Der Urin des Fahrers ist zur Kontrolle unentbehrlich. Übrigens spricht man heute mehr von ärztlicher Kontrolle als von Dopingkontrolle. Bis längstens dreißig Minuten nach Beendigung des Wettbewerbs hat der Teilnehmer Zeit, sich zur Kontrolle zur Verfügung zu stellen. Sollte er durch persönliche Teilnahme an der Siegerehrung aufgehalten sein, dann zählen diese dreißig Minuten vom Ende der Siegerehrung an.
Urinieren muß der Rennfahrer grundsätzlich in Gegenwart eines Zeugen. Das ist entweder der diensthabende Arzt oder aber ein Inspektor, der vom Radsportverband mit dieser Aufgabe betraut wurde. Außerdem darf der

Rennfahrer während der ärztlichen Kontrolle eine Person seines Vertrauens zur Seite haben. Diese Person kann ein Arzt, ein Mannschaftsführer oder ein Vertreter seiner Radsportvereinigung sein.
Natürlich kann es vorkommen, daß der zur Kontrolle erschienene Rennfahrer beim besten Willen nicht imstande ist zu urinieren. Der Arzt ist dann befugt, ohne zeitliche Beschränkung so lange zu warten, bis der Urin endlich im Fläschchen ist.
Während der Abgabe der Urinprobe wird der Sportler nicht eine Sekunde aus den Augen oder allein gelassen; denn damit wäre einem möglichen Betrug Tür und Tor geöffnet. So könnte er Urin mitgebracht und diesen in einem Kunststoffbeutel unter der Achsel warm gehalten haben, um ihn in einem unbewachten Augenblick in das Fläschchen zu schütten. Bekannt ist ein derartiger Betrugsfall von Michel Pollentier während der Tour de France von 1978.
Ist der Urin bei der ärztlichen Kontrolle schließlich abgegeben, dann werden im Beisein des Fahrers und seines eventuellen Zeugen zwei bis drei Fläschchen damit gefüllt. Die Fläschchen werden verschlossen und versiegelt. Auf dem Etikett stehen nur das Datum der Kontrolle und die Codenummer. Der Name des Fahrers erscheint grundsätzlich nicht auf den Fläschchen, da für das Labor die Urinproben anonym bleiben müssen.
Zur Kontrolle gehört ferner ein Formular, das vom diensthabenden Arzt ausgefüllt und unterzeichnet wird. Der Radrennfahrer zeichnet das Formular ebenfalls ab. Damit bestätigt er, daß die Kontrolle bis dahin absolut korrekt verlaufen ist.
Der Urin des zweiten Fläschchens wird nur dann kontrolliert, wenn der Fahrer eine Gegenexpertise verlangt, sofern der Inhalt des ersten Fläschchens als positiv befunden wurde. Bei Kontrolle auf Anabolika ist ein drittes Fläschchen erforderlich.

Strafmaßnahmen
Fällt die Dopingkontrolle negativ aus, ist der Fahrer also des unerlaubten Dopings überführt, sind für Berufsfahrer die folgenden Strafen zu erwarten:
- bei der ersten Verfehlung, das gilt für alle Wettbewerbe, die nicht zu den Etappen-Wettbewerben zählen, wird eine Geldstrafe von 1250 DM auferlegt, die an die UCI abgeführt wird; außerdem gilt ein Monat Sperre mit Fristaufschub von 365 Tagen. Ferner wird der Name des Fahrers aus der Ergebnisliste gestrichen.
Bei Etappen-Wettbewerben gilt ebenfalls eine Geldstrafe von 1250 DM und ein Monat Sperre mit Fristaufschub von 365 Tagen. Überdies wird der Fahrer auf den letzten Platz der Wertung zurückversetzt, und seine gefahrene Gesamtzeit wird um zehn Strafminuten verlängert;
- bei der zweiten Verfehlung wird der Fahrer, ungeachtet der Art des

Wettbewerbs, aus der Ergebnisliste gestrichen. Er wird für drei Monate gesperrt, ferner wird ihm eine Geldstrafe von 3750 DM auferlegt;
- bei der dritten Verfehlung wird der Fahrer aus der Ergebnisliste gestrichen, seine Lizenz verfällt, und er wird auf Lebenszeit gesperrt.

Für Lizenzfahrer, die nicht zu den Berufsfahrern zählen:
- bei der ersten Verfehlung ist ein Monat Sperre und Streichung aus der Ergebnisliste die Folge;
- bei der zweiten Verfehlung erfolgt eine sechsmonatige Sperre und ebenfalls Streichung aus der Ergebnisliste;
- bei der dritten Verfehlung verfällt die Lizenz, und es erfolgt lebenslänglicher Ausschluß.

Außerdem wird ein Rennfahrer als Rückfälliger vermerkt, wenn die nächste Verfehlung innerhalb von 366 Tagen nach der voraufgegangenen konstatiert wird.
Nicht nur Fahrer, die sich eines Dopingvergehens schuldig gemacht haben, können bestraft werden.
In den folgenden Fällen kommen die zuvor genannten Strafmaßnahmen ebenfalls zur Anwendung:
- bei Rennfahrern, die zur ärztlichen Kontrolle aufgerufen sind, aber sich weigern, sich dieser Kontrolle zu unterwerfen;
- bei Rennfahrern, die sich vor oder nach der ärztlichen Kontrolle im Zusammenhang damit eines Betruges schuldig machen;
- bei Rennfahrern, die sich nicht rechtzeitig zur ärztlichen Kontrolle melden. Das muß innerhalb von dreißig Minuten nach Beendigung des Wettbewerbs geschehen oder nach Beendigung der Siegerehrung, sofern der Rennfahrer direkt an dieser beteiligt ist. Als Ende des Wettbewerbs gilt der Augenblick, in dem der letzte Teilnehmer durchs Ziel geht.

Hier sind einige Stellen aufgeführt, wo Dopingtests durchgeführt werden:

Leuven, Belgien	Prof. Dr. P. Dhaenens
Gent, Belgien	Prof. Dr. A. Heyndrickx
Gent, Belgien	Prof. Dr. M. Debackere
Köln, BRD	Prof. Dr. M. Donicke
Paris, Frankreich	Dr. M. Lafarge
Leningrad, UdSSR	Prof. Dr. V. Rogozkin
Montreal, Kanada	Prof. Dr. R. Dugal
Kreischa, DDR	Dr. C. Clausnitzer
Rom, Italien	Dr. G. P. Cartoni
Magglingen, Schweiz	Prof. Dr. H. Howald
Nimwegen, Niederlande	Prof. Dr. J. M. van Rossum

Anhang

Deutsche Radweltmeister

Jahr	Name	Ort	Disziplin	Kategorie
1894	August Lehr	Antwerpen	Sprint	Amateure
1897	Willi Arend	Glasgow	Sprint	Profis
1898	Paul Albert	Wien	Sprint	Amateure
1901	Heinrich Sievers	Berlin	Steher	Amateure
1901	Thaddäus Robl	Berlin	Steher	Profis
1902	Alfred Goernemann	Berlin	Steher	Amateure
1902	Thaddäus Robl	Berlin	Steher	Profis
1913	Walter Rütt	Leipzig	Sprint	Profis
1927	Mathias Engel	Köln-Elberfeld	Sprint	Amateure
1928	Walter Sawall	Budapest	Steher	Profis
1930	Erich Möller	Brüssel	Steher	Profis
1931	Walter Sawall	Kopenhagen	Steher	Profis
1932	Albert Richter	Rom	Sprint	Amateure
1934	Erich Metze	Leipzig	Steher	Profis
1935	Toni Merkens	Brüssel	Sprint	Amateure
1937	Walter Lohmann	Kopenhagen	Steher	Profis
1938	Erich Metze	Amsterdam	Steher	Profis
1952	Heinz Müller	Luxemburg	Straße	Profis
1959	Rudi Altig	Amsterdam	Einerverfolgung	Amateure
1960	Rolf Wolfshohl	Tolosa	Querfeldein	Profis
1960	Rudi Altig	Leipzig	Einerverfolgung	Profis
1961	Rolf Wolfshohl	Hannover	Querfeldein	Profis
1961	Karl Heinz Marsell	Zürich	Steher	Profis
1961	Rudi Altig	Zürich	Einerverfolgung	Profis
1962	Ehrenfried Rudolph, Klaus May, Lothar Claesges, Bernd Rohr	Mailand	Mannschaftsverfolgung	Amateure

Jahr	Name	Ort	Disziplin	Kategorie
1963	Rolf Wolfshohl	Calais	Querfeldein	Profis
1964	Lothar Claesges Karl Link Clemens Großimlinghaus Karlheinz Henrichs	Paris	Mannschaftsverfolgung	Amateure
1966	Rudi Altig	Nürburgring	Straße	Profis
1970	Ehrenfried Rudolph	Leicester	Steher	Profis
1970	Jürgen Barth Rainer Müller	Leicester	Tandem	Amateure
1970	Udo Hempel Peter Vonhof Günther Haritz Ernst Claussmeyer	Leicester	Mannschaftsverfolgung	Amateure
1971	Horst Gnas	Varese	Steher	Amateure
1972	Horst Gnas	Marseille	Steher	Amateure
1973	Horst Gnas	San Sebastian	Steher	Amateure
1973	Klaus-Peter Thaler	London	Querfeldein	Amateure
1973	Günther Schumacher Hans Lutz Günther Haritz Peter Vonhof	San Sebastian	Mannschaftsverfolgung	Amateure
1974	Jean Breuer	Montreal	Steher	Amateure
1974	Hans Lutz	Montreal	Einerverfolgung	Amateure
1974	Günther Schumacher Hans Lutz Peter Vonhof Dietrich Thurau	Montreal	Mannschaftsverfolgung	Amateure
1975	Dieter Kemper	Lüttich	Steher	Profis
1975	Günther Schumacher Hans Lutz Peter Vonhof Gregor Braun	Lüttich	Mannschaftsverfolgung	Amateure
1975	Henry Rinklin	Lausanne	Punktefahren	Junioren
1976	Klaus-Peter Thaler	Lyon	Querfeldein	Amateure
1976	Wilfried Peffgen	Monteroni	Steher	Profis
1976	Rüdiger Leitloff	Lüttich	Punktefahren	Junioren
1977	Gregor Braun	San Christobal	Einerverfolgung	Profis
1978	Rainer Podlesch	München	Steher	Amateure
1978	Gregor Braun	München	Einerverfolgung	Profis
1978	Wilfried Peffgen	München	Steher	Profis
1978	Beate Habetz	Brauweiler	Straße	Damen
1979	Freddy Schmidtke	Buenos Aires	1000-m-Zeitfahren	Junioren
1979	Freddy Schmidtke	Buenos Aires	Sprint	Junioren
1980	Uwe Messerschmidt	Mexico City	Punktefahren	Junioren
1980	Wilfried Peffgen	Besançon	Steher	Profis
1981	Rigobert Matt	Lanarvily	Querfeldein	Junioren
1981	Ute Enzenauer	Prag	Straße	Damen
1981	Reinhard Alber	Leipzig	Einerverfolgung	Junioren

Jahr	Name	Ort	Disziplin	Kategorie
1982	Freddy Schmidtke	Leicester	1000-m-Zeitfahren	Amateure
1983	Rainer Podlech	Zürich	Steher	Amateure
1983	Rolf Gölz Michael Marx Roland Günther Gerhard Strittmatter	Zürich	Mannschafts- verfolgung	Amateure
1983	Andreas Kappes	Wanganui	Punktefahren	Junioren

Deutsche Medaillengewinner bei Olympischen Spielen

Jahr	Name	Ort	Disziplin	Medaille
1896	August Goederich	Athen	Straße	Silber
1908	Karl Neumer	London	1 Runde (603,491 m)	Bronze
1908	Hermann Martens Max Goetze Karl Neumer Rudolf Katzer	London	Mannschafts- verfolgung über 3 Runden (1810,473 m)	Silber
1928	Hans Bernhardt Karl Köther	Amsterdam	Tandem	Bronze
1936	Ernst Ihbe Carl Lorenz	Berlin	Tandem	Gold
1936	Rudolf Karsch	Berlin	1000-m-Zeitfahren	Bronze
1936	Toni Merkens	Berlin	Sprint	Gold
1952	Edi Ziegler	Helsinki	Straße	Bronze
1952	Werner Potzernheimer	Helsinki	Sprint	Bronze
1956[1]	Horst Tüller (DDR) Gustav Adolf Schur (DDR) Reinhold Pommer	Melbourne	Straße (Mannschafts- wertung)	Bronze
1960[1]	Jürgen Simon (DDR) Wolfgang Stäber (DDR)	Rom	Tandem	Silber
1960[1]	Gustav Adolf Schur (DDR) Egon Adler (DDR) Erich Hagen (DDR) Günther Lörke (DDR)	Rom	100-km- Mannschaftsfahren Straße	Silber
1960[1]	Dieter Gieseler	Rom	1000-m-Zeitfahren	Silber
1960[1]	Siegfried Köhler (DDR) Peter Gröning (DDR) Manfred Klieme (DDR) Bernd Barleben (DDR)	Rom	Mannschafts- verfolgung	Silber

1 = Gesamtdeutsche Mannschaft

Jahr	Name	Ort	Disziplin	Medaille
1964[1]	Lothar Claesges Karlheinz Henrichs Ernst Streng Karl Link	Tokio	Mannschafts- verfolgung	Gold
1964[1]	Willi Fuggerer Klaus Kobusch	Tokio	Tandem	Bronze
1968	Udo Hempel Karl Link Karlheinz Henrichs Jürgen Kissner	Mexico City	Mannschafts- verfolgung	Silber
1972	Hans Lutz	München	Einerverfolgung	Bronze
1972	Jürgen Colombo Günter Haritz Udo Hempel Günther Schumacher	München	Mannschafts- verfolgung	Gold
1976	Gregor Braun Hans Lutz Günther Schumacher Peter Vonhof	Montreal	Mannschafts- verfolgung	Gold
1976	Gregor Braun	Montreal	Einerverfolgung	Gold

1 = Gesamtdeutsche Mannschaft

Anschriften

Bund Deutscher Radfahrer e. V.
Otto-Fleck-Schneise 4
6000 Frankfurt/Main 71
Tel. 0611/6309222

Badischer Radsport-Verband
Jahnstr. 98
6831 Oberhausen
Tel. 07254/2752

Badischer Rad- und Motorfahrerbund
Bärenweg 14
7800 Freiburg
Tel. 0761/82247

Bayerischer Radsportverband
Postfach 200522
8000 München 2
Tel. 089/524442

Berliner Radsportverband
Priesterweg 3
1000 Berlin 62
Tel. 030/7811722

Bremer Radsportverband
c/o Klaus Fatthauer
Lindenstr. 2
2820 Bremen 70
Tel. 0421/651065

Radsportverband Hamburg
Grießstr. 38
2000 Hamburg 26
Tel. 040/2009342

Hessischer Radfahrerverband
Otto-Fleck-Schneise 4
6000 Frankfurt/Main 71
Tel. 0611/6309219

Radsportverband Niedersachsen
Maschstr. 20
3000 Hannover 1
Tel. 0511/887528

Radsportverband Nordrhein-Westfalen
Postfach 2262
4044 Karst 2
Tel. 02101/514140

Pfälzischer Radfahrerbund
Weiherstr. 18
6700 Ludwigshafen-Friesenheim

Radsportverband Rheinhessen
Rheinallee 1 (Geschäftsstelle)
6500 Mainz 1
Tel. 06131/696392

Radsportverband Rheinland
c/o Dieter Pfeiffer
Raiffeisenring 120
5450 Neuwied 1
Tel. 02631/27916

Saarländischer Radfahrerbund
Tauentzienstr. 11
6600 Saarbrücken 2
Tel. 0681/71808

Radsportverband Schleswig-Holstein
c/o Friedrich Makowka
Linnthem 4
2211 Dägeling
Tel. 04821/85480

Württembergischer Radsportverband
Goethestr. 11
Postfach 520
7000 Stuttgart 1
Tel. 0711/297365

Literaturhinweise

Bund Deutscher Radfahrer e. V. (Hg.): Sportordnung. Frankfurt 1982.
FARIA, I. E.: Cycling Physiology For The Serious Cyclist. Springfield 1978.
FARIA, I. E./CAVANAGH, P. R.: The Physiology and Biomechanics Of Cycling. New York 1978.
GEBHARDT, O.: Fahrradsport. Bad Homburg 1979.
GOLD, G./ROTH, H.: Krafttraining. Grundlagen und Anwendung. Berlin 1980 (2. Aufl.).
GRONEN, W./LEMKE, W.: Geschichte des Radsports und des Fahrrades. Von den Anfängen bis 1939. Eupen 1978.
HARRE, D. (Hg.): Trainingslehre. Berlin 1979 (8. Aufl.).
HOLLMANN, W./HETTINGER, TH.: Sportmedizin – Arbeits- und Trainingsgrundlagen. Stuttgart 1980 (2. Aufl.).
JONATH, U./KREMPEL, R.: Konditionstraining. Reinbek 1981 (rororo 7038).
JUNKER, D./MICKEIN, D./WEISBROD, H.: Radsport. Berlin 1978.
KONOPKA, P.: Radsport. Vom Anfänger bis zum Könner. Technik, Training, Ausrüstung. München 1981.
LETZELTER, M.: Trainingsgrundlagen. Reinbek 1980 (4. Aufl.) (rororo 7024).
LINK, K.: Radrennsport. Böblingen 1984.

MARKWORTH, P.: Sportmedizin. Band 1 – Physiologische Grundlagen. Reinbek 1983 (rororo 7049).
MARTIN, D.: Grundlagen der Trainingslehre. Teil I: Die inhaltliche Struktur des Trainingsprozesses. Schorndorf 1979 (2. Aufl.).
MARTIN, D.: Grundlagen der Trainingslehre. Teil II: Die Planung, Gestaltung, Steuerung des Trainings und das Kinder- und Jugendtraining. Schorndorf 1982 (2. Aufl.).
MATWEJEW, L. P.: Grundlagen des sportlichen Trainings. Berlin 1981.
SCHARCH, W.: Der radfahrende Athlet. Teningen 1978 (3. Aufl.).
SCHARCH, W.: Faszination des Bahnradrennsports. Emmendingen 1977.
ZOLLFRANK, B./KILZER, R. M.: Gedanken zum Kindertraining. Eine Serie in: Radsport Nr. 51/82 (Jg. 37) – Nr. 5/83 (Jg. 38).

Zeitschriften
Radsport. Amtliches Organ des BDR (erscheint wöchentlich). Herausgeber und Verlag: Deutscher Sportverlag.
Tour (erscheint monatlich). Lütze Verlag GmbH.

Bildquellennachweis

Sammlung «Gronen-Lemke»: Seite 24, 25, 27
Michael Haddenhorst: Seite 197 bis 200, 205 bis 213
Horst Jonath: Seite 256, 257
Horst Lichte: Seite 189, 190
Eduard Kahlich: Seite 230
S. Penazzo: Seite 28
H. A. Roth: Seite 37, 38, 98, 101, 103, 104, 111, 115, 116, 121, 122, 127, 131, 135, 138, 140 oben, 143, 250, 276
Werner Scharch: Seite 34, 142

Alle weiteren Fotos und Abbildungen mit Ausnahme der Abbildungen im Kapitel «Training» sind der holländischen Originalausgabe entnommen.

Sachregister

Ablöser 131
Aufbautraining 160f
Aufkitten 87
Ausdauer 177, 178ff
Ausfallenden 50

Bedingungen, äußere 175f
Belastung(s) 156ff
-dauer 156, 157
-dichte 156, 157, 159
-dynamik 158, 159
-intensität 156, 157, 159
-umfang 156, 157, 162
–, progressive 157ff
Bergzeitfahren 114
Beweglichkeit 177, 204ff
Bund Deutscher Radfahrer (BDR) 20, 51, 108, 117, 150, 151, 268f

Chrom-Molybdän 41, 42
Côte d'Azur 118, 122, 126

Disqualifikation 134, 136, 271
double butted 40

Einteiler 65
Eiweißstoffe 259f
Energieverbrauch 114
Erholungspausen 156

Fähigkeiten, konditionelle 174
–, taktische 174
–, technisch-koordinative 174
Felgen 46
Felgenbett 86
Fette 259, 260f
FIAC 107
FICP 100, 102
Fliehkraft 118, 233f
Führungsposition 123
Furunkel 65
Fußhaken 39, 66

Grundlagenausdauer 162
Grundlagentraining 160

Hanteltraining 187ff
Hinterrad 13
Hochflanschnaben 46f
Hochleistungstraining 160, 161
Höchstleistungsalter 160
Höchstübersetzungen 51
Hoffnungslauf 133
Hygiene 65

Jugendtraining 172f

Karkasse 86, 88
Kette 48f, 50, 74, 97
Kindertraining 171f
Klassiker 100, 102, 104
Kohlenhydrate 258f, 260f
Kondition 176
Konditionsgymnastik 208ff
Kontern 241
Korsofahren 149, 151
Kraft 177, 184ff

Laufrad 12f, 78
Leistungssteigerung 156
Lenkerbreite 59
Luftdruck 78, 90
Luftwiderstand 65, 78f, 82, 232
Lungenvolumen 254

Makrozyklus 164, 165f
Mannschaftstaktik 245
Mikrozyklus 164, 165f
Mineralstoffe 263
Mittelzugbremse 48
Morgengymnastik 204ff

Neutralisation 137
Niederflanschnaben 46f

Orientierungsfahren 149, 150

Pedale 13, 44, 46, 56, 57, 66, 83
Pedalieren 223, 224ff
Pedalriemen 66
Pyramidentraining 192ff

Radtourenfahren 149, 150
Radumfang 14, 49
Radwandern 149, 150
Ritzel 40
Rollwiderstand 78 f, 82

Schalthebel 48
Schlauch 86
Schleudergriff 131
Schnelligkeit 177, 200 ff
Schnelligkeitsausdauer 126
Schnellspannaben 75
Schrittmacher 77, 129, 133 f, 136, 147
Schleudergriff-Ablösung 238
Schuhplatte 67
Seitenzugbremse 47 f
Semi-Klassiker 100
Sommerbahn 118
Spannrad 85
Speichen 16, 46
Sportherz 254
Staffel 236, 244
Standard-Ablösung 238 f
Starrlauftraining 162, 226
Startgeld 106
Stehvermögen 131
Superkompensation 156
Surplace 123 f

Training(s) 153 ff
-arten 153
-aufbau 159, 160 f
-buch 168 ff
-einheit 164 f
-inhalte 153, 154, 167
-kilometer 156, 158
-methoden 153, 154, 167
-mittel 153, 154
-plan 214 ff
-prinzipien 155 ff
-umfang 158 f, 161
-ziele 153, 154
Trinkflasche 63

UCI 100, 128, 139, 141, 150 f, 248, 271
Übergangsperiode 161, 163
Überschuhe 68

Verletzungen 266 ff
Vitamine 258, 263 ff
Volksradfahren 149, 151
Vorbereitungsperiode 161, 162
Vorderrad 13

«Wasserträger» 247 f
Wettkampfperiode 161, 162 f
Wiegetritt 229 f
Winterbahn 118

rororo Sportbücher

zum Thema ‹Laufen›

Mehr Spaß am Sport
mit Programmen von Profis
und Kniffs von Könnern

sachbuch 7019

sachbuch 7008

sachbuch 7009

sachbuch 7007

sachbuch 7024

sachbuch 7038

Mehr Spaß am Sport mit
Programmen von Profis und
Kniffs von Könnern.

rororo Sportbücher

Claus Beissner /
Manfred Blödorn
Sportabzeichen
7019

Manfred Letzelter
Trainingsgrundlagen
7024

Bero Rigauer
Sportsoziologie
7045

Hans Eberspächer
Sportpsychologie
7047

Klaus Willimczik /
Klaus Roth
Bewegungslehre
7048

Peter Markworth
Sportmedizin 1
7049

Helmut Digel (Hg.)
Lehren im Sport
Ein Handbuch für
Sportlehrer, Sport-
studierende und Übungs-
leiter. Herausgegeben
von Helmut Digel in
Zusammenarbeit mit
dem DSB.
7050

Andreas Brinkmann /
Uwe Treeß
Bewegungsspiele
Sozialarbeit, Freizeit-
gestaltung, Sportunter-
richt. 7043